高绩效组织中的社会资本

及其人力资源实践创新

程德俊　著

南京大学出版社

图书在版编目(CIP)数据

高绩效组织中的社会资本及其人力资源实践创新/
程德俊著.—南京：南京大学出版社，2018.12
　　ISBN 978-7-305-21384-7

　　Ⅰ.①高…　Ⅱ.①程…　Ⅲ.①社会资本-关系-人力
资源管理-研究　Ⅳ.①F014.391②F243

　　中国版本图书馆 CIP 数据核字(2018)第 291462 号

出　版　者　南京大学出版社
社　　　址　南京市汉口路 22 号　　　　　邮　编　210093
出　版　人　金鑫荣
书　　　名　高绩效组织中的社会资本及其人力资源实践创新
著　　　者　程德俊
责任编辑　刘智勇　荣卫红　　　　　编辑热线　025-83685720
照　　　排　南京紫藤制版印务中心
印　　　刷　江苏凤凰数码印务有限公司
开　　　本　718×1000　1/16　印张 13.25　字数 209 千
版　　　次　2018 年 12 月第 1 版　2018 年 12 月第 1 次印刷
ISBN 978-7-305-21384-7
定　　　价　48.00 元

网　　　址:http://www.njupco.com
官方微博:http://weibo.com/njupco
官方微信:njupress
销售咨询热线:(025)83594756

推荐序

　　人力资源管理经历了从"人力资源"到"人力资本"的价值观上的升级与更新，进而带来了人力资源管理实践上的发展与创新。人力资源管理部门开始从"人岗匹配、减少摩擦"的基础资源配置逐渐走向激活主观能动性、实现价值增值的"投资型"人力资源管理实践。高绩效工作系统研究的兴起是对这一管理理念转变的回应。应该说，"以人为本"的核心价值观和"人力资本"概念的深入人心极大地提升了管理者对于注重长期投资与高员工投入的高绩效工作系统的期望，进而实现了高绩效工作系统概念的流行。传统上，人力资本理论一直是研究者分析高绩效工作系统的重要理论视角。

　　在社会学与管理学研究者的共同努力下，社会资本成为近年来最受关注的研究视角之一。在组织层面，员工与组织的良性"关系"，本身就是组织所拥有的重要组织社会资本。故，社会资本是高绩效工作系统对组织绩效作用机制研究中一个必须考虑的重要因素。同时，中国文化情境中的社会资本有其异于西方的形成机制。家长式领导的普遍存在、"报"、"人情"、"关系"、"人际信任"、"差序格局"等中国特色的人际交往概念说明了社会资本在中国社会的普遍性与独特性——无论是从正式的组织关系还是非正式的个人交往中，中国文化情境中的社会资本都有其独特的来源与生成路径。故嵌于十分强调社会资本的中国文化之中的中国企业高绩效人力资源管理系统一定具有某些和西方"最佳人力资源管理实践"相异的管理实践与管理智慧。要实现中国企业高绩效工作系统理论的实质性发展，并运用其蕴含的理念指导管理实践从而实现对组织战略的支撑，就必须解决一系列的理论问题：中国文化情境下的高绩效工作系统与现有源于西方的高绩效工作系统概念之间有何差异？中国组织社会资本的异质性于高绩效工作系统而言是其发挥效用过程中一种需要克服的阻碍还是可以加以利用实现进一步人力资本激活与升值的杠杆？组织社会资本本身与高绩效工作系统之间是何种关系？本书对上述问题进行了探索和解答。

首先，本书将社会资本理论作为理论视角，诠释了高绩效工作系统对于社会资本以及人际信任、员工帮助行为和关系协调机制这三个中国文化情境中的组织的核心社会资本要素的作用机制，并通过实证研究探索了中国管理情境下，高绩效管理系统与社会资本对组织绩效、组织学习的共同作用机制。这一部分研究为高绩效工作系统的理论发展注入了对于社会学理论的关注。其次，在人力资源管理实践方面，同样有一系列的问题需要被解答：当下有哪些正在被西方管理世界密切关注的"高绩效"人力资源管理实践创新和管理现象？产生于西方文化情境的高绩效工作系统及最佳人力资源管理实践对于中国员工是否依然适用？嵌于中国文化情境的组织成员对于高绩效工作系统有何反应？中国的管理者对高绩效工作系统贡献出了哪些管理智慧？本书对这些问题进行了一些讨论，也试图为中国的高绩效人力资源管理实践提供一些有益的建议。鉴于现有研究中较有争议的人力资源实践集中于稳定雇佣、差别化薪酬等方面，本书分别为这两个主题设立了独立的章节进行专门讨论。最后，基于江苏省广播电视台节目制作团队的样本数据，本书探讨了高绩效工作系统中团队薪酬这一薪酬激励新兴模式对于组织绩效的作用机制，并分析了明星员工管理、人才胜任力、员工忠诚和员工福利等雇佣关系中的新兴或关键变量的实践内涵与发展建议。相信这一部分的研究能够解决管理者的一些关于高绩效工作系统的迷思，也能够为研究者提供一些高绩效工作系统方面的前沿话题。

程德俊教授是我早期指导的博士研究生。他自从攻读博士学位开始，一直从事有关高参与人力资源实践的研究工作，也是国内最早对该问题进行研究的学者之一，并取得了丰硕的研究成果，在《管理世界》、《中国工业经济》和《南开管理评论》、*R & D Management* 等国内外一流期刊上发表了一系列高质量的论文。本书作为他主持的国家自然科学基金面上项目"高参与工作系统对员工间帮助行为的影响：关系氛围的作用机制"（编号：71572077）和参与我主持的国家自然科学基金重点项目"中国企业雇佣关系模式与人力资源管理创新研究"(编号：71332002)子课题的研究成果,代表了国内学术界在该领域的重要研究进展,可为我国企业实行高绩效工作系统及在中国情境下人力资源管理实践的创新提供理论和实践指导。很开心能看到他在高绩效工作系统领域取得了新的进展。我想,本书的出版一定会受到国内同行的重视和认可。因此,我写作此序,推荐给各位读者。

南京大学人文社科资深教授、商学院名誉院长、博士生导师

2018 年 12 月于南京大学商学院

前　言

　　这本专著是我过去近十年从事高绩效工作系统和社会关系网络研究的成果总结。在过去的十年左右时间,我分别主持了国家自然科学基金的面上和青年项目。对高绩效工作系统的作用机制,高绩效工作系统对组织中信任关系和员工帮助行为的影响,以及高绩效工作系统的变革等领域进行了研究。在此基础上曾经出版了专著《高参与组织中的信任问题研究》(南京大学出版社,2014)。然而,在研究过程中,我们发现很多的文献整理和回顾工作对其他研究者也非常具有参考价值。因此,在这部著作中,我对之前与学生和合作者进行的一些工作进行了整理。另外,当前劳动力市场发生的一个巨大变化是组织和员工之间的关系由传统的依附关系转变为合作关系。员工流动率快速增加,员工对自我价值的主张也不断加强。明星员工,尤其是那些具有专业知识的高绩效员工成为各方争抢的焦点。这也是很多高绩效组织不得不面临的巨大调整。明星员工的现象在传媒行业竞争尤其激烈,因此我们与江苏卫视合作进行了相关研究,并取得了一些研究成果。在本书中,我们也将该部分的研究成果纳入其中。最后,相对于个人薪酬而言,团队薪酬已经是企业的普遍选择,并成为高绩效人力资源实践的有机组成部分。我们也针对该问题进行了理论和实证研究。

　　值得一提的是,本书的部分章节是我与合作者的合作研究成果,并且公开发表在国内的一些核心期刊上。例如,第一章第四节发表于《南京社会科学》(2013年第6期),第二章第一节发表于《经济理论与经济管理》(2011年第9期),第三章第一节发表于《中国人力资源开发》(2017年第12期),第四章第一节和第二节发表于《视听界》(2018 年第 1 期和第 7 期)。本书中部分章节也由我与合作者张如凯、李虎、葛晓勇等合作完成。感谢他们的工作！感谢我们的研究生黄杰、赵雪菲在出版过程中所做的工作。最后，也感谢南京大学出版社荣卫红编辑的帮助！

程德俊

2018 年 11 月

目 录
C O N T E N T S

 第一章 社会资本视角下的高绩效工作系统理论基础

第一节 高绩效工作系统对社会资本的作用机制 / 001

第二节 高绩效工作系统对人际信任的影响 / 019

第三节 高绩效工作系统对员工帮助行为的影响 / 039

第四节 组织中的关系协调机制及其人力资源实践构建 / 059

 第二章 高绩效工作系统对社会资本影响的实证研究

第一节 高绩效工作系统与组织创新绩效:社会资本的中介作用 / 070

第二节 高绩效工作系统对学习战略的影响:组织信任的调节作用 / 086

第三节 高绩效工作系统对探索式学习的影响:家长式领导的调节 / 099

 第三章 团队绩效薪酬及其对组织绩效的影响

第一节 团队绩效薪酬:测量、影响因素及作用机制 / 119

第二节 团队绩效薪酬对团队创新的影响:利他行为的中介作用 / 134

第四章　高绩效人力资源实践的创新

第一节　明星员工管理研究：理论演化与路径思考 / 149

第二节　艺术家与企业家：文化创意产业人才胜任力 / 156

第三节　员工忠诚是不合时宜的提法吗？ / 162

第四节　弹性福利：选择越多越好吗？ / 168

参考文献 / 174

第一章　社会资本视角下的高绩效工作系统理论基础

第一节　高绩效工作系统对社会资本的作用机制

一、研究意义

大量实证研究表明,高绩效工作系统(也称为创新性人力资源实践或高参与工作系统)对组织绩效具有积极的影响。该结论在技术密集型的半导体行业(Sattler & Sohoni,1999),资本密集型的汽车行业(Macduffie, 1995)、钢铁行业(Arthur, 1992;1994),劳动密集型的服装行业(Dunlop & Weil, 1996)、服务业(Batt, 2002;刘善仕、周巧笑、晁罡,2005)中都得到了验证。但高绩效工作系统究竟如何作用于企业绩效,通过哪些变量产生影响,这些问题并没有得到明确的回答。人力资源管理和企业绩效间关系还是处于一个黑箱状态(Becker & Gerhart, 1996;张一弛、黄涛、李琦,2004)。如果这一关键问题没有得到解决,那么我们就很难说明两者之间的因果关系。究竟是人力资源导致高绩效,还是高绩效的企业更倾向于采取创新性人力资源实践(程德俊、赵曙明,2006)? 如果我们不了解作用机制的问题,我们就很难理解不同人力资源实践之间存在冲突还是互补的关系,不同人力资源实践如何组合成一个有效的系统以影响企业绩效? 另外,既然高绩效工作系统对企业的经济绩效有如此显著的积极影响,应该有越来越多的企业投资于创新性人力资源实践。然而现实中,为什么大量的企业依然采取传统的高控制工作系统? 从高控制工作系统向高绩效工作系统的变革为什么那么困难？要回答这些问题,都需要我们揭示出高绩效工作系统对企业绩效的作用机制。

　　传统上,人们解释人力资源实践对组织绩效的作用机理是基于人力资本理论提出来的。企业人力资源实践能够提高员工身上所蕴含的知识、技能和能力(Becker,1964),从而提高组织的人力资本含量。当员工身上蕴含的知识和技能能够对顾客产生价值、难以被竞争对手模仿、难以被替代的时候,人力资本便能够成为企业获取竞争优势的来源。因此,基于人力资本理论,人力资本的独特性、价值性和难以替代性等便成为高绩效工作系统对组织绩效产生影响的中介变量。然而,基于人力资本作为中介机制的模型,我们很难解释以下人力资源管理现象:

　　在外部劳动力市场日益发达的情况下,企业培训提高了员工人力资本含量,必然导致了员工更高可能的流动。为什么企业还要对员工进行培训?人力资本理论认为,当企业对员工进行专用性人力资本投资时,企业与员工间交易关系发生锁定,从而能够给企业带来独特的竞争优势(Williamson,Wachter & Harris,1975)。但这难以解释,为什么很多企业还要对员工进行大量的通用性人力资本投资。

　　高绩效企业通常非常重视员工招聘,即使招聘数量很少的员工通常也会投入大量的人力和物力资源。同时,大量研究表明很多企业采取的员工挑选工具的信度和效度较低,难以挑选出高技能的员工(Pfeffer,1996)。从成本和收益的角度考虑,这些企业不应该投入如此多的资源进行招聘和挑选。那么,在实践中如何解释企业在招聘和挑选中的高投入?

　　员工持股计划中由于每个员工持股数量有限,难以起到有效的激励作用。为什么还有越来越多的企业在考虑实行员工持股计划?员工持股计划除了激励目标以外,是不是还有其他的目的? 等等。

　　这些现实中的人力资源问题已经难以用传统的人力资本理论、以资源为基础的企业理论等战略人力资源管理理论来解释。将社会资本理论引入战略人力资源管理研究中,可以为我们理解人力资源实践对组织绩效作用机制提供良好的理论基础(李燕萍,2002;程德俊、赵曙明,2006)。目前,已经有越来越多的相关研究为我们提出完整的基于社会资本的高绩效工作系统对企业绩效的作用机制模型奠定了基础。未来的研究需要在 Nahapiet & Ghoshal(1998)；Leana & Buren (1999)；Gant, Ichniowski & Shaw(2002)；Evans & Davis (2005)；Kang, Morris & Snell (2007)研究的基础上进行。

二、相关理论回顾

1. 人力资本与社会资本

企业人力资本指的是员工身上所蕴含的知识、技能和能力（Becker，1964；Schultz，1961）。Barney(1991)认为，企业核心资源需要满足价值性、稀缺性、难以替代性、难以模仿性等特征。人力资源管理虽然具有价值性、稀缺性、难以替代的特征，但对于特定企业而言，人力资源的高度流动性使得其难以满足难以模仿性的特征。企业可以通过招聘和吸引竞争对手的人才来模仿其竞争优势。组织学习理论认为，"个人学习是必要的，但是并不是组织学习的充分条件"（Argyris & Schon，1978）。由于"个人能够来或去，但是组织拥有自己的知识"（Daft & Weick，1984），人力资本的增加并不必然引起组织资本的创造。组织要建立其不可模仿的竞争优势，必须从个人学习转变为组织学习。

组织学习来源于知识的整合和交换，而组织社会资本正是提供组织内部知识整合、交换的渠道和基础（Nahapiet & Ghoshal，1998）。为了组织层面学习的产生，个体必须建立起相互信任的合作关系，相互交换、共享知识和心智模式。组织资本不仅包含人力资本，还包含社会资本（Youndt, Subramanian & Snell，2004）。相对于人力资本重视的是包含在每个员工身上的知识而言，社会资本则指的是包含在员工群体和员工网络中的知识（Nahapiet & Ghoshal，1998）。也就是说，社会资本包含了嵌入和来自关系网络中的知识资源（Burt，1992；Coleman，1988）。竞争对手可以吸引和模仿企业的人力资源，但是却难以模仿组织与员工间的信任关系，难以复制企业的社会关系网络。相对于人力资源的流动性和可模仿性，社会资本则可以建立组织不可模仿的竞争优势。

社会资本是一个复杂的概念，不同的研究往往强调它的不同属性。

有学者强调社会资本是地理地区（Fukuyama，1996）的属性，也有学者强调它是社区（Putnam，1993）、企业间互动（Baker，1990）、个人网络（Burt，1992），以及个人行动（Belliveau，O'Reilly Ⅲ & Charles，et al.，1996）的属性。

有的学者强调社会资本的公共产品属性，因而总是面临供给不足（Fukuyama，1996；Putnam，1993）。也有学者认为社会资本是一种私人产品（Burt，1992）。企业能够通过构建社会网络，获得信息和资源。社会资本具有专有性（Coleman，1988）、可转换性（Bourdiew，1986）。相对于投资人力资本的高风险，社会资本的不可交易性使得企业能够获得更高的投资回报（Adler & Kwon，2002）。

有学者强调社会资本是人际交往网络（Burt，1992）。也有学者强调社会资本不仅包含结构维度，还包含蕴含在员工群体网络中的知识和资源（Nahapiet & Ghoshal，1998）。

未来的研究需要以企业整体为研究单位，研究不同组织社会资本的差异。我们采取多维度来研究社会资本，不仅仅将社会资本看成社会网络结构，同时包含了社会网络中员工之间的关系、流动的知识和资源等（Nahapiet & Ghoshal，1998；Burt，1992；Coleman，1988）。我们采取从私人产品的视角看待社会资本，认为组织社会资本的专用性为企业带来了独特的竞争优势。而人力资源实践正是影响组织社会资本特性的重要方法和工具。

2. 组织社会资本的构成与类型

从组织层面上来看，不同企业的社会资本存在很大差异。研究者普遍将社会资本分为不同维度和组成部分（Leana & Buren，1999；Nahapiet & Ghoshal，1998），从而更有利于比较组织间社会资本的差异。其中，最有代表性的是Nahapiet & Ghoshal(1998)提出的社会资本存在结构、认知和关系三维度模型。Evans & Davis (2005)就是基于该社会资本三维度模型，提出了高绩效工作系统对企业绩效作用机制的理论模型。

（1）结构维度

结构维度指的是社会关系网络中不同的行动者之间传递信息的路径和渠道。

Granovetter(1973)发现,社会关系网络成员之间关系的强弱极大地影响了信息沟通的数量和质量。组织内成员之间的强关系通常以很强的情感纽带为基础,需要很长时间的磨合才能够形成。强关系网络按照感情的远近划分成员,外人很难轻易进入以强关系为特征的群体。强关系网络这种难以进入性必然导致规模较小,在组织内部形成一个个相互独立的、互相敌对的小群体。由于强关系网络非常排斥外部新成员,因而成员与成员之间的知识和信息往往是重叠的,他们之间无法通过交流吸收外部新鲜的知识和信息。相反,当成员之间的关系较弱的时候,在他们建立不同的社会关系网络的时候,也在不同的网络之间起到了桥梁的作用(Burt, 1992)。这些社会网络成员在吸收本网络知识和信息的同时,也通过与其他网络的联系,吸收外来的新鲜的信息。在弱关系网络中成员与成员之间的信息网络不容易发生重叠,更有利于组织吸收更多的外部信息。Granovetter(1973)通过研究发现,强关系的社会关系网络中流动的是重复、多余的信息,弱关系的社会关系网络更有利于知识和信息的搜寻、流动、吸收。在动态变化的环境中,在组织内部建立弱关系的社会关系网络对于组织的创新尤其具有重要的作用(Hansen, 1999)。

（2）认知维度

认知维度指的是在不同的行动者之间共享的语言、知识和心智模式。与结构维度影响了成员之间获得新知识机会不同,认知维度则影响了他们是否能够产生共同的交流平台。认知心理学研究表明,人们对于外部环境的认知取决于现有知识和语言。当组织成员之间具有相同的知识结构和心智模式时,比较容易对外部事物产生共同的认识。另外,人们对于新知识的吸收也是建立在原有知识的基础上的。当组织成员之间没有最低的共同的知识时,他们不可能产生知识的交流。成员之间具有相同的知识结构与心智模式增加了相互之间吸收知识的能力(Cohen & Levinhal,1990)。相反,如果社会网络中不存在一致的心智模式,则成员之间无法产生一致的看法,无法进行有效的交流,因而也就无法吸收新知识。

（3）关系维度

关系维度指的是人与人之间的关系类型。社会交换理论为我们提供了理解关系维度的理论框架。在社会交换理论看来,人与人之间的关系都是交换关系。

典型意义上社会交换关系可以分为两种极端的类型：交易型和互惠型（Tsui et al.，1997）。交易型交换关系主要是以一次、短期、及时和经济利益为特征。交易双方没有信任关系，提防在交易中上当受骗。相反，互惠型交换关系则是建立在长期、信任、责任的基础上。虽然每次交易并不一定是公平的，但是交易双方希望能够通过长期的交易获得平衡。在长期的交易过程中，双方获得了一定的共同利益，产生了相互依赖性和责任感。无疑，互惠性交换关系相对于交易型交换关系，质量更高。

Leana（1999）在此基础上，将结构和认知合并为合作型维度，将关系维度归为信任维度。他认为组织社会资本包含两个主要方面：合作型和信任。合作型指的是成员将个人行动和个人目标归属于组织目标、集体行动的意愿与能力。信任是成员一起合作的基础，但是在不同的情况下信任的表现可能存在差异。硬性信任（Fragile Trust）是基于双方意识到交换以后立刻得到回报的可能（Ring & Van De Ven，1994）；弹性信任（Resilient Trust）则是基于组织与成员之间强烈和无数联系基础上产生的（Ring & Van De Ven，1994），因而也称为关系信任（Kramer & Tyler，1998）。在对社会资本不同维度进行分析的同时，学者们也日益注意到多个维度之间存在互补关系，共同发挥作用以交换和整合不同的知识、资源（Tsai & Ghoshal，1998；Gupta & Govindarajan，2000；Adler & Kwon，2002）。例如，Kang，Morris & Snell（2007）将在结构、认知和关系维度上分别表现为：弱和稀的关系、共同信任、互惠关系特征的社会网络定义为创业型网络；在结构、认知和关系维度上表现为：强和密的关系、结构信任、交易关系的社会网络定义为合作型网络。

3. 基于人力资本的高绩效工作系统对企业绩效的作用机制

目前，大量研究都是基于人力资本专用性的角度来研究高绩效工作系统对企业绩效的作用机制。资产专用性的概念，最早可以追溯到马歇尔（1948）的论述，他认为企业领导者的部分人力资本对特定企业具有价值，而当企业领导者辞职以后，价值会出现较大的缩水。资产的专用性指的是资产从一种用途向另外一种用途的可转移程度。专用性资产指的是那些如果改变用途，其价值就会发生很大缩水，或者如果打破其原有关系，其价值就不能完全发挥出来的资产。当企业进行专有性投资以后，其就会锁定到这种关系之中（Klein et al.，1978）。Becker（1964）将企业人力资本分成两种类型，即通用性人力资本和专用型人力资本。他认为企业应该对不同的人力资本建立不同的补偿结构。对于通用性人力资本的投资应该由员工本人来负担，而对于专用型人力资本的投资则应该由企业来承担。

高绩效工作系统在岗位设计、人员配置、绩效考核、薪酬管理、权力配置和雇佣安全等方面采取的人力资源政策都激励了员工发展专用性人力资本。高参与型工作系统强调在职培训和工作轮换制度。通过员工的在岗学习，员工能够培养更多的针对本企业的特殊能力（赵曙明，2001）。其次，高绩效工作系统对员工的工作划分是非常模糊的。很多员工往往身兼数职，这些指示难以通过通用教育获得。由于员工的工作划分模糊，因而员工在工作中往往是通过干中学形成专用知识。这样的人力资本只对特定企业具有价值，一旦员工离开该企业则该人力资本的价值便急剧下降。专用性人力资本使得员工和企业形成了相互锁定的交易关系，员工和组织之间形成了较强的关系型契约，鼓励相互忠诚。因此，高绩效工作系统对员工专用性人力资本的提高具有积极作用。另外，员工具有的专用性人力资本也使得企业能够获得较高的市场绩效。资源基础的企业观认为，企业能否获得较高的绩效，在于企业是否拥有价值性、稀缺性、难以替代和难以模仿的核心资源（Barney，1991）。通用性人力资本在市场上很容易购买，难以成为企业竞争优势的基础。相反，高绩效工作系统能够培育员工的专用性人力资本，而专用性人力资本能够产生资源"租金"，能够给企业带来较好的长期绩效和短期绩效（颜士梅、王重鸣，2002）。程德俊、赵曙明（2006）已通过实证研究检验了人力资本专用性对高绩效工作系统和企业绩效间关系的中介作用。

但在动态变化的环境中，很多人力资源政策并没有直接对员工技能产生影响，似乎只起到了象征意义。这就为理论的解释带来了困惑。例如，很多企业对优秀员工的出国培训只是起到了旅游和疗养的作用，这些员工的技能并没有得到提高。作为理性的企业而言，为什么要这样做呢？这就需要我们从社会资本的角度研究高绩效工作系统对企业绩效的影响。

4. 不同人力资源实践对组织社会资本的影响

目前已经有大量有关单个人力资源实践,如招聘与挑选、培训、薪酬等,对组织社会资本和信任关系影响的研究。Pfeffer (1994)发现审慎的招聘除了能够让公司招聘到合适的员工以外,还具有向员工传递"组织重视人力资源"的信息。如果一个人经历了严格的挑选过程,他会觉得进入了一个精英组织。这样审慎的招聘和挑选便会加强员工与组织间的信任关系。培训除了具有提高员工的知识和技能的作用以外,还具有一种"礼物"的效应。当组织为员工提供广泛的培训以及良好的发展机会时,这表明组织愿意为员工负责。根据社会资本中有关互惠性的原则,这种可置信的承诺将诱导员工提高忠诚度和努力程度作为回报(Baron & Kreps, 1999)。内部提升政策能够通过两种方式影响员工与组织间的信任:(1) 提升决策提供了一个组织重视的员工行为和习惯的信号;(2) 被提升员工的能力和行为将会对下属员工的行为产生积极的影响。薪酬政策同样会影响组织的社会资本。Campbell, McCloy & Oppler (1993)观察到奖励个人成绩的薪酬政策在团队环境中并不合适。基于团队表现的薪酬政策可能导致削弱个人努力动机,但却与发展组织层次社会资本,如共享知识和团队合作等正相关。员工持股计划对提高员工工作动机作用极为有限,但是却可以加强员工与组织之间的信任关系(储小平、李怀祖,2003)。

在这里,我们并不是想降低组织人力资源实践对员工人力资本影响的重要性,但是人力资源政策对社会资本的影响是非常显著的,并已经得到大量研究的证实。大量关于单个人力资源实践对组织社会资本影响的研究,为我们进一步研究高绩效工作系统对组织社会资本影响奠定了基础。

5. 社会资本对企业绩效的影响

在知识经济条件下,组织绩效表现为企业不断创新和创造知识。Moran & Ghoshal (1996)认为有两种通用的知识创造过程,即交换和整合过程。社会资本通过影响知识整合和交换发生的条件,使得组织资本创造成为可能。Nahapiet & Ghoshal(1998)研究了组织内部的社会关系网络对组织创新的影响。他认为知识整合和交换的发生必须存在四个条件:首先,存在整合和交换的机会。社会资本的结构维度影响了组织知识的可获得性,不同的社会资本结构代表了"员工认识谁",从而影响了"员工获得什么"。其次,他们必须预期整合和交换能够给双方带来价值。当员工之间存在社会互动的信任的时候,他们不会担心被利用,更能够感觉到预期价值,从而更加愿意共享知识(Bradach & Eccles,1989)。再次,参与双方必须能够感觉到他们可以得到超过投入的价值。通过建立社会关系网络,员工能够超越组织内部的界限和外部的界限,获得他们所需要的其他员工的知识(陈国权,2001)。最后,双方必须具有整合资源的能力。双方共同的知识结构增加双方整合资源的能力(Tsai & Ghoshal,1998)。社会资本正是通过影响知识整合和交换发生的条件,从而使得组织资本创造成为可能(许庆瑞、钟俊元、陈劲,2002)。

组织学习可以分为探索式组织学习和利用式组织学习(March,1991)。探索式组织学习指的是企业在现有知识领域中吸收外部知识,增加知识领域的过程;而利用式组织学习指的是企业通过对现有知识挖掘、整理和深化,增加知识存量的过程(陈国权,2001)。探索式组织学习增加了企业在动态环境中寻找新的市场机会和更新能力,而利用式组织学习帮助企业培育现有市场机会,以获得基于现有能力的更大回报(Levinthal & March,1993)。我们通常所讲的模仿创新对应的是利用式组织学习,而突破创新则对应的是探索式组织学习。He & Wong(2004)指出突破式创新需要有机的组织机构、宽松的控制体系、鼓励路径突破的文化氛围,而渐进式创新则与严格的层级结构、紧密的控制体系、路径依赖的文化氛围相关。Kang,Morris & Snell(2007)在将社会资本分为合作型和创业型的基础上,通过对不同组织创新模式的分析,认为强并且密集的社会关系结构更容易使得组织获得和加深现有知识领域的知识。弱并且稀疏的社会关系结构更容易使得组织获得新领域的知识。采取突破性创新战略的企业通常具有创业型网络的特征,而模仿创新战略的企业通常具有合作型网络的特征(姚小涛、万涛,2003)。

6. 基于社会资本的高绩效工作系统对企业绩效的作用机制

虽然,关于单个人力资源实践,例如招聘、薪酬、培训等,对组织社会资本影响的研究已非常多,但从组织层面研究不同人力资源实践组成的高绩效工作系统如何影响社会资本的研究还非常欠缺。这类研究的一个内在假设是:高控制工作系统与高绩效工作系统中的社会关系网络具有很大的差异,从而影响了企业绩效的差异。Aoki(1986)通过对美国类型企业和日本类型企业比较研究发现,它们之间最大的差异在于信息沟通和协调机制的差异。美国类型企业采取的专业性人力资源管理模式导致企业内部形成了纵向协调网络,而日本企业采取的承诺型人力资源管理模式导致企业内部形成了横向信息协调网络。Gant,Ichniowski & Shaw(2002)进一步研究发现,高承诺性人力资源系统支持员工在解决问题时采取横向信息协调网络,而传统人力资源系统支持员工在解决问题时采取纵向信息协调网络。正是由于企业社会关系网络难以改变,因而在组织从传统人力资源系统向高承诺人力资源系统变革过程中面临很大的困难(程德俊,2005)。Leana(1999)认为,企业人力资源实践通过雇佣关系的稳定性、组织意识形态、层级地位三个途径对企业社会资本合作型和信任两个不同维度产生影响。采取稳定雇佣关系的企业更容易保持组织和个人目标的一致,建立成员与组织间的灵活信任关系。组织采取的经营哲学和组织文化也影响了组织社会资本的内容。组织设置的层级和角色能够替代基于关系、意识形态的社会资本,影响人与人之间的关系。

Evans & Davis(2005)在 Nahapiet & Ghoshal(1998)提出的社会资本存在结构、认知和关系三个维度模型基础上,分析了高绩效工作系统对社会资本不同维度的影响。首先,高绩效工作系统导致员工之间建立的人际关系通常具有短期、频率较低、感情强度低等特点,也就是说它们表现出典型的弱关系特征(Evans & Davis,2005)。高绩效工作系统通过灵活性工作设置、自我管理团队和信息共享政策的实施在组织内部构建不同部门、不同层级之间员工的弱联系。工作轮换使得员工了解到工作的上游环节和下游环节。这种关于工作的宽广的知识基础使得员工能够与同事不断交流观点、建立人际关系。临时团队通常来自组织内部的不同职能部门,拥有不同的技能和观点,提供了一个相互建立关系的机会。门户开放政策使得不同层级之间人际关系网络能够发生联系。其次,高绩效工作系统通过建立员工共同的态度和价值观、强烈的组织氛围、对工作和任务相同的理解,从而建立组织内部一致的认知模式(Evans & Davis,2005)。严格的招聘和挑选政策保证企业能够挑选到与企业文化和工作特征相吻合的申请者。自我管理团队的采用更容易使得员工对工作任务产生相互一致的理解。信息共享制度保证员工对组织的发展形成共同的愿景和目标。广泛的培训制度能够提高员工的社会交往技能,有利于社会网络的建立。绩效导向的薪酬制度更容易对员工的行为产生反馈,激励员工为组织共同目标而努力。最后,高绩效工作系统还影响了组织内部员工与员工之间的人际关系性质和质量(Evans & Davis,2005)。审慎的招聘政策保证企业挑选了与组织现有员工在价值观、个性特征和人际关系技能方面相同的新员工。稳定雇佣政策的实施保证了员工之间的长期社会交换关系。基于团队绩效的薪酬制度,如利润分享计划、收益分享计划、员工持股计划,通过降低员工的自利行为,诱导了团队成员之间形成合作和相互信任的工作氛围。

7. 简要述评

虽然 Nahapiet & Ghoshal(1998);Leana & Buren(1999);Gant,Ichniowski & Shaw(2002);Evans & Davis (2005);Kang,Morris & Snell (2007)等人已经提出了一些基于社会资本的高绩效工作系统对企业绩效的作用机制模型,由于该项研究刚刚开始,因而这些模型不可避免都存在一些有待深入研究的问题。(1)这些模型大都只是一些概念模型,一些重要变量如社会资本等还缺乏准确界定和操作化测量,变量与变量之间关系也没有得到明确界定。(2)高绩效工作系统、社会资本和企业绩效间关系还受到一些变量的调节作用,这也就是在不同企业中高绩效工作系统对企业绩效作用大小不同的原因。究竟哪些调节变量可能影响高绩效工作系统、社会资本和企业绩效间关系?它们是如何产生影响的?在这些模型中也没有得到明确。(3)目前这些模型都是从基于人力资本和基于社会资本的作用机制模型是对立、矛盾的角度入手的,但两者在很多方面是互补的,如何将它们统一到一个完整的框架中去?只有建立一个统一的框架,才能完成现有战略人力资源管理理论的扩展。这一重要问题在现有的研究中也没有得到解决。未来的研究需要基于对现有研究的几点问题而展开,试图能够通过这几个方面问题的深入研究,完善和丰富现有理论。

三、未来的研究展望

1. 社会资本的构成及其测量

目前,相当多的研究集中于高绩效工作系统的构成以及测量问卷的开发。程德俊、赵曙明(2006)在 Ichniowski, Shaw & Prennushi (1997)测量问卷的基础上,对其在中国情境下的信度和效度进行了检验。该量表包含"是否所有员工都能够参加公司的利润分享计划,是否给员工提供长期雇佣的保证和承诺,是否使用如下至少一种招聘方法:心理测试、人格态度、测试、工作样本、能力测试,是否每年至少存在一次对所有员工的正式绩效评估,是否有对新员工的正式的岗前培训项目"等 16 个项目。未来的研究需要在此基础上建立高绩效工作系统的测量方法。

社会关系网络是组织成员之间的互动模式和非正式网络。员工通过构建社会网络,获得信息和资源(Burt,1992)。社会资本不仅指在员工群体中存在的关系网络,也指通过社会关系网络移动的资源(Nahapiet & Ghoshal,1998;Burt,1992;Coleman, 1988)。社会资本除了表现为不同的网络结构以外,还表现为员工与员工之间的认知和关系。传统上,对社会资本的研究集中于社会网络结构的差异,忽略了社会资本的其他重要维度。未来的研究需要从多维度来研究。其中,最为有影响力的模式是 Nahapiet & Ghoshal(1998)提出的社会资本的结构、认知和关系三维度分析模型。该模型由于概念清晰、逻辑严谨得到众多学者的支持,为众多社会资本研究所借鉴和引用。但是目前对该模型的后续研究理论分析较多,实证研究较少。未来的研究需要从中国情境下组织层面社会资本的构成入手,通过访谈和问卷调查相结合的方法分析该模型在中国的适用性。

许多组织社会资本的研究者倾向于通过社会关系矩阵的方法来测量组织的社会资本,但是这种测量通常集中于个人和组织群体层面。对于组织层次的社会资本测量,社会关系矩阵的方法存在操作难度大、成本高等缺陷。在前人的研究中,针对组织层次社会资本的测量就采取了李克特量表的方法。例如 Youndt,

Subramanian & Snell(2004)就采用了一个包含五个项目的李克特量表来测量社会资本。这五个项目是"我们公司员工之间共享信息和相互学习"、"我们公司员工与其他领域公司的员工互动和交流信息"、"我们公司员工具有相互合作和解决问题的能力",等等。未来的研究需要从组织层面研究不同企业社会资本的差异,因而不可能采取社会关系网络图的方法来测量社会资本。未来的研究需要基于Nahapiet & Ghoshal(1998)提出的社会资本的结构、认知、关系三维度分析模型进行概念分析和量表开发。在此基础上,未来的研究需要通过对企业高层管理者的访谈和问卷调查,然后通过因子分析来开发组织社会资本的三结构测量量表。

2. 高绩效工作系统与企业绩效:社会资本的中介作用

在分别研究高绩效工作系统和组织社会资本的概念、内涵,开发相关问卷的基础上,人们需要研究高绩效工作系统对组织社会资本不同维度的影响,以及组织社会资本不同维度对高绩效工作系统与企业绩效关系的中介作用。

(1)社会资本结构维度对高绩效工作系统与组织绩效间关系的中介作用

组织社会资本从网络结构的构成上来看,可以分为弱联系和强联系两种。程德俊、赵曙明(2006)的文献综述和理论研究表明,高绩效工作系统对组织创新的作用显著,而组织创新更多是与社会资本的弱联系特征联系在一起。从逻辑上分析,高绩效工作系统可能导致社会资本的弱联系存在。但是这只是理论分析和逻辑推演,需要进一步的案例分析和实证调查检验。未来研究的任务之一,便是通过对样本企业的问卷调查和多元回归分析,检验高绩效工作系统对社会资本弱联系特征的相关关系。据 Baron & Kenny (1986)所指出的,中介变量的检验需要满足四个条件:① 自变量对中介变量有影响;② 自变量对因变量有影响;③ 中介变量对因变量有影响;④ 当控制中介变量时,自变量对因变量的影响变小。未来的研究需要按照这四个步骤,利用层级回归的方法,检验社会资本结构维度对高绩效工作系统与组织绩效间关系的中介作用。由于结构方程模型是检验中介变量的最好方法之一,未来的研究需要利用结构方程模型的方法,再次对该中介作用关系进行检验。最后,我们比较两次统计分析的结果。

（2）社会资本认知维度对高绩效工作系统与组织绩效间关系的中介作用

在动态变化环境中，组织创新取决于每个员工吸收新知识的能力。高绩效工作系统通过建立共同的认知模式，提高了员工对新知识的吸收能力。当碰到新知识的时候，共同的认知模式保证员工能够准确判断其是否对组织具有价值，并且以组织的语言将它内部化为组织的知识。另外，高绩效工作系统通过组织内部共同心智模式的建立，降低了组织的运行成本，提高了组织决策质量和反应速度。程德俊、赵曙明（2006）的文献综述和理论研究表明，高绩效工作系统对企业文化、组织忠诚等认知类变量的积极影响已经得到大量研究的证实。未来的研究需要通过对样本企业的问卷调查和多元回归分析，检验高绩效工作系统对社会资本认知维度的积极影响。然后，按照 Baron & Kenny（1986）提出的中介变量检验需要满足的四个条件，利用层级回归的方法，对认知维度作为高绩效工作系统与组织绩效关系的中介变量进行检验。最后，再利用结构方程模型对该中介变量进行再次检验，并比较两次检验的结果。

（3）社会资本关系维度对高绩效工作系统与组织绩效间关系的中介作用

员工与组织之间的雇佣关系可以分为交易型和互惠型，或内部型和市场型。相对于高控制性工作系统中员工与组织容易建立交易型雇佣关系，高绩效工作系统更容易导致互惠型雇佣关系的建立。程德俊、赵曙明（2006）的文献综述和理论研究表明，高绩效工作系统中，员工之间的广泛互惠性社会关系使得员工之间产生相互信任，降低了组织对员工行为监督成本，诱导了合作行为的产生，提高了组织的运行效率。虽然员工之间的弱联系为员工提供了必要的信息和知识，但是如果员工之间没有广泛的相互信任，组织内部的知识分享也不会产生。大量研究已经对高绩效工作系统与社会资本关系维度的影响进行了实证检验，但是在中国情境下该关系的成立还需要更进一步的检验。未来的研究需要通过对样本企业的问卷调查和多元回归分析，检验高绩效工作系统对社会资本认知维度的相关关系。然后，按照 Baron & Kenny（1986）提出的中介变量检验需要满足的四个条件，利用层级回归的方法，对社会资本关系维度作为高绩效工作系统与组织绩效关系的中介变量进行检验。最后，再利用结构方程模型对该中介变量进行再次检验，并比较两次检验的结果。

3. 企业文化等变量对高绩效工作系统与社会资本关系的调节作用

大量研究表明企业对人力资源实践的投资将带来高额的投资回报,但为什么实践中大量企业依然采取高控制工作系统?传统上人们认为,高绩效工作系统的实施成本主要包含采取创新性人力资源实践的成本,即员工招聘挑选的成本、培训成本、薪酬成本等。但是研究者在比较了高绩效工作系统的这些实施成本与高绩效工作系统的收益以后,发现收益远远大于成本(Huselid,1995)。也就是说,人力资本的收益远远大于投资,但为什么在实践界还是没有大规模采取高绩效工作系统?程德俊、赵曙明(2006)通过对高绩效工作系统对企业绩效作用机制的研究,发现人们忽略了一个重要的成本,即从一种人力资源体系向另外一种人力资源管理体系变革的转换成本,也就是社会关系网络的转换成本(Gant,Ichniowski & Shaw,2002)。而实际上,这一成本往往是非常巨大的,甚至远远超过了人力资本的投资。正因为如此,在全新的企业中,不存在已经定型的社会关系网络。经理们设计的人力资源政策将规范企业最初的社会关系网络结构,这就节约了社会关系网络转换成本。社会资本的构建除了受到人力资源政策的影响以外,还受到高层管理者的领导风格、企业文化、IT投资等因素的影响。只有在这些因素同时发生变革的情况下,人力资源实践的变化才能够带来组织社会资本的变化。因而,未来的研究需要组织文化、高层管理者领导风格、IT投资水平作为调节变量,研究它们与高绩效工作系统的交互作用对企业绩效的影响。我们初步假设,当组织建立了信任的企业文化,高绩效工作系统对企业社会资本的作用增强;当组织采取变革型领导风格,高绩效工作系统对企业社会资本的作用增强;当组织采取高IT投资的政策,高绩效工作系统对社会资本的作用增强。当然,这需要通过对样本企业的实证研究来检验。未来的研究需要利用层级回归的方法,对组织文化、高层管理者领导风格、IT投资水平等变量对高绩效工作系统与组织绩效间关系的调节作用进行检验。

4. 人力资本对社会资本和企业绩效关系的调节作用

社会资本为组织绩效的提高提供了机会和可能,但是这还受到组织内部知识含量和知识特征的影响。当组织内部知识存量较高时,员工与员工之间便可能有更多的知识进行沟通和传递;相反,当组织内部知识存量较低时,组织社会资本对企业绩效的积极作用便会降低。Cohen & Levinhal(1990)在研究组织吸收能力与学习效果时,发现吸收能力对企业绩效的影响也受到企业 R & D 投资水平的影响。这就说明,在高技术企业中由于知识含量较高,社会资本对企业绩效的影响更为显著。在未来研究中,我们将以人力资本存量作为调节变量,研究社会资本对组织绩效的影响。Youndt,Subramaniam & Snell(2004)开发了人力资本存量的测量量表。该量表由"我们员工是高技能的"、"我们员工在同行业中是最好的"、"我们的员工在各自岗位和专业上是专家"等五个项目组成。另外,人力资本的专用性也可能对社会资本和组织绩效间的关系产生调节作用。当组织人力资本专用性较低时,组织内部共享和传递的知识具有很高的通用性。这些通用性知识难以构建企业独特的竞争优势,因而绩效较低。当组织社会资本程度越高,组织内部共享和传递的是对于企业构建竞争优势具有独特价值的知识。这些具有专用性的知识在组织社会网络中的传播将强化组织成员的嵌入性,从而提高组织的绩效。未来研究需要以人力资本专用性作为调节变量,研究社会资本对组织绩效的影响。对于人力资本专用性的测量,未来研究需要采取 Lepak,Takechi & Snell(2003)开发的测量人力资源独特性(Human Capital Uniqueness)量表。该量表一共包含八个项目,分别为公司大部分员工"难以在劳动力市场上广泛获取"、"非常难以替代"、"竞争对手难以获得"、"被认为是行业中最好的"、"对贵公司而言,具有独特的价值"、"对竞争对手而言,难以模仿和复制"、"满足贵公司特定的需要"、"构筑起公司和竞争对手的差异"等。程德俊、赵曙明(2006)已经在相关研究中检验了该量表的信度和效度。

以往研究强调高绩效工作系统通过人力资本来影响企业绩效的作用机制。未来的研究需要通过引入社会资本的概念,建立并检验社会资本作为中介变量的高绩效工作系统对企业绩效的影响机制模型。当然,社会资本和人力资本是具有相互联系的两个变量。我们需要建立一个融合人力资本和社会资本的高绩效工作系统对企业绩效作用机制的综合模型,这样便能够完成对基于人力资本的高绩效工作系统对企业绩效作用机制模型的拓展和完善。各主要变量之间的相互关系如图 1-1。

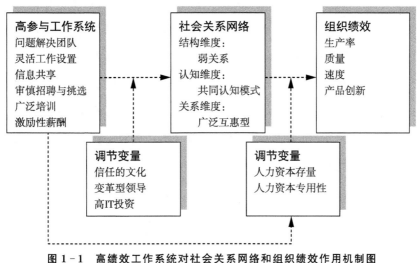

图 1-1　高绩效工作系统对社会关系网络和组织绩效作用机制图

5. 高参与型和高控制型工作系统中社会资本比较及其对组织创新的影响

高绩效工作系统中的社会资本分别在结构、认知和关系维度上具有弱关系、共同认知模式、互惠性等特征。那么传统的高控制型工作系统中的社会资本具有什么样的特征？大量的研究侧重于社会资本的某一维度，人力资源实践分别对社会资本不同维度产生不同的影响。学者们也日益注意到多个维度之间存在互补关系，共同发挥作用，以交换和整合不同的知识、资源（Tsai & Ghoshal，1998；Gupta & Govindarajan，2000；Adler & Kwon，2002）。例如，Kang，Morris & Snell（2005）提出组织社会关系网络具有两种不同类型：创业型网络和合作型网络。创业型网络在结构、认知和关系维度上分别表现为：弱和稀的关系、共同信任、互惠关系；合作型网络在结构、认知和关系维度上分别表现为：强和密的关系、结构信任、交易关系。基于前面的研究，是不是高绩效工作系统中的社会关系网络整体上应该具有创业型网络的特点？而高控制型工作系统中的社会资本整体上应该具有合作型网络的特点？这一推论似乎在逻辑上是合理的？但是在实证中能不能得到检验呢？

其次，在知识经济下，组织绩效根本上表现为组织创新。组织创新可以分为模仿创新和突破创新。中国企业目前大量采取的就是模仿创新。基于组织学习理论，模仿创新主要采取的是利用式学习，而突破创新主要采取的是探索式创新。

创业型网络中弱关系、共同信任、广泛互惠更有利于新知识的传播和扩散,产生探索式组织学习。合作型社会网络中强关系、结构信任和交易型关系则有利于重组分散在组织内部不同员工群体内部的现有知识,从而产生渐进式组织学习或渐进式创新。因此,基于理论的推演,我们可以假设高绩效工作系统的企业有利于创业型社会资本的形成,从而有利于组织的突破式组织学习;而高控制工作系统的企业有利于合作型社会资本的形成,从而有利于组织的渐进式组织学习。这些假设需要在实证中得到检验。

人力资源系统、社会资本和组织创新之间的匹配关系如图 1-2 所示。

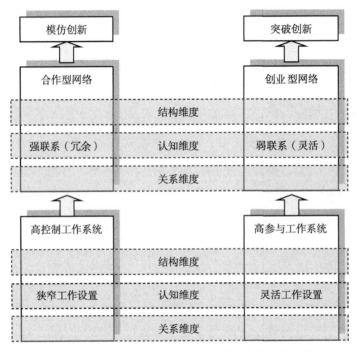

图 1-2　参与型和高控制型工作系统中社会资本比较

未来的研究需要通过对样本企业的人力资源管理系统、社会关系网络的聚类分析,将样本企业分别划分为高控制或高绩效工作系统,创业型或合作型社会资本。然后,通过方差分析,研究不同人力资源系统与社会资本类型之间的匹配关系是否存在。最后,研究还将通过回归分析,研究人力资源系统与社会资本类型的匹配对组织创新的影响。

6. 关键的研究问题

（1）组织层面社会资本的概念、内涵是什么？包含哪些维度？如何测量组织层面的社会资本？

（2）目前大量的企业人力资源实践侧重于提高组织的人力资本存量，哪些人力资源实践更有利于提高组织的社会资本？不同人力资源实践以何种方式对社会资本的结构、认知和情感维度产生怎样的影响？

（3）社会资本类型与组织创新模式之间的关系如何？渐进式和突变式创新模式对社会资本提出了哪些要求？人力资源实践如何与不同的创新模式之间产生匹配？

（4）有哪些变量对高绩效工作系统与社会资本之间的关系产生调节作用？高参与系统的变革需要哪些组织管理方式调整的配合才能发挥效用？

（5）高绩效工作系统和高控制工作系统在社会资本上存在哪些差异？如何实现从高控制工作系统向高绩效工作系统的转变？

第二节　高绩效工作系统对人际信任的影响

一、研究意义

高绩效工作系统（High Involvement Work System）由一系列建立在团队基础上的高绩效工作系统构成，如团队工作设计、基于绩效的薪酬体系、多样化的员工沟通机制、员工参与、持续的员工培训和开发、员工稳定和团队合作等。大量的实证研究表明，高参与人力资源实践对于组织绩效具有积极的影响（Macduffie & Thomas，1995；Arthur，1992；Dunlop & Weil，1996；Batt，2002；刘善仕等，2008）。然而，在对中国情境下高绩效组织的案例和实证研究中，我们发现高参与人力资源包括了一些西方组织所没有的人力资源实践，如"通过熟人介绍和关系进入企业"、"为员工提供全方位的生活保障"、"平等对待每一位员工"、"鼓励员工和顾客建立稳定的关系"等。这在典型案例餐饮连锁企业海底捞的人力资源管理实践中体现较为突出。Chen C，Chen Y & Xin(2004)将这些促进中国人人情交往的人力资源实践称为关系型人力资源实践。高参与人力资源实践中既包含了绩效考核、绩效薪酬、培训与开发等促进社会交换的因素，也包含了文化建设、稳定雇佣、共享薪酬等促进情感认同的因素。高绩效组织常常在绩效导向和归属导向的组织文化中摇摆(苏中兴，2010)。关系型人力资源实践既不完全以需求为法则，忽略效率原则，同时也不完全以利益为准则，忽略情感认同。西方高参与人力资源实践在中国的适应性一直是理论界和实践界讨论的热点。目前我们在高绩效工作系统研究中完全采取西方的概念、模型和测量方法，难以解释中国企业人力资源实践中的特有属性。作为一种高度依赖于文化的企业管理实践，关系型人力资源实践可能是中西文化背景下高绩效工作系统的重要差异，也是中国企业成功的关键途径之一(储小平，2003)。

实际上，已有学者从人际关系和人际协调的角度，研究高绩效工作系统对企业绩效的作用机制(Gant，Ichniowski & Shaw，2002；Evans & Davis，2005；Gittell，Seidner & Wimbush，2010)。Ouchi(1980)提出，高绩效工作系统的本质差异在于：微妙、密切和信任的人际关系。问题的关键是：中西文化背景下高绩效工作系统中的人际关系有什么差异？中国情境下的人际关系有什么独特性？一般研究，从社会交换和社会认同的不同机制出发，将组织中人际关系分为：基于计算的工具关系和基于认同的情感关系。与此相对应，人际信任可以分为：认知信任和情感信任(Kramer & Tyler，1998；Dirks & Ferrin，2002；于海波、方俐洛、凌文轮，2007；韦慧民、龙立荣，2009)。然而，在儒家文化主导的中国社会中，在情感关系和工具关系以外，还大量存在第三种人际关系，即混合型关系(也称为人情关系)(Huang，1987)。相对于以家人为代表的情感性关系和以陌生人为代表的工具性关系，建立在熟人基础上的混合型人际关系能够保持它们的优点，同时也能够避免它们的缺点。那么，在中国文化背景下，关系型人力资源实践是不是通过人际机制，从而建立了混合型人际信任关系？相对于绩效导向和归属导向的人力资源实践，关系型人力资源实践具有哪些优缺点和适用条件？另外，随着越来越多的中国人追求自我价值和独立人格，关系自我、传统性和现代性、人情规范等情境变量将对高参与人力资源实践的选择和人际信任的建立产生什么影响？

基于以上考虑,未来的研究需要在中国人心理和行为的研究成果基础上,探讨中国文化背景下高参与人力资源实践对人际信任的影响机制。通过关系型人力资源实践与其他高绩效工作系统的比较研究,探讨关系型人力资源实践的适用条件。在此基础上,通过引入关系自我、传统性/现代性和人情公平法则等中国特有情景变量,结合典型案例的研究,探讨中国情境下家长制企业和高控制型组织实行高绩效工作系统可能面临的障碍及其变革路径。人们需要通过研究总结我国优秀企业的人力资源实践特征,为我国企业实行高绩效工作系统和建立组织内的人际信任关系提供理论、实践指导。

二、国内外研究现状

1. 高绩效工作系统对企业绩效作用机制的研究

(1) 高绩效工作系统及其构成的相关研究。目前西方学术界对高绩效工作系统有许多不同的提法,如高绩效工作系统(Huselid,1995)、高承诺工作系统(Arthur,1992)、最佳人力资源管理活动(Pfeffer,1994)等。高绩效工作系统对组织绩效会产生积极的影响。该结论在资本密集型的汽车行业(Macduffie, 1995)、钢铁行业(Arthur, 1992),劳动密集型的服装行业(Dunlop & Weil, 1996)、服务业(Batt, 2002)、医疗行业(Gittell,Seidner & Wimbush, 2010)中都得到了验证。但目前对高绩效工作系统的研究中,对高绩效工作系统应该包括哪些最佳人力资源实践,学术界有一定的分歧。不同研究使用的绩效标准不同,得到的最佳人力资源实践也有一定差异。当然,大多数研究在最佳人力资源实践上基本是一致的。其中较有争议的人力资源实践在于:稳定雇佣、差别化薪酬等。

在中国情境下,中国企业的高绩效人力资源管理系统既包含一些以承诺为导向的西方高绩效工作实践,也包含一些以控制为导向的本土人力资源实践(孙健敏、张明睿,2009)。有研究结果表明,员工竞争流动和纪律管理、结果导向的考核、严格的员工招聘等方面的人力资源实践对中国企业绩效的影响非常显著。而员工参与管理、广泛培训、内部劳动力市场、信息分享等典型的西方高绩效工作实践对中国企业绩效的影响相对较弱(苏中兴,2010)。另外,中国企业高绩效工作系统中可能还包括促进人情交往的关系型人力资源实践,如"通过关系招聘员工"、"通过关系进行晋升"、"企业在薪酬和奖金发放过程中考虑关系"等(Chen C,Chen Y & Xin,2004)。这些研究都表明,中国情境下的高绩效工作系统与西方相比具有显著差异,我们需要基于中国文化背景来研究中国高绩效工作系统的组成。

(2)高绩效工作系统对企业绩效作用机制的相关研究。高绩效工作系统究竟如何作用于企业绩效,通过哪些变量产生影响,这些问题并没有得到明确的回答(Becker & Gerhart,1996;张一弛、黄涛、李琦,2004)。如果这一关键问题没有得到解决,那么我们就很难说明两者之间的因果关系:究竟是人力资源导致高绩效,还是高绩效的企业更倾向于采取创新性人力资源实践(程德俊、赵曙明,2006)。目前关于高绩效工作系统对企业绩效作用机制的研究可以分为两个主要的方向:基于资源基础理论和基于社会资本理论。传统上,人们解释人力资源实践对组织绩效的作用机理是基于人力资本理论和资源基础理论提出来的。企业人力资源实践能够提高员工身上所蕴含的知识、技能和能力(Becker,1964),从而提高组织的人力资本含量。员工的人力资本可以分为通用性人力资本和专用性人力资本。当企业对员工进行专用性人力资本投资时,企业与员工间交易关系发生锁定,从而能够给企业带来独特的竞争优势(Williamson,Wachter & Harris,1975)。当员工身上蕴含的知识和技能能够对顾客产生价值、难以被竞争对手模仿、难以被替代的时候,人力资本便能够成为企业获取竞争优势的来源(颜士梅、王重鸣,2002)。然而,基于人力资本作为中介机制的模型,很难解释:在外部劳动力市场日益发达的情况下,企业培训提高了员工人力资本含量,必然导致了员工更高可能的流动。为什么很多企业还要对员工进行大量的通用性人力资本投资?越来越多的研究者引入社会资本理论,为我们理解人力资源实践对组织绩效作用机制提供了良好的理论基础(Leana & Buren,1999;Gant,Ichniowski & Shaw,2002;Evans & Davis,2005)。相对于人力资本重视的是包含在每个员工身上的知识而言,社会资本则指的是包含在员工群体和员工网络中的知识(Nahapiet & Ghoshal,1998)。竞争对手可以吸引和模仿企业的人力资源,但是却难以模仿组织与员工间的信任关系,难以复制企业的社会关系网络。然而社会资本是一个复杂的概念,可以分为结构、情感和认知三个不同的维度(Evans & Davis,2005;Nahapiet & Ghoshal,1998)。有学者从社会网络结构的角度,研究高绩效工作系统对企业绩效的作用机制(Gant,Ichniowski & Shaw,2002;程德俊、赵曙明,2006)。也有学者从人际关系和人际互动的角度,建立了一个基于关系协调的高绩效工作系统对企业绩效作用机制模型(Gittell,Seidner & Wimbush,2010)。

2. 组织中的人际关系及人际信任

(1) 人际关系类型及其公平法则

在人类社会中,人际关系存在四种基本的形式:群体共享关系、权威等级关系、平等匹配关系和市场定价关系(Fiske,1991)。群体共享关系是建立在群体身份共享基础上的人际关系,家庭是这种关系的典型代表。权威等级关系是基于等级、地位和权力而形成的关系,典型代表是军队、企业等官僚制组织。平等匹配关系是基于平等、互惠和平均原则上建立的人际关系,典型代表是朋友、室友等非正式组织。最后,市场定价关系是一种基于投入和产出的效率原则基础上的关系,典型代表是老板和雇员关系。与此相对应,Uzzi(1997)将组织中的人际关系分为私人关系、商业关系和嵌入型关系。私人关系是由于血缘和朋友关系所形成的人际网络。商业关系是由于商业交换和权威等级而形成的人际网络。第三种关系是同时具有私人关系和商业关系的嵌入型关系。商业关系常常是嵌入在社会关系和私人交往之中,这就导致了嵌入型关系的产生(Xin & Pearce,1996)。私人关系是由情感、喜爱和认同的需求所驱动,而商业关系则是由利益和成就的需求所驱动。嵌入型关系中利益和情感的冲突常常是同时并存的(Uzzi,1997)。

一个组织必须具备三种基本的活动,即维持成员关系、有效地生产和满足员工基本需要。相对应地,组织中存在三种基本的分配规范:需要公平、均等公平和分配公平(Deutsch,1958)。均等公平能够确保成员的认同感和归属感。分配公平能够激励员工提高生产效率。需要公平能够照顾弱者,满足员工基本需要。人们对公平感的知觉受到与他人关系的影响。在朋友和家人等私人关系中,为了维持相互之间良好的关系,人们更容易满足弱者的需求,而不期望相应的回报(Clark & Mills,1978)。人们更普遍使用均等原则和需求原则(Austin,1980)。

对于陌生人之间的商业关系,人们在分配资源时,常常追求利益的最大化,使用的是分配公平法则。在中国社会中,熟人之间常常使用的是人情法则。人情法则是以"报"为核心的复杂的社会规范(Chen C, Chen Y & Xin, 2004; Tusi, Farh & Xin, 2004)。人情法则通常包含了两大类的社会行为:一种是"礼尚往来","滴水之恩,涌泉相报"的情感关系,另一种则是资源拥有者必须考虑各种回报和帮助的工具性关系(Xin & Pearce, 1996)。"报"的义务是关系的核心因素。一个人如果不履行自己的义务,就会失去面子,不仅会受到别人的谴责,而且可能会付出极大的代价,失去关系网及其中所包含的社会资源(彭泗清, 1999)。

(2)人际信任的认知和情感维度

人际信任被普遍认为是人们持有的与他人行为有关的认知、动机和情感方面的心理状态。但是信任究竟是一种单一维度的变量,还是多维度的变量,存在很大的争议(Kramer & Tyler, 1998)。从认知的角度来看,信任可以看成对他人不确定行为的认知。当一方预期对方在不确定情况下可能采取对自己有利的行为的时候,这种预期、假设和期望就是信任(Robinson, 1996)。具体而言,认知信任主要体现在以下方面:① 能力信任。大部分人普遍愿意与掌握较多社会资源、拥有较高能力的人进行交往(Huang, 1987)。② 基于历史的信任。人际互动的历史给予人们评估他人人格、意图和偏好的信息,使得人们能够推断他人是否值得信任和预测他们未来行为(Deutsch, 1958; Boon & Holmes, 1991)。③ 基于第三方的信任。第三方通常是个人获得他人是否可信的二手信息的重要途径(Burt & Knez, 1995)。

人不仅用脑来思考,而且用心来感觉信任。Fine & Holyfield(1996)认为信任的认知模型是必要但是不充分的。信任除了具有认知的维度以外,也包含了大量的情感、身份、规则和认同的成分(McAllister, 1995; 韦慧民、龙立荣, 2009; 初浩楠、廖建桥, 2008)。中文中"信任"两字,信指的是一个人的诚信,体现了情感的维度。而"任"则指的是一个人的责任和可依赖性,体现了计算的维度(Chen C, Chen Y & Xin, 2004; Chua, Morris & Ingram, 2008)。人们不再仅仅关注信任的工具和计算动机,而是开始研究人的自我呈现、情感和身份构建动机在信任构建中的作用(Tyler & Lind, 1992; Kramer & Tyler, 1998)。一般而言,情感信任主要表现为:① 基于人格特征相似性的信任。具有相似的人格特征的人更容易建立信任关系。在与自己相似的人交往过程中,人们从他人身上得到了自我证实,从而实现了自尊(Kipnis,1996)。② 基于社会范畴的信任。人们会通过对方所属组织或群体的社会范畴,来推断其是否值得信任。内群体偏差使得人们倾向于将正面的特征,如诚实、合作和可信等,归因于同一群体中的成员(杨中方等,1999)。③ 基于价值观和规范的信任。非正式网络是以共同的爱好、人格、价值观为基础形成的。非正式的规范则提供了人们通过共享的隐性知识建立信任的基础(陈阅、时勘、罗东霞,2010)。中国文化背景下,家人和熟人之间由于社会化过程导致共同的价值观及爱好,产生共同的亲缘、地缘和组织身份,从而容易建立强烈的情感纽带(Huang,1987)。人际交往过程中,最初建立关系时,信任主要表现为基于计算和认知的信任等形式。随着交往时间的延伸,基于感情的信任逐步取代基于计算的信任,在双方关系中发挥重要的作用。

(3) 认知信任和情感信任对组织的不同影响

由于两种信任建立机制不同,导致认知信任和情感信任对团队合作、组织绩效产生了不同的影响。当员工之间的认知信任关系较弱的时候,从诱导对手产生合作的角度出发,个人较容易产生合作行为,从而提高组织绩效。而当员工之间的信任关系很强的时候,团队中存在很强的责任分散和较低的个人关键感,因而会降低个人的投入。相对于认知信任,组织中的情感信任具有以下几个方面的优势。首先,在环境动态性情况下,由于社会交换的不平衡性加剧,机会主义和有限理性的影响,认知信任很难建立,并且很容易被破坏。在这种情况下,情感信任更容易建立,并且更易诱导员工的投入。其次,认知信任是建立在过去的历史基础上,需要重复多次交易才能够形成。面对未来的不确定行为时,由于双方没有形成对对方行为的预期,认知信任是无法建立的(McAllister,1995;韦慧民、龙立荣,2009)。相反,建立在基于情感信任基础之上的交换通常比较富有弹性。特别是当双方互有好感的时候,即使期望一时没有实现,人们仍然对未来抱有乐观的估计(Rousseau,1998;郑晓涛、石金涛、郑兴山,2008)。情感信任为人们建立了共同的价值标准,更容易鼓励员工的组织公民行为(李宁、严进,2007),激励员工的创新活动(林丽、张建新,2002;初浩楠、廖建桥,2008)。

3. 高绩效工作系统对人际信任的影响

（1）社会交换视角下绩效导向人力资源实践对认知信任的影响

员工为什么愿意将自己置于管理者的权威之下？传统上，我们认为管理者和员工之间的关系是一种建立在激励—贡献基础上的社会交换关系（March & Simon,1958；Tsui et al.,1997）。在社会交换的框架下，员工和组织间的关系是一种理性的计算和交换关系。绩效导向人力资源实践采取了各种人力资源实践保持社会交换的平衡（Arthur,1992）。例如，高绩效工作系统利用效率工资原则，采取了高于市场平均水平的薪酬激励员工。高薪酬一方面激励员工提高工作效率，另一方面增加了员工的离职成本。由于员工在离开该组织以后，很难找到同等薪酬水平的企业，因而降低了员工离职率（Pfeffer,1994）。在高绩效工作系统下，广泛的培训制度能够提高员工的知识、技能和能力。在知识更新日益加快的劳动力市场中，培训制度有效提高了员工的可雇佣性，某种程度上替代薪酬成为对员工的补偿，有利于建立员工与组织之间的社会交换关系（Huselid,1995）。绩效付酬制度的建立使得企业根据员工的工作表现、知识水平，给出相应的报酬水平。这对员工的行为产生了反馈，激励员工为组织共同目标而努力，从而保证了员工与组织间的社会交换。另外，由于组织规模较大，绩效计量困难，因而容易出现搭便车现象。高绩效工作系统大量采取了工作团队、质量圈、问题解决小组等组织形态替代了传统的部门组织架构。团队工作的设置能够降低群体中的责任分散，提高员工在团队中的关键感，使得员工对团队目标产生了更强的承诺。群体规模的降低还导致员工对群体绩效产生了更强的控制感，从而提高了团队中的关键感（Becker & Gerhart,1996）。同时，建立在团队基础上的绩效考核和薪酬制度使得团队薪酬与个人激励相结合，更有利于员工建立交换公平感。

（2）社会认同视角下认同导向人力资源实践对情感信任的影响

作为社会性动物，人在加入组织的过程中，除了经济报酬的目的以外，更期望能够获得归属感和认同感。当组织给员工提供了身份感和认同感的时候，员工便能够在其中得到满足。员工之间的情感信任是通过人际交往、共同人格特征和价值观、内群体认同建立起来的组织信任。当员工能够共享共同的身份、认同共同的组织目标的时候,情感信任便建立起来。认同导向人力资源实践通过影响员工对组织认同,影响了组织绩效。招聘、培训、社会化、信息共享和利润分享政策积极影响了组织内部员工之间的情感信任(Evans & Davis,2005)。审慎的招聘政策保证企业挑选了与组织现有员工在价值观、个性特征和人际关系技能方面相同的新员工。Pfeffer(1994)发现审慎的招聘除了能够让公司招聘到合适的员工以外,还具有向员工传递"组织重视人力资源"的信息。如果一个人经历了严格的挑选过程,他会觉得进入了一个精英组织。这样审慎的招聘和挑选便会加强员工与组织间的信任关系。培训除了具有提高员工的知识和技能的作用以外,还具有一种"礼物"的效应。基于团队表现的薪酬政策可能导致削弱个人努力动机,却与发展组织层次社会资本,如共享知识和团队合作等正相关。基于团队绩效的薪酬制度,如利润分享计划、收益分享计划、员工持股计划的实施通过降低员工的自利行为,诱导了团队成员之间的合作和相互信任的工作氛围(程德俊、赵曙明,2006)。高绩效工作系统的团队工作安排、团队薪酬、企业文化建设等人力资源实践有力地促进了非正式关系的形成(Tsui et al.,1997)。

因此说,高参与人力资源实践中既包含了绩效考核、绩效薪酬、培训与开发等促进认知信任的因素,也包含了文化建设、稳定雇佣、共享薪酬等促进情感信任的因素。高绩效工作系统通过建立组织内人际间的认知和情感信任,从而影响了组织绩效(程德俊、宋哲、王蓓蓓,2010)。同时,高绩效组织也常常在绩效导向和归属导向的组织文化中摇摆(苏中兴,2010)。关系型人力资源实践既不完全以需求为法则,忽略效率原则,同时也不完全以利益为准则,忽略情感认同。Chen C, Chen Y & Xin(2004)基于中国情境,建立了关系型人力资源实践影响人际信任,从而影响企业绩效的作用机制模型。关系型人力资源实践可能是中国企业高绩效工作系统的重要组成部分。

4. 中国情境下人际关系和人际信任相关研究

(1) 中国情景的人际关系

韦伯区分了两种信任方式:西方的普遍信任(Universalistic Trust)和东方的特殊信任(Particularistic Trust)。前者受到基督教契约文化影响,以共同信仰为基础,而后者则建立在以血缘关系为基础的差序社会格局基础上。在中国社会,人际关系通常可以分为家人、熟人和陌生人三种类型。其中，信任程度最强的是以家人和亲戚为核心的亲人（family），然后依次是以同乡、同学、战友等地缘和校缘为纽带的熟人（familiar），最后才是互不相识的陌生人。根据三种不同类型人际信任的纽带，Huang（1987）将三种人际关系分别称为情感性关系、混合性关系和工具性关系。在以血缘为纽带的情感性关系中，主要的资源分配法则是"各尽所能、各取所需"的需求法则。每一个组织成员都应当为组织贡献力量，但是组织也应当供给该成员所需要的资源。在市场交换的工具性关系中，人们遵循的是"一视同仁，童叟无欺"的社会交易法则。其中最为特殊的是既有情感性关系属性又有工具性关系属性的混合型关系，即熟人关系网络。在熟人网络中，交往双方通常都会共同认识一个或一个以上的第三者。这些彼此直接或者间接认识的一圈人，共同构成了一张张复杂程度不同的关系网。对于熟人，人们通常使用的是人情法则。人情法则是以"报"为核心的人与人之间复杂的社会规范（Chen C，Chen Y & Xin，2004）；Tusi，Farh & Xin，2004）。人情法则通常包含了两大类的社会行为：一种是"礼尚往来"，"投之以桃、报之以李"，"滴水之恩，涌泉相报"的情感关系，另一种则是必要时资源拥有者必须考虑各种回报和帮助的工具性关系（Xin & Pearce，1996）。"报"的义务是关系的核心因素。一个人如果不履行自己的义务，就会失去面子，不仅会受到别人的谴责，而且可能会付出极大的代价，失去关系网及其中所包含的社会资源（彭泗清，1999）。关系的主要功能在于它保证了交往各阶段所需要的信任。关系意味着相互的义务，而义务感会使人做出值得信任的行为。长期的利益交往，往往也会带来各种感情纠纷。为了获得利益，人们首先必须彼此建立感情。在这种关系中，既需要平衡情感和利益的冲突，同时情与理的冲突也非常强烈（Huang，1987）。

（2）员工和组织特征对人际信任的影响

大量研究表明，人们在信任他人的倾向性上存在着个体差异。乐观的人更容易与人建立信任的关系。人们除了希望在人际交往中获得利益以外，还希望别人乐观的情绪能够感染到自己（Gurtman，1992）。经验也是影响人们人际信任行为的另一个因素。成长过程中，通过与不同人的接触，观念不断地得到泛化和转移，逐步形成对其他人的某种固定预期模式，并在成年后转变为相对稳定的人格特质。人生早期的人际信任经历,使人们初步建立起对其他人可信度的一般性观念,如人类本性善恶观等(Rotter,1980)。个体当时的心境也会影响其对他人的信任倾向(Dunn & Schweitzer,2005),情感归属倾向高的人更愿意承担信任他人所面临的风险(Weber,Malhotra & Murnighan,2005)。最近已经有学者逐渐开展对信任个体差异的测量,并利用测量结果来选拔和任用值得信任的员工(Kipnis,1995)。然而这些研究结果放在中国情境下,还存在一些解释偏差。相对于西方人的独立自我,中国人的自我更多是一种关系自我。他们倾向于将对自我的认知与其他人联系在一起。在西方,人的能力和人格是一个人能否被信任的关键。而在中国,各种人际关系因素,包括先赋的和后天的连带关系及人情,更多地影响了人们是否值得信任。在中国这样的特殊主义文化下,特殊信任在所有情景下对信任行为都有直接而显著的作用,而普遍信任只在与熟人和陌生人交往时才起作用(张建新等,2000)。另外,在集体主义文化下,社会对个体具有较强的社会角色期待。一个人在组织中的权力地位、社会身份、性别角色等也对人际关系产生重要的影响(彭泗清,1999)。当然,随着中国社会的转型,越来越多的中国人更具有独立的自我意识和价值观。在现代化的过程中,他人往往会将自我价值观内化,忽略他人的社会角色期待,降低关系对个人行为的影响(Farh,Early & Lin,1997)。相对于传统型的中国人而言,现代性的中国人更具有普遍信任主义倾向,不太重视关系的影响。

5. 中国情境下高绩效工作系统中人际信任构建的相关研究

按照 Ouchi(1980)对层级型、市场型和系族型组织的对比分析,高参与组织正是融合了日本和美国企业的优点,将情感关系和工具关系融合在一起的社会组织。员工不仅在经济上,而且在生活上也依赖于公司。公司不仅在工作上,而且在私人生活上给员工提供适当的帮助。高绩效工作系统能够缓和员工和企业间的劳资冲突,从而建立和谐的劳资关系。中国部分企业采取了关系型人力资源实践,如"通过熟人介绍和关系进入企业"、"通过工作轮换和文化建设在员工之间发展稳定的人际关系"、"平等对待每一位员工"、"鼓励员工和顾客建立稳定的关系"等。这些关系型人力资源实践既能够保持组织绩效,也能够保持员工对组织的忠诚。

目前,企业人力资源系统存在五种基本类型,即工程型、明星型、参与型、层级型和独裁型(Baron,Hannan & Burton,1999)。我国中小企业主要采取的是家长型人力资源系统,而大型企业主要采取的是高控制型工作系统(孙建敏等,2009)。在向高绩效工作系统变革的过程中,不同类型的企业可能存在不同的变革路径。家长制的特点是在雇佣关系中,讲究上下级之间传统的服从,而老板则必须照顾职工的福利,照顾的范围和程度取决于老板的职责,而不是职工组成工会来争取。在家族企业,核心员工和管理层往往是企业家族成员,或者与所有者有某种血缘关系。所有者常常将所有权和经营权传给有直系血缘关系的亲属,而不是职业经理人。基层员工和所有者没有血缘关系。但是员工会因为他们和所有者间的亲疏远近,而受到不同的待遇(马可一、王重鸣,2004)。为了建立稳定和忠诚的雇佣关系,企业常常在特定区域,招聘有一定地缘关系的员工。为了调动员工的工作积极性,所有者常常以身示范,以自己作为榜样要求员工,通过分成和共负盈亏的方式捆绑员工。在家长型人力资源系统中,企业采取关系型人力资源实践,形成了以雇主为核心,以血缘和地缘关系为纽带的管理机制。家长型人力资源系统主要是通过声誉和关系来产生信任,而制度化的信任很少(Whitley,1991)。虽然有些家族企业努力建立现代企业制度,但是,传统中国社会的关系格局却没有被制度取代,关系以一种改进了的形式继续存在,并发挥重要的作用。在企业建立初期,这种以家人和熟人为基础的情感人际关系基础牢固,协调方便。但是随着企业规模扩大,外人很难进入这种家人网络(Chen C,Chen Y & Xin,2004)。家长制向高绩效工作系统变革的关键在于,如何将家族治理形式转变为熟人治理形式,将原先的依靠家人治理基础上的情感信任转变为依靠价值观基础上的认同信任关系。

另外,还有大量的国有企业采取的是高控制工作系统。在传统的高控制工作系统中,员工和管理者之间的信任关系就是典型的认知信任关系。规范性工作设计、短期雇佣、市场薪酬等政策导致了员工和管理者之间社会交换的平衡。但这种社会交换也使得相互之间难以产生专用型人力资本投资和相互锁定效应。高控制工作系统向高绩效工作系统的变革成功的关键在于,如何在认知型信任关系基础上形成认同型信任关系,从而建立相互之间的情感信任(Chen C,Chen Y &

Xin，2004)。当然,组织信任关系除了受到人力资源实践影响以外,还受到领导方式、企业文化等方面的影响。程德俊、赵曙明(2006)发现,很多企业变革失败的原因在于人们低估了变革的成本。很多人认为改变人力资源实践就能够改变组织内部的信任关系。人们忽略了一个重要的成本,也就是社会关系网络的转换成本(Gant，Ichniowski & Shaw,2002)。而实际上,这一成本往往是非常巨大的,甚至远远超过了人力资本的投资。正因为如此,在全新的企业中,不存在已经定型的社会关系网络。经理们设计的人力资源政策将规范企业最初的社会关系网络结构,从而节约了社会关系网络转换成本。

6. 简要述评

通过对高绩效工作系统、人际信任、中国情境下人际关系等相关文献的回顾,我们可以得出以下一些简要结论。

首先,在对中国情境下高绩效组织的案例和实证研究中,我们发现高参与人力资源包括了一些西方组织所没有的人力资源实践,如"通过熟人介绍和关系进入企业"、"基于关系给予报酬和奖励"、"平等对待每一位员工"、"鼓励员工和顾客建立稳定的关系"等。这些关系型人力资源实践在现有研究中没有受到应有的重视。关系型人力资源实践既不完全以需求为法则,忽略效率原则,同时也不完全以利益为准则,忽略情感认同,可能是中国企业高参与人力资源实践的重要组成部分。

其次,已有很多研究将社会资本引入高绩效工作系统对企业绩效的作用机制研究中 (Nahapiet & Ghoshal,1998;Evans & Davis,2005)。但社会资本是一个复杂的概念,既包含了社会学中结构主义的视角,也包含了社会心理学中人际关系的视角。受到社会网络研究的影响,以往的很多研究从网络结构的角度进行。从微观层面出发,社会资本表现为人际信任的问题。出于中国企业人际信任的缺乏,我们需要集中于这一视角深入研究。

最后,目前高绩效工作系统的相关研究都是在西方的文化背景下进行的。中国社会的差序结构使得中国文化背景下的人际信任与西方个体主义文化具有很大的差异(Chua,Paul & Morris,2008)。中国人对于自我、回报和交换、公平的感知都与西方文化具有很大的差异(Chen C，Chen Y & Xin，2004)。在中国情境下,高绩效工作系统深深嵌入社会文化背景,员工的人格特征和组织特征都将影响高参与组织中的人际关系形成。如何将高绩效工作系统、组织信任的研究嵌入中国情境下也是当前研究的挑战。

三、未来的研究展望

1. 中国情境下关系型人力资源实践和混合人际信任量表的开发

我们曾经挑选了目前高绩效工作系统研究中引用率较高的 25 篇论文,进行内容分析。通过研究,我们发现,对高绩效工作系统的测量使用较多的条目是:基于团队的工作(问题解决小组)、自上而下的交流和信息分享、用来收集员工反馈的机制、内部晋升政策、挑选过程中对员工 KASO 的评估、结果导向或目标导向的激励政策、奖金制度等。通过对这些条目的仔细分析,我们可以发现其中既包含了社会交换相关的条目,也包含了社会认同相关的条目。然而,在中国情境下,高绩效工作系统中可能还包括促进人情交往的方面,如"许多人通过关系进入企业"、"许多人通过关系进行晋升"、"企业在薪酬和奖金发放过程中考虑关系"等(Chen C, Chen Y & Xin, 2004)。以前的研究中,我们没有考虑到这些中国情境下基于关系的人力资源实践。在未来的研究中,人们需要在 Chen C, Chen Y & Xin(2004)研究基础上,验证和开发相应的量表,并将基于关系的人力资源实践与其他的高绩效工作系统进行对比分析。

另一个主要任务是建立中国情境下人际信任的测量模型。McAllister(1995)将组织信任分为认知信任和情感信任,并建立相应的测量量表。这也是目前组织信任研究中通用的测量量表之一。然而,在上个课题的研究中,我们发现完全采取 McAllister(1995)的量表将面临两大问题。首先,McAllister(1995)的认知和情感信任测量虽然经 Chua, Paul & Morris(2008)翻译成中文并进行了信度检验,但他们并没有在中国情境下对该量表的效度进行检验。在中国文化下,信任关系既有"信"(即诚信、等同于情感信任)的一面,也有"任"(即责任,等同于认知信任)的一面。两者高度相关。相反,美国文化中情感信任和认知信任则是相互独立的。例如,中国人交朋友不完全是寻求感情的支持,也有相当大程度的功利色彩。而美国人则是生意归生意、感情归感情。由于中国文化下,情感信任和认知信任的体现方式与西方文化存在很大的差异,我们必须对该量表在中国情境下的信度和效度重新进行修正与检验。Huang(1987)提出中国社会中,除情感性关系和工具性关系以外,还普遍存在混合型关系。对于这种中国情境下特有的人际信任形式,并没有相应的测量量表。在未来的研究中,人们需要开发中国情境下特有的混合型关系的测量量表。因此,未来的研究需要基于 McAllister(1995)、Chua,Paul & Morris(2008)提出的组织信任的认知和情感两维度分析模型进行概念分析和量表开发。在此基础上,通过对典型企业员工的访谈和问卷调查,然后通过因子分析来开发中国情境下人际信任的三结构测量量表。

2. 高绩效工作系统对人际影响和企业绩效的影响机制

在研究高绩效工作系统和人际信任的概念、量表开发的基础上,人们需要研究高绩效工作系统通过人际信任,从而影响企业绩效的作用机制。

(1) 不同人际信任对企业绩效的影响

以往研究都已经发现,不同人际信任与企业绩效间的不同关系。Chua,Paul & Morris(2008)通过实验研究发现,组织内部的认知信任和企业绩效之间存在一个"∩"型的曲线关系。当员工之间的信任关系较弱的时候,从诱导对手合作的角度出发,个人较容易产生合作行为,从而提高组织绩效。而当员工间的信任关系很强时,团队中存在很强的责任分散和较低的个人关键感,反而会降低个人的投入和组织绩效。未来研究需要利用层级回归的方法,对认知信任和企业绩效间的"∩"型的曲线关系进行检验。相对于认知信任和组织绩效间的"∩"型的曲线关系,情感信任则对企业绩效一直产生积极的影响。未来的研究需要利用层级回归的方法,对情感信任对企业绩效间的积极影响进行检验。另外,混合型信任关系是中国情境下的特有人际关系,对于企业绩效的影响,在现有的研究中没有得到重视。人们需要在量表开发的基础上,对混合型信任关系对企业绩效的影响进行检验。

(2) 人际信任对高绩效工作系统与企业绩效间关系的中介作用

按照 Huang(1987)的分析,在中国企业中员工之间存在情感、工具和混合性三种不同的人际关系。无疑高参与人力资源实践将影响到这三种不同人际信任关系的建立。相对于传统的高控制工作系统,高绩效工作系统强调通过高强度的培训、有效的开发,高于市场平均水平的薪酬对员工进行投资,激发员工对组织的投入和参与,从而建立员工与管理者间的认知信任(程德俊、赵曙明,2006)。同时,高参与人力资源实践中的招聘、培训、社会化、信息共享和利润分享政策,将通过人际交往、共同人格特征和价值观认同,建立员工之间的情感信任(Evans & Davis,2005)。以往的研究侧重于情感和认知信任在高绩效工作系统与企业绩效间的中介作用。相反,建立在熟人网络基础上的混合型关系可能兼具两者的优势。在这种情况下,高绩效工作系统既保持了一定的经济激励,也满足了中国人的社会归属需要。在中国情境下,高绩效工作系统中的主要人际信任关系形式是什么?高绩效工作系统将主要通过哪种机制影响企业绩效需要成为未来研究的第二个核心问题。

未来的研究需要通过对样本企业的问卷调查和多元回归分析,检验人际信任在高绩效工作系统对企业绩效作用机制中的中介作用。据 Baron & Kenny (1986)所指出的,中介变量的检验需要满足四个条件:① 自变量对中介变量有影响;② 自变量对因变量有影响;③ 中介变量对因变量有影响;④ 当控制中介变量时,自变量对因变量的影响显著变小。人们需要按照这四个步骤,利用层级回归的方法,检验认知、情感和混合性关系对高绩效工作系统与组织绩效间关系的中介作用。

3. 员工和组织特征对高绩效工作系统和人际信任的调节作用

在西方文化背景下,个体的能力和人格等个体因素是影响一个人是否被信任的关键。然而,在东方文化下,社会对个体具有较强的社会角色期待。个体在组织中的权力、地位、身份、性别角色等对于人际影响产生重要的影响(彭泗清,1999)。人们通常根据其所属的社会类别、关系远近来判断对方是否值得信任。各种人际关系因素,包括先赋的特征和后天的连带关系及人情等影响了人际间的信任关系。因此说,中国情境下企业人力资源实践往往深深嵌入组织的社会关系网络之中(Chen C, Chen Y & Xin, 2004;Tusi,Farh & Xin, 2004)。在西方类似的研究中,往往不考虑组织中社会关系网络的特征。而在中国情境下,往往很难回避这一问题。在中国情境下,人际关系是以家庭和血缘关系为核心的差序结构,一般可以分为家人、熟人和陌生人三种类型。信任程度依次递减。由于西方社会的普遍信任主义,高绩效工作系统一般建立在陌生人的基础上。然而,在中国背景下的特殊信任主义决定了陌生人之间难以建立信任和忠诚的关系。未来的研究需要从组织成员人口统计特征角度入手,测量组织中成员的构成。然后,以家人、熟人和陌生人比例作为调节变量,研究他们与高绩效工作系统的交互作用对组织信任的影响。我们将探索中国高参与组织建立在何种人际网络基础上。我们初步假设,熟人网络是高绩效工作系统建立的基础。但是在不同的地区、所有制和规模的企业可能表现有一定的差异。当然,这需要通过对样本企业的实证研究来检验。未来研究需要利用层级回归的方法,对人际关系类型、所有制、地理区域等组织特征变量对高绩效工作系统与人际信任关系的调节作用进行检验。

另外,随着中国社会的转型,越来越多的中国人更具有独立的自我意识和价值观。他们往往会将自我价值观内化,忽略他人的社会角色期待,从而降低关系对个人行为的影响(Farh, Early & Lin,1997)。由于员工的年龄、教育背景、家庭环境等因素的影响,部分中国人的人格特征体现为关系自我和传统人格,而另外也有部分中国人的人格特征体现为独立人格和现代性人格。未来研究需要采取跨层次研究的方法,在样本企业中挑选一定数量的员工,测量企业员工的人格特征。通过该研究试图找出,对于不同人格特征的员工,企业将采取何种人力资源实践促进人际信任关系的形成。

4. 组织公平规范对人际信任和企业绩效关系的调节作用

高参与人力资源实践既有社会交换又有社会认同的成分。在通过社会交换建立认知信任的过程中,组织需要坚持按劳分配的原则。同时在通过社会认同建立情感信任的过程中,组织需要建立平均分配和按需付酬的原则。高参与组织是不是根据不同类型的员工采取了不同类型的分配原则?是不是在不同的情境下采取了不同的分配原则?例如,有研究发现,中国企业在奖励的时候常常按照效率公平的原则,而在惩罚的时候则采取了平均分配和按需分配的原则。这样能够保持企业在促进生产和保持团结之间取得平衡(Chiu,1991)。在熟人之间,中国人常常通过人情交往,建立混合信任。而这些人情交往行为受到社会人情规范的调节。需要公平、效率公平和人情规范等如何在中国高参与组织中配置是需要解决的问题。

　　另外,人们对公平的感知不仅受到结果的影响,还受到资源分配过程和分配方式的影响(Thilbarut & Walker,1975)。因此,除了结果公平以外,研究者还日益重视程序公平和人际公平的重要作用(Leventhal,Karuza & Fry,1980;Bies,1987)。下级通常是从可信度的角度来评估上级,而上级通常是从能力的角度来判断下级(Hogan,1994)。上级的可信度取决于他作出决策时是否是中立的和无偏见的,在制定和实施决策的过程中下属的意见是否得到尊重。管理者和下级间的信任关系受到程序公平的影响(Tyler & Degoey,1995)。在动态环境下,分配公平感不容易建立,组织中人际信任关系更依赖于对他人可信度、动机和人格的判断,因而决策的程序公平更为重要。未来研究需要利用层级回归的方法,对组织效率公平、均等公平、需要公平等结果公平变量,以及程序公平和人情规范等变量对人际信任和企业绩效间关系的调节作用进行检验。

　　文献综述中各主要变量之间的相互关系,如图1-3。

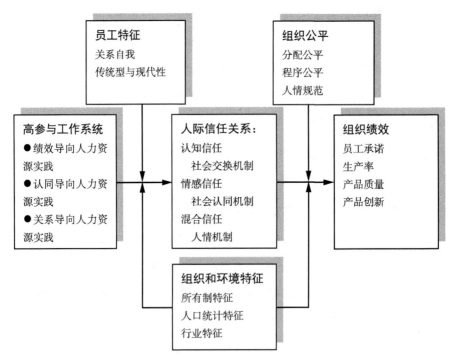

图1-3　高绩效工作系统对人际信任作用机制图

5. 家长型、高控制型和高参与型工作系统中人际信任的比较及其构建机制

目前,我国大部分企业还处于家长型和高控制型的阶段。大量研究表明,企业对人力资源实践的投资将带来高额的投资回报,但为什么实践中大量企业依然采取高控制工作系统呢? 传统上人们认为,高绩效工作系统的实施成本主要包含采取创新性人力资源实践的成本,即员工招聘挑选的成本、培训成本、薪酬成本等。但是研究者在比较了高绩效工作系统的这些实施成本与高绩效工作系统的收益以后,发现收益远远大于成本(Huselid,1995)。也就是说,人力资本的收益远远大于投资,但为什么在实践界还是没有大规模采取高绩效工作系统呢? 主要原因在于,人力资源实践的变革比较容易,而组织信任关系的变革则非常困难。要改变组织的信任关系,除了需要人力资源实践的调整以外,还需要根据不同类型的企业,调整组织的员工构成,改变价值观体系,变革组织内的公平氛围。未来研究需要通过对样本企业的人力资源管理系统和人际信任进行聚类分析,将样本企业分别划分为情感导向、绩效导向和关系导向的人力资源系统,人际信任关系分为情感型、认知型和混合型。然后,通过方差分析,研究不同人力资源系统与组织信任类型之间的匹配关系是否存在。最后,未来的研究需要通过回归分析,研究人力资源系统与组织信任类型的匹配对组织绩效的影响。具体而言,我们假设的三种可能关系如表 1-1 所示。

表 1-1　家长型、高控制型和高参与型组织的比较

组织类型	家长型	高控制型	高参与型
人力资源实践	情感型人力资源实践	绩效型人力资源实践	关系型人力资源实践
信任关系	情感信任关系	认知信任关系	混合型信任关系
公平原则	需要和均等公平为主	分配公平为主	人情法则
人际网络	家人网络	陌生人网络	熟人网络

由于高参与型组织变革过程的研究很难通过问卷调查的方法进行,未来研究需要以质性研究作为量化研究的补充。我们将在样本企业中,分别找出 2 家家长型企业和 2 家高控制型组织向高参与型组织变革成功的案例。然后,通过深度访谈、资料分析和案例分析的研究方法,深入研究典型案例,探讨企业从家长型或者

高控制型向高参与型变革的路径及主要障碍,建立高绩效工作系统中人际信任变革的理论模型。

6. 关键的研究问题

(1) 过去的研究发现高参与人力资源实践中除了社会交换和情感认同的成分,还包括关系型人力资源实践。中国情境下,关系型人力资源实践由哪些主要的人力资源实践组成? 相对于其他的人力资源实践而言,关系型人力资源实践的绩效表现如何? 适用于什么条件? 未来研究需要建立一个包括关系型人力资源实践在内的高绩效工作系统对人际信任和企业绩效作用的机制模型。

(2) 人际信任存在情感和认知两维度,McAllister(1995)开发了相应的测量量表。然而,按照 Huang(1987)等人的研究,中国情境下还存在特有的混合型信任关系。相对于情感信任和认知信任,混合型信任关系有什么特点? 如何对混合型信任关系进行概念界定,并开发相应的测量量表? 其建立的机制是什么? 中国人的关系自我和传统人格将会对混合型信任关系产生何种影响? 是未来研究需要解决的一个关键问题。

(3) 有研究利用实验的方法发现,相对于认知信任,情感信任对团队和组织绩效的影响更为显著(Chua, Paul & Morris, 2008)。未来研究需要利用大样本实地调查的方法对这一结论进行检验。由于人际信任是个体层面的变量,我们计划采取跨层次的研究方法。在每家样本企业中选择一定数量的员工进行人际信任的测量。

(4) 在通过社会交换建立认知信任的过程中,组织需要坚持按劳分配的原则。通过社会认同建立情感信任的过程中,组织需要建立平均分配和按需付酬的原则。高参与组织是不是根据不同类型的员工采取了不同类型的分配原则? 是不是在不同的情境下采取了不同的分配原则? 效率、均等和需要等公平原则应该如何在中国高参与组织中进行配置?

(5) 家长型、高控制型和高参与型工作系统中人际信任之间存在哪些差异? 如果说高绩效工作系统建立的基础在于改变组织人际信任关系,除了调整人力资源实践以外,还需要在组织公平、人际网络方面进行哪些变革?

第三节　高绩效工作系统对员工帮助行为的影响

一、研究意义

企业扁平化和网络化导致员工与组织间、领导和下级间的交换关系逐步被员工间互助关系所取代(Flynn，2003；涂乙冬，2013)。员工间帮助行为，如分担工作、分享信息、情感支持、解决生活困难，对于组织和团队的运作发挥越来越重要的作用。有学者甚至认为，离开了团队成员间的相互帮助，组织便无法继续运作下去(Gittell，2001；周文娟、段锦云、朱月龙，2013)。相对于岗位职责要求之内的行为，帮助行为除受到个人的亲社会动机影响以外，还受到个人预期的互惠和回报的影响(Bolino，Turnley & Bloodgood，2002)。虽然管理者很难通过直接监督、外部奖励和惩罚来激励员工间的帮助行为，然而给予帮助者更高的社会地位，建立组织互惠规范可以诱导员工产生更多的帮助行为(Grant & Patil，2012)。人力资源政策作为激发员工利他动机和合作行为的工具受到理论与实践的关注(Mossholder，Richardson & Settoon，2011；Evans & Davis，2005)。

传统上，人们认为员工间的帮助行为主要体现为相互分担工作，分享工作经验，从而提高工作绩效(Dyne & LePine，1998)。然而，员工间帮助行为呈现出多种不同的类型。例如，情感分享可以帮助员工更好地应对社会压力(Toegel，Kilduff & Anand，2013)。解决个人和生活问题可以帮助员工处理工作和家庭的冲突(Grant，2008)。虽然，总体上员工帮助行为对组织大有裨益，然而人们也认识到员工帮助行为对组织可能带来的挑战(Flynn，2003；苏中兴，2010)。例如，不同帮助行为可能存在着冲突。例如，建言行为作为一种变革导向的帮助行为，可能会破坏员工之间的和谐关系。也就是说，当组织鼓励员工之间相互提出工作改进的建议，便可能影响到生活上相互帮助的关系(Bolino，Turnley & Bloodgood，2002)。另外，员工间过多的帮助行为还可能导致组织难以实现对个人的有效激励，从而降低了个人绩效(Flynn，2003)。帮助行为可能提高了特定员工的个人利益，然而却是以团队利益的损失为代价，从而产生了反功能现象(邱静、张志学,2008)。因此说,我们迫切需要了解组织中员工帮助行为的发生机制,不同类型帮助行为的关系,从而为我们通过人力资源实践促进员工帮助行为的发生提供理论和实践依据(Mossholder,Richardson & Settoon,2011)。

高绩效工作系统(High Involvement Work System)由一系列建立在团队基础上的高绩效工作系统构成,如团队工作设计、基于绩效的薪酬体系、多样化的员工沟通机制、员工参与、持续的员工培训和开发等(Arthur,1994;Macduffie,1995;刘善仕等,2008;张一弛等,2004)。高绩效工作系统通过给予团队和员工一定的自主决策权,让其在一定的工作范围内实现相互冲突的目标,从而提高组织双元性和动态竞争能力。实证研究表明,高绩效工作系统对组织双元性具有积极的影响(Patel,Messersmith & Lepak,2013)。然而,利用式学习和探索式学习对员工间帮助行为提出了不同的要求。高绩效工作系统究竟通过什么样的微观作用机制影响了员工行为和相互关系,从而让员工能够自我实现利用学习和探索学习的平衡,并没有得到很好的回答。通过引入帮助行为,能够让我们更好地了解不同的学习策略对员工帮助行为的影响,从而提高组织二元目标的实现。

未来的研究需要在 Dyne & LePine(1998)将员工帮助行为分为亲和与挑战行为的框架下,探讨三种主要类型的任务帮助行为、社会帮助行为和建言行为的异同。以中国高科技企业为样本,调查研究不同企业中员工帮助行为的类型和特点。通过引入人际关系氛围作为中介变量,探索高参与人力资源实践对任务帮助、社会帮助和建言帮助的影响机制。最后,员工间的知识分享和社会支持行为是组织学习最重要的微观机制。不同的学习策略要求员工间的帮助行为具有不同的类型和特点。通过研究不同学习策略下,员工帮助行为以及人力资源管理方式的差异,为我国企业建立利用和探索相平衡的二元组织提供理论与实践指导。

二、国内外研究现状

1. 组织中的员工帮助行为及其分类

虽然实证调研表明已表明,员工间帮助行为对制药行业销售部门的销售额(Podsakoff et al.,2000)、开发部门的绩效(Hackman & Wageman,2007)、咨询团队的集体创造力(Hargadon & Bechky，2006)，以及酒店行业的客户满意度和服务质量(Koys，2001)都有积极的影响。然而，对帮助行为的内涵、定义在不同的研究中存在一定的差异。

(1) 员工帮助行为与组织公民行为的异同

过去一段时间内，人们一直把帮助行为看成组织公民行为的一种类型(Organ，1988；魏江茹，2009)。组织公民行为指的是员工采取的没有被组织正式报酬系统直接或者间接奖励，然而对组织的有效运转具有帮助的行为(Organ，1988)。按照行为的层次，可以将组织公民行为分为对组织的角色外行为和对员工间的角色外行为。组织中的角色外行为包括服从组织规范、参与组织活动、维护组织声誉等。员工间的角色外行为包括帮助他人完成工作、对他人进行社会支持等。Moorman & Barkley(1992)认为除了两者以外，员工的组织公民行为还包括个体主动行为，如建议行为、告密行为等。随着研究的深入，学者们越来越认识到将组织公民行为和员工间帮助行为分开研究的必要性(Toegel，Kilduff & Anand，2013；Flynn，2003)。首先，组织公民行为主要是基于员工和企业之间交换关系，而帮助行为通常是建立在员工和员工之间相互交换产生的行为(Flynn，2003)。其次，组织公民行为通常包括的范围较广。相比较而言，员工间帮助行为包括的范围相对较窄，例如不包括对个人有害，但是对组织有利的行为，如告密行为(Flynn，2003)。再次，组织公民行为除了包括员工对组织的利他行为，还包括员工对上司的交换行为。而帮助行为则常常只是指员工之间的帮助行为(Brief & Motowidlo，1986)。最后，员工对组织和上司的帮助行为具有更强的政治动机，因而个人利益动机更强(Moorman & Barkley，1992)。相对而言，员工对同事的帮助行为利他动机更强。因此，Flynn(2003)认为应将帮助行为和组织公民行为分开，认为组织中存在三种典型的员工角色外行为：组织公民行为、领导成员交换行为和员工帮助行为。

(2) 员工帮助行为的维度

学者们按照不同的维度对组织中的员工帮助行为进行了分类研究。① 任务(task-based)和社会(personal-based)。任务行为是指员工帮助他人完成与工作相关的行为，例如在他人面临困难的时候，帮助他人分担工作的行为。社会行为指的是帮助他人处理情感、家庭和工作中困难的行为。例如,在他人婚姻关系出现问题时,给予他人情感的支持;在他人出现工作和家庭冲突时,给予帮助的行为等(Brief & Motowidlo, 1986；Mossholder, Richardson & Settoon, 2011)。②亲和(affiliative)和挑战(challenging)。亲和行为指的是帮助他人,以促进人际关系和谐及相互合作的行为。挑战行为指的是提供建议和意见,改变他人的想法,从而提高他人工作能力和绩效的行为,主要体现为建言行为。亲和行为主要是面向过去的反应性行为,挑战行而为则是面向未来的前瞻性行为。③ 促进(promotive)和抑制(prohibitive)。促进性帮助行为指的是员工主动去推动、激发、引起某类事情产生的一类行为;抑制性行为是员工出于保护和预防的目的而做出的行为,包括为保护低权力者而进行的调解活动,制止他人不道德行为等(Dyne & LePine,1998)。④ 功能(functional)和反功能(dysfunctional)。功能行为指的是对组织有利的行为,而反功能行为指的是对组织不利的行为。有些员工帮助行为对个人有利,但是对组织不利。若员工之间出现过多的亲和行为,可能导致反功能行为的产生(Brief & Motowidlo,1986)。

综上,Dyne & LePine(1998)将建言行为划分为挑战型、防御型和默认型三种,其中,挑战型建言是指基于协作动机,表达与工作相关的想法、信息和观点。防御型建言是指由于害怕,出于自我保护目的,表达与工作相关的想法、信息和观点。默认型建言是指基于顺从目的,表达与工作相关的想法、信息和观点。然而,在实践中,大多数的任务行为和社会行为都是亲和行为。部分的建言行为必然带来人际关系的冲突,主要体现为挑战性。虽然有人认为建言行为不属于员工帮助行为,但是我们认为从帮助者的动机而言建言就是一种利他行为。实践中,人们也正是通过意见和建议给朋友、同事提供帮助。因此,我们在未来研究中,将员工帮助行为分为任务行为、社会行为和建言行为三种类型。

2. 高绩效工作系统对员工帮助行为的影响

高绩效工作系统是由一系列相互作用的人力资源实践组成的,而不是某几个人力资源活动的简单相加。大多数学者都认为,在人力资源管理活动中,有些人力资源实践始终优于其他的实践,在任何情况下,这些实践都会对企业绩效产生积极的影响(McDuffie，1995)。虽然目前学术界对高绩效工作系统包括哪些最佳人力资源管理实践活动并没有形成统一的意见,然而高参与人力资源实践中既包含了绩效考核、绩效薪酬、培训与开发等激励因素,也包含了文化建设、稳定雇佣、共享薪酬等认同实践(程德俊、宋哲、王蓓蓓,2010;苏中兴,2010)。学者们从社会交换、群体认同和人格特质等不同的理论视角对组织中员工帮助行为的产生机制进行了研究。而高绩效工作系统正是利用了人格特征、社会交换和群体认同感以对员工帮助行为产生重要的影响。

(1) 基于人格特质的高绩效工作系统对帮助行为的影响

人格特质理论强调帮助行为的利他动机和价值取向。虽然研究结论不统一,但还是存在一些基本的结论。Flynn(2006)认为,责任心、宜人性、积极情绪、利他主义维度等人格特征都对帮助行为具有积极的影响。相反,自恋和个人成就动机对助人行为具有负面的影响。相对于男性,女性对帮助行为具有积极的影响,同时要求的回报较少。Moorman & Barkley(1992)等对某金融服务组织进行了研究,发现集体主义价值观会促进助人行为。高参与人力资源实践通过招聘、培训、社会化等人力资源政策影响了员工的人格特质和动机,从而影响了组织中的帮助行为。例如,审慎的招聘政策强调招聘具有合作精神和利他动机的员工。人格测评、结构化面试和评价中心的技术保证了组织能够挑选到具有亲社会动机和行为的员工(赵曙明,2001)。审慎的招聘除了能够让公司招聘到合适的员工以外,还具有向员工传递"组织重视人力资源"的信息。如果一个人经历了严格的挑选过程,他会觉得进入了一个精英组织(Pfeffer,1994)。组织内部的广泛的培训和社会化政策、团队文化建设措施也能够使员工的价值观与团队价值观产生一致。内部晋升制度也保证组织有足够的时间对员工进行观察,从而能够挑选具有合作精神、得到团队成员广泛认可的员工担任更高的管理岗位(孙健敏、张明睿,2009)。

(2) 基于社会交换的高绩效工作系统对帮助行为的影响

社会交换理论(Social Exchange Theory)认为,人际交往的基本原则是互惠规范。如果帮助者预期到他人的回报以及互惠规范的存在,便可能给予更多的帮助。从受助者角度来看,曾经接受了他人的帮助,个体会觉得有压力或有义务要做出回报。有时帮助的回报并不是及时的,而是要延迟一段时间。如果帮助者感受到被助者的回报义务,或者提供帮助能够提高个体在其所在群体的地位和荣誉,也会导致帮助行为的发生(Flynn,2003)。稳定雇佣和内部晋升政策有效地促进了员工之间的社会交换,从而提高了相互之间产生帮助行为的可能。组织中的效率工资原则,采取了高于市场平均水平的薪酬激励员工。高薪酬一方面激励员工提高工作效率,另一方面增加了员工的离职成本。由于员工在离开该组织以后,很难找到同等薪酬水平的企业,因而降低了员工离职率(Arthur,1994)。这对员工的行为产生了反馈,激励员工为组织共同目标而努力。由于组织规模较大,绩效计量困难,因而容易出现搭便车现象。基于团队的激励政策能够在有效解决搭便车问题的同时,促进员工的个人努力。虽然这可能导致团队之间的帮助行为减少,然而在团队内部会产生大量的帮助行为(Flynn,2006)。

(3) 基于社会认同的高绩效工作系统对帮助行为的影响

社会认同理论(Social Identity Theory)认为,个体为了维持身份认同和自尊,倾向于帮助与自己同一个群体的成员。有研究发现,当资源被群体内成员共享,而不是群体外成员时,人们更愿意合作;处于同样的需求情境时,个体更愿意帮助群体内成员(De Dreu et al., 2010)。而且,相对于群体外成员,群体内成员更容易被看成是与自己相似的,这种相似性促进了帮助行为(Tjfal,1976)。高参与组织中大量采取工作团队、质量圈、问题解决小组等组织形态替代了传统的部门组织架构。团队工作的设置能够降低群体中的责任分散,提高员工在团队中的关键感,使得员工对团队目标产生更强的承诺。群体规模的降低还导致员工对群体绩效产生了更强的控制感,从而提高了团队中的关键感(Becker & Gerhart,1996)。同时,建立在团队基础上的绩效考核和薪酬制度使得团队薪酬与个人激励相结合,更有利于员工建立交换公平感。当员工能够共享共同的身份、认同共同的组织目标的时候,社会认同便建立起来,从而提高了组织内部的帮助行为发生(Flynn,2006)。

3. 关系氛围作为高绩效工作系统与帮助行为的中介机制

传统上,人们解释人力资源实践对组织绩效的作用机理是基于人力资本理论提出来的。相对于人力资本重视的是包含在每个员工身上的知识而言,社会资本则指的是包含在员工群体和员工网络中的知识(Nahapiet & Ghoshal,1998)。竞争对手可以吸引和模仿企业的人力资源,但是却难以模仿组织与员工间的信任关系,难以复制企业的社会关系网络。将社会资本理论引入战略人力资源管理研究,可以为我们理解人力资源实践对组织绩效作用机制提供良好的理论基础(程德俊、赵曙明,2006;Leana & Buren,1999;Gant,Ichniowski & Shaw,2002;Evans & Davis,2005)。社会资本是一个复杂的概念,不同的学科领域往往强调它的不同属性。战略管理领域的学者强调社会资本的结构属性,认为不同的网络结构影响了新信息在组织中的传递渠道,从而影响了组织创新(Burt,1992;Granovetter,1985)。组织行为领域的学者强调社会资本的心理属性,认为员工间的关系氛围影响了员工的帮助行为、创新行为以及相互合作(McAllister,1995)。

(1) 人际关系氛围的概念

关系氛围指的是员工对影响人际关系的公司政策、实践和行为的共同感知,从而影响了员工之间的亲密感、安全感、相互服务以及伦理行为(Mossholder,Richardson & Settoon,2011;Kuenzi & Schminke,2009)。相对于组织氛围和组织文化而言,人际关系氛围强调的是人与人之间的交换和认同关系。Mossholder,Richardson & Settoon(2011)提出可以从交换动机、交换中公平规范、潜在承担的风险以及双方之间信任的基础四个方面描述人际关系的不同属性。

(2) 人际关系氛围的类型

根据关系氛围的交换动机、公平规范等属性差异,可以将组织中关系氛围分为群体共享、平等匹配、市场定价、权威等级等不同类型(Fiske,1991;Mossholder,Richardson & Settoon,2011)。市场定价是一种基于投入和产出的效率原则基础上的关系。在这种关系氛围下,人们采取自利的行为策略,希望以最小的产出获得最大的回报。为了获得最大的回报,人们之间进行相互的博弈、计算和竞争。因此,这种关系氛围下员工之间的信任是建立在计算基础上的计算信任或认知信任(McAllister,1995)。公平的规范是强调投入和产出的分配公平规范。平等匹配关系是基于平等、互惠和平均原则上建立的人际关系。在这种关系氛围下,人们建立起帮助的义务和规范,并通过相互回报实现长期的交换公平(Robinson,1996)。人们通过长期的交换对他人的人格特点、行为模式和回报方式建立了相互了解,从而在这个基础上建立了了解信任(Knowledge Trust)(Lewicki, Tom-linson & Gillespie, 2006)。群体共享关系是建立在群体身份共享基础上的人际关系。群体共享关系中群体身份取代个人身份,团结取代独立,他人需要高于自我需要。在这种关系下,人们依靠共同身份和相互认同建立信任关系(McAllister,1995;Lewicki, Tomlinson & Gillespie, 2006)。公平规范是满足他人需要的需要公平。

4. 关系氛围的关键维度:公平规范和人际信任

根据以往的学者研究,在人际关系氛围不同维度中最为重要的是信任维度和规范维度(Mossholder, Richardson & Settoon, 2011)。

(1)规范维度

回报是所有社会交换的核心问题之一。双方之间交换依托的公平规范标准是影响回报的基础。需要公平、均等公平和分配公平是常见的三种公平规范(Deutsch,1958)。均等公平能够确保成员的认同感和归属感。分配公平能够激励员工提高生产效率。需要公平能够照顾弱者,满足员工基本需要(Clark & Mills,1978)。然而,由于交换双方的自利偏差,双方总是对自己的付出作出更高的评价,而对于他人的贡献则作出更少的评价。例如,Flynn(2003)发现,在帮助关系中,自利偏差随着时间不断加强。助人者开始对帮助行为的评价比受助者更低,然而助人者会慢慢增加自己的价值评价,而接受者则逐步降低对帮助行为的价值评价。这种变化发现了给予者保持慷慨形象压力的减弱和潜在的自利偏差的上升。同时这也可能反映了接受者在拥有价值后,对帮助行为的价值评价降低。因此说,由于交换双方都希望根据自我利益采取有利于自己的公平规范,员工对结果的不公平感总是存在。

然而,如果在组织分配资源的过程中,让员工参与其中,了解分配的程序和信息,员工就会提高公平感。相对于结果公平而言,程序公平是指员工对用来确定结果的程序和方法的公平性的知觉,包括员工的参与、一致性、公正性和合理性等(Leventhal,Karuza & Fry,1980)。动态环境下,分配公平感不容易建立,组织中人际信任关系更依赖于对决策的程序、方法和信息可获得性的判断,因而决策的程序公平更为重要。另外,决策者的可信度、动机和人格等因素也影响了员工公平感受。下级通常是从可信度的角度来评估上级,而上级通常是从能力的角度来判断下级(Hogan,1994)。例如,Tyler & Degoey(1995)认为,领导对待员工的公正性会影响员工的确定性感受,从而影响员工的建言行为。组织中的权威人物与其下属之间经常处于纵向社会化过程,权威人物有权决定对下属是进行奖励还是惩罚,这种自上而下施加的影响能够反映员工为组织做出的贡献,因此员工期望执行上级的命令,但同时他们又担心在权力完全由权威人物掌握的情况下自己会受到剥削。在这种情势下,员工期望权威人物给予他们公平感受,以减少不确定性感知,增强对权威人物的信任感。上级的可信度取决于他作出决策时是否是中立的和无偏见的,在制定和实施决策的过程中下属的意见是否得到尊重。因此,在程序公平以外,学者们认为还存在一种人际的公平氛围(王燕等,2007)。

(2)信任维度

信任被普遍认为是人们持有的与他人行为有关的认知、动机和情感方面的心理状态。当一方预期对方在不确定情况下可能采取对自己有利的行为的时候,这种预期、假设和期望就是信任(Robinson,1996)。由于每个人的偏好和行为方式存在很大的不一致,建立在理性认知基础上的信任通常需要多次重复交易才能够建立(Deutsch,1958)。并且,随着环境的不确定性增加,认知信任建立的难度也在不断增加,原有的信任关系可能破裂(Barber,1983)。最近人们不再仅仅关注信任的工具和计算动机,而是开始研究人的自我呈现和身份构建动机在信任构建中的作用(Tyler & Lind,1992;Kramer,1996;初浩楠、廖建桥,2008)。信任除了具有认知的维度以外,也包含了大量的情感、身份、规则和历史的成分(McAllister,1995)。Fine & Holyfield(1996)认为信任的认知模型是必要但是不充分的。人不仅用脑来思考,而且用心来感觉信任。人对于某人的信任不仅取决于对可信度的感知,同时取决于对方的身份、组织中的规则以及直觉和情感的反应。因此,McAllister(1995)将组织中的信任关系分为认知信任和情感信任两种典型的类型。

然而,Lewicki, Tomlinson & Gillespie(2006)从信任关系动态发展的角度出发,认为信任关系并不是从零开始的。在信任关系之前往往存在着一种由于投资风险和不确定性而带来的不信任关系。人们常常会计算关系破裂可能给自己带来的损失和伤害。如果损失和伤害较小,信任关系比较容易建立(郑晓涛、石金涛、郑兴山,2008;于海波等,2007)。相反,如果损失和伤害较大,信任关系则较难建立。他将这种通过计算形成的信任关系称为威胁信任(Deterrence-Based Trust)。通过一段时间的重复交往,人们相互之间对能力、诚信和声誉等有了更清楚的认识以后,会形成更深入的了解信任(Knowledge-Based)。最后,两个人在价值观和需要、动机等方面形成相互认同,从而产生认同信任(McAllister,1995)。相比较而言,前两者都属于认知信任的范围。

5. 组织学习的双元性及其相应的人力资源实践

(1) 组织学习的双元性概念

组织管理需要在相互矛盾的目标中进行权衡,例如效率和灵活性(Tushman & O'Reilly, 1996)、差异化和低成本(Gibson & Birkinshaw,2004)、全球化整合和当地响应(Ghoshal & Bartlett,1994)。在组织内部存在两种典型的学习方式,即利用式学习和探索式学习(March,1991)。利用式学习战略指的是组织能够通过成功利用现有的公司知识,特别是通过维持现有生产活动的高效率和可靠性获得竞争优势。探索式学习战略指的是组织通过使用新的技术开发新产品、在现有和潜在的顾客市场中开发出一个新的目标市场来获得竞争优势的战略。一个组织过分采取利用式学习方式,虽然可以提高效率,然而失去了对环境的适应性。相反,组织如果过分依赖探索式学习,虽然提高了对环境的适应性,然而成本过高(梁靓、吴航、陈劲,2013)。成功的组织常常需要平衡利用式学习和探索式学习。

(2) 结构双元性和情景双元性

根据 Duncan(1976)的研究,组织可以利用双重结构的方式实现两者的平衡。例如将利用式学习和探索式学习的职能分别放在两个不同部门,或者将两者放在企业流程的不同环节。人们将这种方式称为结构双元性。然而对于中小型高科技企业而言,这种方式带来的问题是对资源的要求过高。人们越来越认识到同时采取利用式学习和利用式学习的重要性(Tushman & O'Reilly, 1996;刘洋、魏江、应瑛,2011)。Gibson & Birkinshaw(2004)提出如果员工能够在工作中合理分配时间和精力,满足岗位要求和环境变化的要求,也可以实现组织双元性,也就是情景双元性(Contextual Ambidexterity)。然而情景双元性由于环境的员工行为的不确定性、因果关系的模糊性、员工的分散性很难实现。

（3）高绩效工作系统对情景双元性的影响

Ghoshal & Bartlett(1994)提出可以通过纪律、目标延伸、员工支持和信任实现组织的利用学习及探索学习的平衡。其中,纪律和目标延伸与利用式学习有关。员工支持和信任与探索式学习有关。合理分工、明确员工的工作规范、反馈和奖励可以帮助员工把行为明确在相应的任务范围内,从而实现纪律目标。给予员工较高目标、推动员工提高工作效率、对高目标进行奖励可以帮助组织实现目标延伸。相反,给予员工自愿、关系和自主权可以提高员工支持(颜爱民、徐婷、吕志科,2015)。在组织中建立公平的氛围、改进领导方式、提高员工参与可以建立信任关系。Patel, Messersmith & Lepak (2013)认为高绩效工作系统中既包含了激励和目标提升的相关实践,也包括了员工支持和信任的相关实践。他们通过实证研究表明高绩效工作系统对组织双元性具有积极的影响。

6. 简要述评

通过以上对高绩效工作系统、员工帮助行为、关系氛围和组织学习双元性的文献回顾,我们可以得到以下一些简要结论:

首先,组织公民行为和领导成员交换关系过去得到了学者的广泛关注(Organ, 1988;Bateman & Organ, 1983)。然而,组织扁平化和网络化使得组织间的边界及领导、下属间的边界已经日益弱化。员工之间的相互帮助行为对于组织和团队的运作具有关键的作用。在不同的组织中,员工帮助行为存在很大的差异,既可能表现为任务帮助行为和社会帮助行为,更可能表现为具有变革导向的建言行为。研究人力资源管理实践对员工帮助行为的影响,对于企业制定合理的人力资源政策以促进帮助行为的产生具有重要的意义。

其次,关系氛围是综合了信任关系、关系动机、公平规范等特征的整合变量。建立在博弈论、行为科学基础上的员工信任和组织公平研究,为我们提供了研究人际关系氛围的重要工具。Mossholder,Richardson & Settoon(2011)虽然提出了关系氛围的概念模型,然而缺少实证研究作为支撑。通过引入关系氛围,可以建立高参与人力资源实践和帮助行为之间的微观影响机制,从而为我们理解高绩效工作系统如何对企业绩效产生积极影响提供帮助。

最后,高科技企业的创新主要体现为团队内部和团队之间的信息交换及相互学习过程(宝贡敏等,2011)。企业可以通过人力资源管理提高员工的学习能力,从而提高组织的情景双元性。情景双元性要求给员工充分授权,自我平衡效率和创新之间的不同目标。过松和过紧的人际关系都可能带来员工效率与创新的矛盾。了解不同类型组织学习模式对员工帮助行为的影响,有利于组织塑造合适的人际关系氛围。因此,未来研究需要在对高科技企业的实证研究基础上,为我国企业从渐进创新向突变创新进行变革提供理论和实践指导。

三、未来的研究展望

1. 中国情境下员工帮助行为和人际信任测量量表的开发

目前对于高绩效工作系统的研究较多,采取的测量方法也有一些差异。研究者曾经比较了多种测量方法,采取了 Ichniowski,Shaw & Prennushi(1997)为高参与型人力资源实践测量而开发的量表,包含"是否所有员工都能够参加公司的利润分享计划,是否给员工提供长期雇佣的保证和承诺,是否使用如下至少一种招聘方法:心理测试、人格态度、测试、工作样本、能力测试"等 16 个项目。信度和效度的检验表明,该量表简明、可操作性强,具有较高的信度和效度。在未来研究中,我们还将继续采取该量表。组织信任和公平规范目前也有很多测量量表。例如,在之前的研究中,我们曾经采取 McAllister(1995)开发的相应的测量量表。该量表经过 Chua,Paul & Morris(2008)和程德俊等(2013)的研究也证明在中国情境下有较强的适用性。然而,信任和不信任并不是作为对立的状态存在(Lewicki, Tomlinson & Gillespie, 2006;Shapiro, Shepard & Cherrsakin,1992)。在员工与组织的关系中,存在一种通过威胁退出关系而进行计算的威胁信任。因此,在未来研究中,我们将按照 Lewicki, Tomlinson & Gillespie(2006)和 Shapiro, Shepard & Cherrsakin(1992)的研究,将信任关系分为威胁信任、了解信任和认同信任。

虽然他们曾经开发了相应的测量量表,然而并没有与 McAllister(1995)量表进行有效对比,检验量表的有效性。在未来的研究中,我们将在他们研究基础上,对比信任关系中不同维度的差异,并且进一步修正人际信任测量量表。

在未来的研究中,主要的量表开发工作体现为员工帮助行为的测量量表。Dyne & LePine(1998)曾经分别开发了帮助行为和建言行为的测量量表,并得到广泛的应用(Liu, Zhu & Yang, 2010)。例如建言行为的测量包括"这名员工会就影响工作团队的问题向他人提出建议"、"这名员工提出影响团队的问题,并且鼓励其他团队成员参与解决"、"在这个团队中,即使他的观点与其他人不同,或者其他人不同意他(或她)的观点,他仍会就工作问题与其他人交流观点"等 6 个项目。他的建言行为对象既包括同事,也包括领导和团队。我们将在此基础上进一步突出员工对同事的建言行为。帮助行为的测量主要包括"这名员工自愿为团队做事"、"这名员工愿意帮助新员工融入工作"、"这名员工为了整体利益帮助其他员工"等 7 个项目。我们可以看出,在他的帮助行为量表中主要包括了任务帮助行为,而忽视了社会帮助行为,如帮助员工解决个人家庭问题、对他人进行情感支持、将他人纳入自己的社会关系网络等。目前人力资源管理研究中的员工支持文献,为我们开发量表提供了有力的支持。例如,Grant, Dutton & Rosso(2008)将员工支持项目分为组织层面和个人层面。我们将在这类研究基础上,开发员工社会帮助的相关测量量表。由于个人层面和组织层面的帮助行为具有一定的差异,我们计划分别开发两种不同类型的帮助行为量表。另外,还有学者提出,中国是儒家文化传统主导的国家,儒家文化中"和谐"、"中庸"、"礼让"等思想,使得中国背景下的建言行为表现出"委婉温和"的特点,从而接近"顾全大局"的方式(段锦云、凌斌,2011)。此外,中国文化中集体主义和高权力距离等因素也会使得建言行为的构思、维度、表现不同于西方,差异在哪以及具体如何,这是未来研究的关注点之一。为了进一步探讨建言行为的内涵,研究还通过对社会帮助、任务帮助、建言行为和角色内行为的对比,对量表的结构效度进行检验。为了进一步区分帮助行为和组织公民行为之间的关系,我们计划对帮助行为和组织公民行为之间的关系进行区分,并检验其效度。为了比较中西方文化背景下员工帮助行为的差异,我们还将引入传统性和现代性、权力距离、关系自我等跨文化变量,检验其与帮助行为不同维度之间的关系。

2. 高绩效工作系统对三种帮助行为的影响

在员工帮助行为的概念和量表开发的基础上,人们需要研究高绩效工作系统不同维度对任务帮助、社会帮助和建言帮助三种帮助行为的影响。

(1)绩效导向人力资源实践对帮助行为的影响

绩效导向的人力资源实践强调采取绩效薪酬、能力薪酬、员工持股、内部晋升等薪酬激励政策,将员工的工作绩效、能力和经济报酬相挂钩。绩效付酬制度的建立使得企业根据员工的工作表现、知识水平,给出相应的报酬水平。这对员工的行为产生了反馈,激励员工为组织共同目标而努力,从而保证了员工与组织间的社会交换。另外,由于组织规模较大,绩效计量困难,因而容易出现搭便车现象。高绩效工作系统大量采取了工作团队、质量圈、问题解决小组等组织形态替代了传统的部门组织架构。团队工作的设置能够降低群体中的责任分散,提高员工在团队中的关键感,使得员工对团队目标产生了更强的承诺(Becker & Gerhart,1996)。组织内部的员工互评制度有利于将员工之间的合作纳入考核过程,从而影响员工的个人行为。员工之间的任务帮助关系不仅可以提高他人绩效,也可以提高自己晋升和发展的可能。虽然在经济激励为主的组织中,经济激励的方式也可能导致员工过于重视自己的工作,而忽视了与其他成员的合作;导致员工之间为了个人利益,而损害了整体和团队的利益。然而,相对于传统人力资源系统,高绩效工作系统主要强调通过将团队绩效和企业绩效与个人报酬相联系,并且通过全方位考核、能力评价等多种方法,测量员工的合作行为和帮助行为。因此,我们可以得出如下命题:

命题1:高绩效工作系统中绩效导向人力资源实践对任务帮助行为具有积极的影响,对社会帮助和建言行为没有积极的影响

(2)认同导向人力资源实践对帮助行为的影响

认同导向人力资源实践强调通过挑选、培训、薪酬将员工个人价值观和组织价值观联系在一起。通过建立员工之间身份和价值观的一致性,让员工的行为模式变得相同。当组织给员工提供了身份感和认同感的时候,员工便能够在其中得

到满足。员工之间的情感信任是通过人际交往、共同人格特征和价值观、内群体认同建立起来的组织信任。当员工能够共享共同的身份、认同共同的组织目标的时候,情感信任便建立起来。认同导向人力资源实践通过影响员工对组织认同,影响了组织绩效。招聘、培训、社会化、信息共享和利润分享政策积极影响了组织内部员工之间的情感信任(Evans & Davis,2005)。审慎的招聘政策保证企业挑选了与组织现有员工在价值观、个性特征和人际关系技能方面相同的新员工。Pfeffer & Villeneuve(1994)发现审慎的招聘除了能够让公司招聘到合适的员工以外,还具有向员工传递"组织重视人力资源"的信息。如果一个人经历了严格的挑选过程,他会觉得进入了一个精英组织。这样审慎的招聘和挑选便会加强员工与组织间的信任关系。文化建设、稳定雇佣、共享薪酬等人力资源实践都具有促进员工之间身份认同的作用。由于员工之间的身份认同和利益一致,在某个员工出现利益损失时,会受到其他员工的照顾。这种照顾和关系不仅体现为工作任务,而且表现在个人情感、生活方面。因此说,我们得到如下命题:

命题2:高绩效工作系统中绩效导向人力资源实践对任务帮助和社会帮助行为都具有积极的影响

(3)认同型人力资源实践对员工的建言行为影响存在一定的矛盾

一方面,认同型人力资源实践通过招聘具有相同价值观、认知模式和能力结构的员工,使得员工之间的观点和看法高度一致。团队培训和社会化过程也使得员工之间的差异化降低。员工认知差异化的降低,减少了员工之间建言行为的可能。然而,另一个方面,员工建言行为的障碍来自地位差异和心理安全感。地位差异对领导和员工之间的建言行为会产生很大的影响。员工和员工之间的建言行为的主要障碍在于心理安全感(段锦云、凌斌,2011;罗瑾琏、赵佳,2013)。认同型人力资源实践通过稳定雇佣、信任关系的建立,能够降低员工间建言行为的心理不安全感。从这个意义上来说,认同型人力资源实践可以提高员工间的建言行为。基于以上的分析,我们提出如下命题:

命题3:认同型人力资源实践对员工的建言行为存在"∩"型的曲线关系。在认同型人力资源实践较低的时候,会提高员工间的建言行为,当认同型人力资源实践较高的时候,会降低员工间的建言行为

3. 信任关系和公平规范的中介作用

Mossholder，Richardson & Settoon(2011)提出可以从交换动机、交换中公平规范、潜在承担的风险以及双方之间信任的基础四个方面描述人际关系氛围的不同属性。在未来研究中，我们将侧重从信任关系、公平规范两个方面研究其对高绩效工作系统和员工帮助行为的中介作用。

(1) 信任关系的中介作用

McAllister(1995)将组织中的信任关系分为基于理性交换的认知信任和基于身份认同的情感信任。高参与人力资源实践既有经济激励，又有身份认同的成分。虽然组织可以根据不同类型的员工采取不同的分配原则，然而，实际上高绩效工作系统中这两种不同原则是同时存在的。例如，Chiu(1991)发现，企业在奖励的时候常常按照效率公平的原则，而在惩罚的时候则采取了平均分配和按需分配的原则。这样能够保证企业在促进生产和保持团结之间取得平衡。如果说，企业对同一个员工采取了两种截然相反的人力资源实践，那么企业和员工之间建立了怎样的一种合作关系呢？Lewicki，Tomlinson & Gillespie(2006)通过对人与人之间建立信任的过程研究发现，人与人之间常常首先建立威胁信任，然后逐步发展成为身份认同的情感信任。然而一旦建立了身份认同，也就意味着人与人之间难以存在理性的经济交换。所以说家人之间难以做生意，陌生人之间难以交流情感。在两者之间还存在第三种信任关系，即建立在重复交易和互惠基础上的了解信任。在这种弱联系中，情感和利益可以实现平衡，"异"和"同"也可以得到整合。在中国文化背景下，员工之间的信任关系主要基于关系信任，我们将比较不同类型信任关系对帮助行为的影响。因此，我们提出如下命题：

命题4：绩效导向和认同导向人力资源实践同时通过了解信任，影响了任务帮助、社会帮助和建言帮助

(2) 公平规范的中介作用

组织中的公平规范分为结果公平、均等公平、需要公平、程序公平和人际公平等类型。在通过经济交换建立威胁信任的过程中，组织需要坚持结果公平的原则。同时，在通过社会认同建立情感信任的过程中，组织需要坚持平均分配和按

需付酬的原则。由于员工的自利倾向，员工常常总是按照对自己最有利的公平规范进行归因。例如，实证调查显示，团队中绝大多数的员工认为自己的绩效处于平均水平以上，而投入产出比小于其比较对象，从而产生了相对剥夺感和不公平感。当企业对员工同时采取绩效导向和认同导向的人力资源时，会让员工对组织的公平感产生冲突。在根据结果公平计算对自己有利的时候，他按照结果公平进行归因。然而，在按照结果公平计算对自己不利的时候，他倾向于按照身份认同形成的平均分配和需要公平的原则要求支付报酬（Tyler & Degoey，1995）。高参与公平系统既然同时包括经济激励和身份认同两种不同导向的人力资源实践，那么应该建立什么样的公平氛围？相对于结果公平而言，我们认为人际公平和程序公平更有利于在两者之间保持一致。另外，相对于任务帮助而言，人际公平和程序公平显然更有利于促进员工之间的社会帮助和建言帮助。例如，Takeuchi等（2012）对我国香港地区395名员工及其经理进行样本配对，研究了不确定环境下，组织的人际公平和程序公平对员工建言行为的交互作用，结果发现人际公平与员工建言行为呈正相关关系，程序公平对两者关系起调节作用。在中国文化背景下，组织的公平规范主要是基于人际公平和程序公平，因此我们将比较不同类型和所有制特征企业的公平氛围，并研究其对帮助行为的影响。基于以上的分析，我们提出如下命题：

命题5：绩效导向和认同导向人力资源实践同时通过人际公平和程序公平，影响了任务帮助、社会帮助和建言帮助

4. 高绩效工作系统对情景双元性影响及其对员工帮助行为的调节作用

（1）高绩效工作系统对情景双元性的影响

为了实现探索学习和利用学习的平衡，组织可以采取结构双元和情景双元两种方法。相对而言结构多元得到较多的关注，而如何通过对员工行为和技能进行管理，让员工在效率和灵活两种不同目标之间进行自我平衡是未来研究的目标之一。虽然，Patel，Messersmith & Lepak（2013）通过实证证明，高绩效工作系统可以通过纪律和目标延伸实现匹配目标，通过信任和员工支持实现适应目标，从而最终对组织绩效产生了积极的影响。然而，这两种不同的管理导向为什么会在同

一个个体上同时实现？对员工的行为具有哪些不同的影响？如何影响了员工与领导，以及员工之间的关系？这些问题回答得并不清楚。由于高绩效工作系统既包括了绩效导向因素，又包括了认同导向因素，因此可以同时促进组织的效率和创新目标。因此说，基于以往的研究，我们将首先提出以下命题：

命题 6：高绩效工作系统对情景双元性具有积极的影响，从而影响了组织的创新绩效

（2）情景双元性对关系氛围和员工帮助行为的调节作用

Patel，Messersmith & Lepak(2013)虽然分析了情景双元性对员工和组织间交换关系的影响，然而并没有具体分析对员工关系氛围和帮助行为的影响。根据组织学习的定义，效率目标要求员工利用已有的知识和技能，不断提高生产效率和绩效。员工之间的帮助行为可以有效协调团队中不同员工的行为，解决不同角色之间的冲突，提供团队运作需要的组织公民行为。因此，组织利用式学习与任务帮助行为有关。而适应目标要求员工学习新的知识和技能，提高组织对未来机会的把握和利用。员工之间的建言行为可以使员工掌握的知识在组织内部得到有效的传播和扩散。同时，建言行为还可以鼓励员工之间产生建设性的对话，产生新的观点和创意，促进组织动态能力的提高(Choi，2007)。因此说，组织探索式学习与建言帮助和社会行为有关。相对于利用式学习和探索式学习而言，组织的情景二元性可以提高组织中的任务帮助、社会帮助和建言帮助三种帮助行为。因此，我们提出以下研究命题：

命题 7：组织利用式学习与任务帮助行为有关；组织探索式学习与社会帮助和建言帮助行为有关。情景二元性可以提高组织中的任务帮助、社会帮助和建言帮助三种帮助行为

5. 不同学习策略下高绩效工作系统、关系氛围和组织帮助行为

Baron，Hannan & Burton(1999)通过对 170 家硅谷高科技企业的半结构化访谈和实证分析，发现其中存在三种基本的高绩效人力资源类型：工程型、明星型、承诺型。这些人力资源实践试图促进组织的探索学习，而有的则促进了组织

的利用学习。虽然大多组织在效率和创新之间会选择当前的成功,然而过分的探索也会给企业带来巨大的成本。企业需要在探索和利用中找到平衡,从而建立二元性创新模式。二元性组织让员工自我平衡效率和创新目标,给企业的人力资源管理、员工关系和帮助行为提供了新的挑战。员工需要自我设定当前目标,并且不断提高目标。同时,员工也需要在当前目标和长期目标之间取得平衡。例如,企业会给员工自由工作时间,自行决定如何将自己的部分工作用来进行产品创新。企业需要在内部建立怎样的一种人际关系氛围呢?相对于传统利用式学习中重视当前效率的威胁信任和分配公平氛围,这会让员工忽略长期目标。相对于探索式学习中重视未来创新的认同信任和均等公平氛围而言,这会让员工忽视当前效率目标。在 Mossholder, Richardson & Settoon（2011）和 Patel, Messersmith & Lepak(2013)分析基础上,我们提出二元性组织应该在组织内部建立了解信任、人际公平和程序公平的公平规范,促进员工的三种帮助行为。

　　然而这只是理论的分析,在未来的研究中,人们需要通过对样本企业的人力资源管理系统和人际关系氛围进行聚类分析,将样本企业分别划分为认同导向和绩效导向的人力资源系统,将人际信任关系分为威胁型、身份型和了解型,将组织公平氛围分为结果公平型、人际公平型和程序公平型。然后,通过方差分析,研究不同人力资源系统与组织信任类型和公平类型之间的匹配关系是否存在。最后,未来研究还需要通过回归分析,研究人力资源系统与组织信任类型的匹配对组织绩效的影响。由于收集相关样本有一定的难度,我们也计划将研究的层次放在组织内部部门和团队层面。由于不同团队具有不同的学习导向、人际氛围、帮助行为和人力资源管理实践,人们需要具体调查组织内部不同类型团队中这四个主要变量之间的匹配性。

　　具体而言,我们假设的三种可能关系如表 1-2 所示。

表 1-2　不同学习策略下高绩效工作系统、关系氛围和员工帮助行为比较

学习策略	利用式	探索式	二元型
人力资源实践	绩效导向人力资源实践	认同导向人力资源实践	高绩效工作系统
信任关系	威胁信任	身份信任	了解信任
公平原则	分配公平	均等公平和程序公平	程序公平和人际公平
帮助行为	任务帮助	社会和建言帮助	任务、社会和建言帮助

由于人力资源实践和组织学习的组织变革过程很难通过问卷调查的方法进行，未来研究需要以质性研究作为量化研究的补充。人们需要在样本企业和样本团队的研究中，分别找出 2 家从利用式学习和 2 家从探索式学习向二元性组织变革成功的案例。然后，通过深度访谈、资料分析和案例分析的研究方法，通过对典型案例的深入研究，探讨企业从利用式或者探索式向二元性的变革路径及主要障碍，建立不同类型学习策略中人力资源实践、人际关系氛围和员工行为变革的理论模型。

6. 关键的研究问题

（1）虽然学者们已经开发了大量有关任务帮助和建言行为的测量量表，然而除此以外，员工帮助行为还包括情感支持、个人生活帮助等社会帮助行为（Mossholder, Richardson & Settoon, 2011）。未来研究需要在 Dyne & LePine（1998）研究基础上，分析帮助行为不同维度之间的关系，并试图建立任务、社会、建言帮助三维度模型和测量量表。结合中国情境下社会和组织文化特征，人们需要引入现代性和传统性、关系自我、权力距离等跨文化变量，研究不同类型组织和文化背景对员工帮助行为的影响。

（2）人际关系氛围是一个多维度的概念，其中包括动机、规范、信任和风险等多个维度。在以往对组织信任和公平规范研究基础上，人们需要对信任和公平规范的不同维度进行分析。在此基础上，人们需要分析人际关系氛围不同维度之间的关系，并对目前中国企业中主要的人际关系氛围类型进行分类。

（3）高参与人力资源实践中既包含了促进社会交换的绩效导向人力资源实践，也包含了促进身份认同的认同导向人力资源实践。如果员工同时采取了两种不同类型的人力资源实践，将如何影响企业内部的人际信任关系和组织公平氛围？员工间的帮助行为包括任务、社会和建言帮助等不同类型。不同类型帮助行为需要与什么样的关系氛围相匹配？人们需要在对帮助行为和关系氛围进行研究的基础上，探讨关系氛围中的公平规范和信任关系对帮助行为的影响。这也是未来的研究要重点回答的问题之一。

（4）企业需要在探索学习和利用学习中找到平衡，从而建立二元性创新模式。Patel,Messersmith & Lepak(2013)通过实证研究发现了高绩效工作系统通过组织双元性促进企业绩效的过程,然而具体的影响机制并不清楚。未来的研究需要通过引入关系氛围和帮助行为,回答高绩效工作系统通过何种机制影响了组织双元性,从而提高了组织绩效。

第四节 组织中的关系协调机制及其人力资源实践构建

在动态变化环境下,组织中的不同部门面临不同的市场环境、竞争压力和利益相关者的要求。为了适应不同的外部市场环境和利益相关者,组织的不同部门发展出不同的子目标、人员管理方式和时间维度。Lawrence & Lorsch(1968)的研究发现,随着环境不确定的增强,组织中的分化程度越高,组织适应外部环境的能力越强。然而,为了将组织中的不同子部门协调起来,组织同时面临着如何将分化的部门整合成为一个有机整体的压力。一般而言,组织可以采取纵向和横向两种不同的方式整合分化的子部门。传统上,人力资源管理基于纵向协调的思路,发展出一整套以狭窄的工作设置、基于岗位技能的招聘体系、专业化晋升、结果导向的绩效考核、计件薪酬为特征的控制型人力资源实践。这虽然提高了组织的目标一致性,却削弱了组织中不同部门的分化和整合能力。

战略人力资源管理的一个核心问题是:组织绩效是如何受到企业人员管理方式和所采取的人力资源实践的影响(Huselid,1995;苏中兴,2010)。在动态环境下,为了有效地整合分化后的子部门,组织必须建立部门间的横向协调能力。通过建立关系协调能力,企业不仅能够有效降低高层管理者处理信息的负荷,而且能够有效发挥员工的积极性,更快地适应外部环境的变化。对日美企业的比较研究发现,员工和员工间的关系是日本企业提高产品质量和运营效率的关键。将员工之间的信任关系和社会资本引入战略人力资源管理研究中,可以为我们理解人力资源实践对组织绩效作用机制提供良好的理论基础(Gant,Ichniowski & Shaw,2002;于海波等,2007)。动态环境下,组织中不同部门和个人之见形成怎样的相互依赖关系,从而需要哪些组织协调策略? 在依靠关系协调的背景下,管理者应该实现怎样的角色转变? 组织应该采取哪些人力资源实践,以有效地促进组织内部的关系协调机制的形成? 正是基于这些问题,本书将对动态环境下组织中的部门分化、协调机制和关系型人力资源实践之间的关系进行分析,并提出关系人力资源实践构建中需要注意的问题。

一、部门分化、层级协调和关系协调机制

1. 部门分化与管理差异

组织作为一个由采购、研发、生产、销售构成的复杂系统,必然面临着多种不同的市场环境,需要与多重市场主体进行信息和服务的交换。企业的产品品种越多,需要服务的客户数量越多,服务的地理区域越广泛,制造过程越复杂,企业需要处理的信息数量也往往越多,部门分化的程度也越高(Galbraith,1973)。一般而言,组织中部门分化的程度可以从子目标、人员管理方式和时间概念等三种维度上的差异进行分析。

(1)部门子目标。组织中部门子目标的差异,造成了不同部门在实现自身目标的同时,可能以损害其他部门目标的实现为代价。不同部门从本部门出发,努力实现局部最优化,却对组织整体最优化产生损害(March & Simon,1958)。

(2)管理方式。相对于生产部门常常采取集权的管理模式,研发部门则更容易采取分权的管理模式。生产部门常常采取以人为中心的领导方式,而研发部门则可能采取以工作为中心的领导方式。不同部门人员管理方式的差异使得不同部门形成自身的子文化,部门子文化之间常常产生激烈的冲突(Gittell,Seidner & Wimbush,2010)。

(3)时间导向。由于不同的子部门面临的市场环境不同,需要实现的子目标存在差异,从而形成了不同部门的时间导向差异(Galbraith,1973)。不同部门面临的业绩压力、交流对象和竞争对手的差异,使得各部门的时间概念出现了很大的差异,直接表现为绩效考核周期、人才培养模式、薪酬激励方式的差异。

2. 组织的层级协调机制

部门分化增强了组织适应不同利益相关者要求的能力,同时提出了如何协调组织中不同部门之间利益相互矛盾和冲突的问题。一般而言,组织内部协调人与

人之间关系的机制可以分为两种,即纵向的层级协调机制和横向的关系协调机制。组织中的纵向信息处理策略一般可以分为角色规范、规则和程序、权威等三种方式(Gittell,Seidner & Wimbush,2010)。

(1)角色规范。为了加强组织各部门的分工合作,组织常常给每个员工限制了与工作相关的责任。通过社会化和培训过程,员工常常将相应工作岗位上需要的行为和技能进行内化。任何一种从事相应工作的员工都了解上级、下级、上游和下游环节对该岗位的期望。没有达成组织期望的员工常常会受到组织的惩罚。

(2)规则和程序。由于不同的组织对员工行为的要求具有一定的差异化,在员工进入相应的岗位以后,组织常常事先规定岗位中员工行为的规范准则,在处理各种问题时需要遵循的决策规则。当员工遵守相应的规范和程序的时候,组织各部门和各岗位之间就能够实现合作和配合。组织常常通过将过去成功处理问题的经验和教训制定为规则,然后强加给后来的员工,这降低了管理者监督和管理员工的需要。组织中的规则和程序常常体现为组织拥有的知识库及核心能力(纳尔森、温特,1997)。

(3)权威。组织中总是存在大量的以前没有碰到的情形,如果任由员工自由处理,有可能导致员工从本岗位的子目标出发而影响了组织总体目标的实现。这时,管理者直接收集与决策相关的信息,了解决策可能影响的其他岗位的情况,更有利于决策的制定。为了有效处理这种新的问题,常常需要具有更多信息和具有更高层次目标的管理者参与到决策中来。在下级之间工作目标和工作方式存在冲突的时候,高层管理者也往往充当了裁判和仲裁者的角色,对组织中冲突进行干预。因此说,高层管理者的权威也是处理部门分化和冲突的重要途径。

3. 组织的关系协调机制

横向关系协调机制倾向于增加拥有信息的基层员工的决策能力和决策权力。当部门间出现冲突时,由基层员工采取面对面、解决问题的方式进行处理。Ouchi(1980)提出,高参与组织的本质差异在于:微妙、密切和信任的人际关系。关系协调关系主要指的是直接在企业内部的工作流程而形成的上一道工序和下一道工序之间的部门与部门之间或者团队与团队之间的关系。Gittell(2010)将组织内部的关系协调定义为建立在沟通和关系基础上的人际互动,实现相互依赖的工作任务之间的整合。具体而言,组织的关系协调机制表现为直接联系、联络人及整合者角色和跨职能团队等三种形式。

(1)直接联系。这是横向关系协调的最简单形式。当组织不同部门之间的两个员工需要交换信息时,他们可以直接建立个人联系。当员工具有跨部门工作经验时,他们更能够理解其他员工的目标、想法和建议,从而有效处理部门间的冲突。同时,跨部门工作经验也能够保证员工在碰到问题的时候,知道如何寻找合适的员工,采取合适的方法解决问题。因此,组织常常需要采取稳定雇佣、岗位轮换、团队考核的方式鼓励员工建立直接联系。

(2)联络人及整合者角色。当组织中两个部门之间需建立频繁的联系时,常常需要建立专门的人员负责两个不同部门的协调工作。联络人的最好例子是设计部门派驻到生产部门的常驻人员,或者生产部门派驻到设计部门的常驻人员。整合者在某一决策流程和某些职能范围内行使相当于总经理的角色(Collins & Clark,2003)。例如,在很多组织中设置了物流总监、生产总监和市场总监等类似的职位。整合者能否有效发挥作用取决于他是否具有广泛的个人联系,既包括与下属各部门的联系,也包括与总经理之间的联系。与下属部门的广泛联系和了解有利于他说服他人。

(3)跨职能团队。直接联系和联络人角色常常只能用于两个部门之间的相互协调和联系。当一项工作涉及多个部门的工作时,常常需要建立跨职能团队,比如新产品开发团队。跨职能团队常常是一种正式的多部门工作设计。跨部门团队由多部门所派出的代表组成。一些是全职的团队成员,而另一些则是兼职的团队成员。当团队目标完成以后,团队成员需要回到各个职能部门中。高度的矩阵组织设计便将组织从以纵向协调为主转变为以横向协调为主。组织设计便是在横向权力协调和纵向关系协调之间寻求合理的平衡(初浩楠、廖建桥,2008)。

二、关系人力资源实践的构成及其比较

1. 关系视角下的人力资源实践

战略人力资源管理的一个核心问题是:组织绩效是如何受到企业人员管理方

式和所采取的人力资源实践的影响。大量的实证研究已经表明,高参与人力资源实践对于组织绩效具有积极的影响。这样的实证研究不仅在技术密集型的半导体行业,而且在资本密集型的汽车行业、钢铁行业,以及劳动密集型的服装行业中也得到了验证(Pfeffer,1994)。但是在高绩效工作系统是如何能够实现组织绩效的提高的作用机制上依然存在争议。根据员工能力和动机对员工绩效作用机制的不同,以往的战略人力资源管理主要从这两方面入手进行了解释。然而,对日美企业的比较研究发现,员工之间的关系是日本企业提高产品质量和运营效率的关键(Gittell,2001)。从员工间关系角度进行战略人力资源管理的研究可以分为两种不同的路径。有些学者强调,员工掌握了大量的隐性知识。这些知识只能通过观察、模仿和语言进行传递,难以通过书面进行了解。当他们碰到问题时,不仅需要了解如何解决这些问题的知识,更需要了解哪些人掌握了解决这些问题的知识。人际关系中往往嵌入了大量解决问题的知识。员工之间具有良好的人际关系,能够保证员工了解嵌入于人际关系网络中的知识,从而促进知识的分享和问题的解决。另外,还有一些研究者从工作协调的角度发现,员工间的关系对组织绩效具有重要影响。组织间工作的相互依赖性要求企业需要整合具有不同技能、任务和目标的员工之间的冲突。频繁而高质量的交流、共同目标和相互尊重的人际关系能够整合员工间的行为。现实中,不同企业内部的协调方式之间存在巨大的差异。即使是对于同一件事情,不同的企业获取信息、传递信息、进行决策的方式都会是截然不同的。竞争对手可以吸引和模仿企业的人力资源,但是却难以模仿组织与员工间的信任关系,难以复制企业的社会关系网络。Evans & Davis(2005)认为,稳定的员工关系和互惠的规范能够促进员工间社会资本和信任关系的形成。挑选、自我管理团队、授权、灵活性工作安排、开放的沟通和绩效薪酬影响了组织社会结构的多个维度,包括员工间的"桥"联系,互惠的规范、共享的心智模式、角色和组织公民行为等。

2. 关系型人力资源实践的构成

组织中分工和协作使得员工之间呈现出既相互依赖又相互冲突的关系。关系型人力资源实践在提高员工处理人际冲突和任务冲突的知识与能力的同时,也鼓励员工直接处理相互冲突的目标、管理方式和时间导向。具体而言,组织可以通过员工筛选、绩效考核、薪酬激励、团队设计、培训、发展等人力资源实践来提高组织内部的关系质量和数量。

(1)挑选。挑选一直以来就被认为是保持员工和工作相互匹配的重要手段。传统上,组织在挑选员工的时候,重视员工的知识、技能和经验。然而,从建立员工间关系的角度入手,员工的人格特征、团队中的人际关系能力、情绪控制能力更为关键。也就是说,相对于传统上员工与工作间的匹配关系,员工与组织文化的匹配更为重要。当员工认同组织文化时,更愿意对与特定企业相关联的特异性人力资本进行投资。当组织采取工作轮换和工作调动时,员工更愿意接受组织的分配,建立组织的跨部门工作经验。由于员工和组织价值观的差异性,组织常常采取较长的时间进行员工的社会化。与组织文化相匹配的挑选和社会化实践有效提高了组织整合不同任务、人员的能力,从而提高了横向协调的可能性(Jehn,1995)。

(2)团队化工作设计。在大部分组织中,团队领导者常常代表了顾客、产品和流程。而员工常常属于某一职能部门,因而受到职能部门的管理和约束。职能部门的权力过弱,会导致企业的专业能力和技术效率降低。产品和流程部门的权力过弱,会导致企业的灵活性、市场反应速度过慢。在横向协调的组织中,员工需要花费大量的时间进行职能范围以外的工作。例如,参加临时性问题解决小组、产品研发小组、各种任务小组、担任跨职能协调角色。会议常常是整合各种不同职能部门和工作的常用方法。团队给予参与者相互协调各自工作的机会。团队协调的成功常常取决于团队领导者的有效领导和参与者的处理问题能力。跨职能团队参与者是否具有沟通的目标和知识、相互和谐的关系影响了会议的成功。团队领导者一方面需要具有多职能的工作经验、很好的沟通和协调能力,另一方面需要具有良好的外部影响力和团队成员对领导者的信任关系。在横向组织中,提高员工处理冲突的能力,提高员工之间的信任关系,挑选和培训团队领导者是人力资源管理的核心任务。

(3)宽的绩效评估。企业中的绩效评估可以分为窄的绩效评估和宽的绩效评估两种。传统的绩效评估侧重于考核员工对所在工作岗位的职责和子目标的完成程度。然而组织子目标的完成并不意味着组织整体目标的优化。员工集中于完成自己所在岗位的子目标,导致组织常常出现局部优化而整体受害的情况。组织中任务的相互依赖性,也使得员工之间常常因为责任的分配出现矛盾。团队性工作设计要求员工完成大量本职工作以外的协调和沟通工作。这些在传统的工作考核中难以得到体现。以团队和部门整体为绩效考核对象常常是横向组织采取的对策。

(4)团队和企业级激励计划。传统上,组织的报酬激励是与员工的个人和部门职能目标紧密联系在一起的。然而,这在激励员工完成个人目标与部门目标的同时,却可能降低了其他部门或企业整体的目标。因此,在宽的绩效评估基础上,建立以团队和企业为基础的激励计划能够促进组织内部的协调与合作。

三、关系型人力资源实践对协调机制和组织绩效的影响机制

关系型人力资源实践虽然主要依靠横向关系协调来处理部门分化,然而也不可避免地存在纵向的层级协调方式。在不同环境下,关系型人力资源实践的实施程度往往取决于环境变化的程度。当环境动态性越强,组织更多地采取关系型人力资源实践,组织的分化和整合程度也就越高。当环境相对稳定,组织更多地采取控制性人力资源实践,从而组织的分化程度较低,层级控制程度也越高。因此,我们可以提出一个包括环境动态性、关系型人力资源实践、组织绩效的关系模型。

1. 关系型人力资源实践、纵向层级协调与企业绩效

在关系型人力资源实践中,员工的工作划分是非常模糊的。很多员工往往身兼数职,因而很难找到一个明确的上级对员工进行监督。由于员工的工作划分模糊,因而员工在工作中往往是通过干中学形成的专用知识。对于这样的知识和信息,上级管理者很难了解或者将它转移到自己手中,因而管理者很难对他进行数量化考核。专用知识更多的是与特定的时间地点相联系,管理者难以收集这样的知识和信息,为了有效制定决策,管理者通常需要将一定的决策权下放到每个员工手中,通过员工与员工之间直接的横向信息沟通来进行协调(程德俊、赵曙明,2006)。相对于控制型人力资源系统,关系型人力资源系统中,工作规范、角色定

义和管理者权威依然是一个重要的组织协调机制。当员工的工作范围过大的时候,员工的能力可能会出现不能够适应工作岗位要求的情况。员工可能在团队中产生搭便车的行为。当角色定义不明确的时候,以往的工作中沉淀的知识便无法通过程序和规范体现出来,组织中的知识无法通过社会化传递给后来的员工。在组织中出现一些非程序性决策的时候,参与决策虽然能够保证不同员工贡献多样化的知识和观点,但是也很容易导致组织决策的时候过长、决策目标与组织目标不一致,从而产生过高的代理成本。因而有学者认为,现代组织虽然具有员工民主决策的特征,但为了组织依然通过对员工决策的事实前提和价值前提的影响,让个人理性和组织理性产生某种程度的一致。从这种意义上来说,关系型人力资源实践依然需要通过纵向的信息处理途径整合组织中不同的部门目标和特征,从而提高组织的绩效和反应能力。只是随着关系型人力资源实践采取的程度越高,组织对于纵向层级协调的依赖程度越小。

2. 关系型人力资源实践、横向关系协调与企业绩效

关系型人力资源实践通过严格的招聘和挑选、灵活性工作设置、自我管理团队和信息共享政策的实施在组织内部构建不同部门、不同层级之间员工的弱联系。严格的招聘和挑选政策保证企业能够挑选到与企业文化和工作特征相吻合的申请者。当员工认同企业文化的时候,他们更能够采取与其他员工一致的语言和心智模式。由于新旧员工之间价值观相似,新员工也更容易加入老员工的社会关系网络中。自我管理团队的采用更容易使得员工对工作任务产生相互一致的理解。信息共享制度保证员工对组织的发展形成共同的愿景和目标。广泛的培训制度能够提高员工的社会交往技能,有利于社会网络的建立。培训还能够使得员工对组织发展战略和自己的工作流程形成统一的看法,这使得员工在自我决策的时候有一个一致的决策前提。信息共享使得员工能够及时了解组织的财务信息,这样员工就更容易将自己的目标与组织的目标联系起来。基于团队和组织绩效的薪酬制度更容易对员工的行为产生反馈,激励员工为组织共同目标而努力。因此说,随着组织关系型人力资源实践采取的程度越高,组织越是依赖于横向的信息处理策略,从而适应了外部环境变化,提高了组织绩效。岗位轮换政策要求每个员工都要轮换三个以上岗位。工作改变本身会提供更多的人际交往机会和交流时间,工作轮换使得员工了解到工作的上游环节和下游环节。这种关于工作的宽广的知识基础使得员工能够与同事不断交流观点、建立人际关系。如果员工能够轮换到与顾客、供应商、竞争对手直接接触的岗位,他们还能够认识组织外部的人,这样他们还能够在自己所在的社会网络和外部社会网络之间建立信息沟通的桥梁作用。其次,临时团队在新产品开发、问题解决的过程中大量采用。临时团队通常来自组织内部的不同职能部门,拥有不同的技能和观点。临时团队提供了一个相互建立关系的机会。因此说,随着组织关系型人力资源实践采取的程度越高,组织越是依赖于横向的信息处理策略,从而适应了外部环境变化,提高了组织绩效。

3. 环境不确定的调节作用

关系型人力资源实践通过纵向和横向两种不同的信息处理策略,对组织绩效产生了积极的影响(见图1-4)。然而,究竟以哪种信息处理策略为主? 不同信息处理策略可能会产生怎样的影响? 这些问题则受到环境不确定的影响。当环境的不确定较低的时候,企业需要与市场交换的信息较小,需要处理的信息储量越

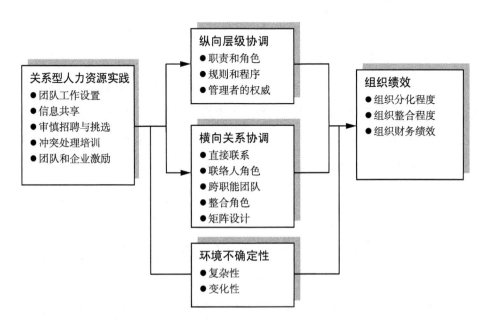

图1-4　关系人力资源实践对组织绩效作用机制图

小,采取纵向的信息处理策略也就越容易。在这种情况下,关系型人力资源实践主要通过纵向信息处理策略,从而对组织绩效产生影响。相反,在环境不确定较高的时候,企业内部不同部门之间的分化越大,组织内部需要协调各部门的信息越多。将各个部门掌握的隐性知识向上传递给管理者,由他们做出决策也就更困难。同时,采取工作设置和角色规范的方法,将员工的行为限制在一个较小的范围内也很难适应环境的变化。企业需要在员工之间直接建立联系,将相互依赖的员工组成工作团队,由他们直接交换信息是最优的做法。因此说,随着环境不确定性的增加,组织需要更多地采取关系型人力资源实践,更多地通过横向关系协调分化后的部门。因此说,环境不确定性对关系型人力资源实践对纵向层级协调策略和组织绩效具有负向的调节作用,而环境不确定性对关系型人力资源实践对横向关系协调策略和组织绩效具有正向的调节作用。

四、结束语

任何一个组织都既存在纵向的层级协调机制,也存在横向的关系协调机制。只是随着环境不确定的增强,组织中的横向关系协调机制往往会发挥更大的作用。组织也会更多地采取关系型人力资源实践。组织的分化使得不同部门形成不同的子目标、人员管理方式和时间导向。如果组织依然完全局限于纵向的层级协调机制,便会导致组织子部门之间的分化弱化,子部门适应外部环境的能力降低。如果组织给子部门高度授权,鼓励子部门之间的分化,子部门之间高度的冲突也会降低组织目标的协调和整合。组织在高度分化的同时实现高度的整合,要求组织通过关系型人力资源实践建立组织中的人际信任关系(陈阅、时勘、罗东霞,2010)。在依靠横向关系协调的过程中,必然存在大量的模糊、混乱和不确定性。高层管理者和团队领导者也必然承担多种不同的角色和身份、来自不同利益相关者的压力和期望。组织还需要通过人力资源管理实践来培训和激励管理者实现多种身份角色的转变。高层领导者需要从传统的控制者和决策者角色,转变为培训者和仲裁者。团队领导者需要从传统的管理者角色,转变为依靠知识、技能、说服和信任关系进行管理。关系型人力资源实践虽然提高了组织的适应能力,但也必然会提高组织的运行成本。尤其,组织在从控制型人力资源系统向关系型人力资源系统转变的过程中,早期的投入不能带来相应绩效的增加,因而会产生能力陷阱(competence trap)的问题(张一弛、黄涛、李琦,2004)。只有在对关系人力资源实践持续投资的情况下,组织才可能产生高的适应能力和绩效水平。

第二章 高绩效工作系统对社会资本
影响的实证研究

第一节 高绩效工作系统与组织创新绩效：
社会资本的中介作用

引言

大量实证研究表明,高绩效工作系统对组织绩效具有积极的影响(Macduffie, 1995；Arthur，1994；Dunlop & Weil，1996；Batt，2002；刘善仕、周巧笑、晁罡, 2005)。但高绩效工作系统究竟如何作用于企业绩效,通过哪些变量产生影响,并没有得到明确的回答(Becker & Gerhart，1996；张一弛、黄涛、李琦,2004)。如果这一关键问题没有得到解决,那么我们就很难说明两者之间的因果关系。究竟是人力资源导致高绩效,还是高绩效的企业更倾向于采取创新性人力资源实践?(程德俊、赵曙明,2006)如果我们不了解作用机制的问题,我们就很难理解不同人力资源实践之间存在冲突还是互补的关系,不同人力资源实践如何组合成一个有效的系统以影响企业绩效? 另外,既然高绩效工作系统对企业的经济绩效有如此显著的积极影响,应该有越来越多的企业投资于创新性人力资源实践。然而现实中,为什么大量企业依然采取传统的高控制工作系统? 从高控制工作系统向高绩效工作系统的变革为什么那么困难? 要回答这些问题,都需要我们揭示出高绩效工作系统对企业绩效的作用机制。

传统上,人们解释人力资源实践对组织绩效的作用机理是基于人力资本理论提出来的。相对于人力资本重视的是包含在每个员工身上的知识而言,社会资本则指的是包含在员工群体和员工网络中的知识(Nahapiet & Ghoshal,1998)。竞争对手可以吸引和模仿企业的人力资源,却难以模仿组织与员工间的信任关系,难以复制企业的社会关系网络。将社会资本理论引入战略人力资源管理研究,可以为我们理解人力资源实践对组织绩效作用机制提供良好的理论基础(程德俊、赵曙明,2006;Leana & Buren,1999;Gant,Ichniowski & Shaw,2002;Evans & Davis,2005)。

社会资本对组织学习和创新具有重要的影响。高绩效工作系统是否能够适用于高科技行业,一直是研究者争议的焦点。一方面,高绩效工作系统能够促进员工对组织的忠诚和投入感,降低员工流动率,提高组织合作;另一方面,在集体主义文化下,高绩效工作系统也抑制了人际网络中结构洞的产生,从而降低了信息的流动(Xiao & Tsui,2007)。过度紧密或者过度松散的人际网络可能都不利于组织的创新。高绩效工作系统对社会资本的关系维度和结构维度分别产生了什么样的影响?这将对组织创新产生什么样的影响?本书将基于 Nahapiet & Ghoshal(1998)提出的社会资本存在认知、情感和结构三维度模型,研究高绩效工作系统对社会资本不同维度的影响。在此基础上,分析高绩效工作系统在高科技行业的适用性。

一、文献回顾与假设的提出

1. 社会资本的三维度

社会资本是一个复杂的概念,不同的学科领域往往强调它的不同属性。战略管理领域的学者强调社会资本的结构属性,认为不同的网络结构影响了新信息在组织中的传递渠道,从而影响了组织创新(Burt,1992;Granovetter,1985)。组织行为领域的学者强调社会资本的心理属性,认为员工间的信任程度影响了员工的创新行为以及相互合作,从而影响了组织的创新氛围(McAllister,1995)。我们按照 Nahapiet & Ghoshal(1998)提出的社会资本的结构、认知和情感三维度模型,不仅仅将社会资本看成社会网络结构,同时还包含了社会网络中员工之间的信任关系。

（1）认知维度

从理性认知的角度来看，社会资本指的是人们对他人合作能力和合作意愿的信任程度。当一方预期对方很可能会采取与自己利益一致的行为的时候，这种预期、假设和期望就是信任（Robinson，1996），也就是 McAllister（1995）所指的认知信任。具体而言，认知信任主要体现在三个方面：① 能力信任。如果对方的能力不足以完成当前或未来的回报，那么这种信任机制便很难建立起来。相反，大部分人普遍愿意与掌握较多社会资源、拥有较高能力的人进行交往（Huang，1987）。② 基于历史的信任。人际互动的历史给予人们评估他人人格、意图和偏好的信息。这种信息使得人们能够推断他人是否值得信任和预测他们未来的行为（Deutsch，1958）。③ 基于第三方的信任。第三方是个人获得他人信息的重要途径。由于市场交易的不稳定性，组织中的个人通常更容易获得有关他人可信度的相关信息，因而组织扩展了人际信任的范围。在组织中，这种信息通常通过个人声誉和流言的方式传播（Burt & Knez，1995）。

（2）情感维度

信任除了具有认知的维度以外，也包含了大量的情感、身份、规则和历史的成分（McAllister，1995）。人不仅用脑来思考，而且用心来感觉信任。人对于某人的信任不仅取决于对可信度的感知，同时取决于对方的身份、组织中的规则以及直觉和情感的反应。自古以来，中国人就非常重视人际信任中的情感因素。例如，中文的"交情"包含了"交换"和"感情"两方面的因素。"信任"中"信"指的是一个人的诚信，体现了情感的维度。而"任"则指的是一个人的责任和可依赖性，体现了认知的维度（Chen C，Chen Y & Xin，2004；Chua，Morris & Ingram，2009）。一般而言，情感信任主要表现为以下几个方面：① 与自己人格和价值观相似的群体。在与自己相似的人的交往过程中，人们从他人身上得到了自我证实，从而实现了自尊。内群体偏差使得人们倾向于将正面的特征，如诚实、合作和可信等，归因于同一群体中的成员。② 具有共同身份和目标的人。当管理者和员工共享共同的身份和目标时，认同感使得一方能够分享另一方的需求，使得一方如同另一方一样思考和感受，并替代他人进行人际交往（Deustid，1958）。③ 具有特定人格特征的群体。乐观的人更容易与人建立信任的关系。人们除了希望在人际交往中获得利益,还希望别人乐观的情绪能够感染自己。④ 具有高社会地位和声誉的群体。人们通常根据个人所属的群体和社会类别来预测他的行为。具有高社会地位和声誉的群体更容易赢得人们的信任。

(3) 结构维度

结构维度指的是社会关系网络中不同行动者之间相互联系的路径及其紧密程度。按照关系网络联系的紧密程度,社会网络可以分为强联系型网络和弱联系型网络(Grannovetter,1973)。在强联系型网络中,成员间具有直接联系,相互熟悉。他们不需要通过他人,可以直接交换信息。这种网络传播信息的速度很快,而且不容易产生失真。由于信息的多次重复传递,更容易改变员工的态度和行为。当然,由于成员间的知识和信息往往是重叠的,新的想法不容易产生。相反,弱联系型网络的特征是成员常常只是在很小的圈子中具有直接的联系。大部分成员需要通过其他成员,才能够产生间接的联系。在这种网络中,信息传播的速度相对较慢。同时由于信息传播的随机性,很难通过多次强化学习,改变员工的态度和行为。但也正是由于子群体各种具有独立的生存空间,因而子群体的创新很容易发生。成员间的信息网络不容易发生重叠,更有利于组织吸收更多的外部信息(Hansen, 1999)。因此说,紧密的社会联系有利于员工之间形成统一的价值观和文化,协调员工之间的行为。松散的社会联系则有利于组织吸收更多的外部信息,给每一个组织子群体相对独立的空间,便于组织创新的产生(Watts,1998)。

2. 高绩效工作系统对社会资本和创新绩效的影响

(1) 高绩效工作系统对认知信任和创新绩效的影响

当员工进入组织以后,便与组织进行着各种理性的社会交换。当员工认为组织具有进行交换的能力和良好的交换历史时,员工便对组织产生了高度的认知信任。相对于传统的高控制工作系统,高绩效工作系统通过高强度的培训、高于市场平均水平的薪酬水平、绩效薪酬等人力资源措施,建立员工对组织的认知信任(程德俊、赵曙明,2006)。例如,在知识更新日益加快的劳动力市场,培训制度有效提高了员工的可雇佣性,某种程度上替代薪酬成为对员工的补偿,有利于建立员工对组织的信任。高于市场水平的薪酬制度有利于保持员工对组织交换能力的信任,同时增加了员工离职成本。绩效导向的薪酬制度更容易对员工的行为产生反馈,激励员工为组织共同目标而努力。

然而,有研究发现,在双方信任程度较低的时候,随着员工信任程度的增加,企业绩效也会上升。但是当一方预计不管自己采取什么行动,对方都可能采取合作行为时,反而会降低投入程度。也就是说,在企业与员工信任程度很高时,认知信任的上升反而会降低企业绩效(Chua,Paul & Morris,2008)。因此说,认知信任与企业绩效之间存在一个"∩"型的曲线关系。当员工与组织间的信任关系较弱的时候,认知信任对企业绩效具有正相关的关系。而当员工与组织间认知信任很强的时候,认知信任的提高反而会降低组织的绩效(Ng & Chua,2006)。Tsui et al.(1997)从组织和员工相互投入的平衡的角度,也发现组织对员工可能出现过度投资的状态。当员工认知到无论自己的投入程度高低,企业都会对自己进行高度的投入,也会出现承诺下降、生产率下降的现象。这就是国有企业和一些高绩效工作系统在双方建立高度信任感以后,一方可能会搭便车。

因此,我们得到如下的假设 1 和假设 2。

假设 1　组织内部的认知信任和企业创新绩效具有"∩"型的曲线关系
假设 2　高绩效工作系统通过认知信任对创新绩效产生积极影响

(2)高绩效工作系统对情感信任和创新绩效的影响

相对于认知信任是建立在人类理性计算和相互交换基础上产生的,情感信任则是建立人类相互交往和吸引基础上产生的"共同感"(Clark & Mills,1978)。人作为社会动物,具有很强的归属动机。集体自我是自我的重要组成部分。当群体成员意识到自己与其他成员具有重要关系的时候,便会对群体产生个人认同。当管理者和员工共享共同的身份和目标时,认同感使得一方能够分享另一方的需求,使得一方如同另一方一样思考和感受,并替代他人进行人际交往(Deustid,1958)。一般而言,人会对具有相似的目标和人格特征、相同的人口统计特征、较高的社会地位的群体,产生较强的群体认同。

高绩效工作系统通过招聘、培训、社会化等政策建立了组织共同的价值观、人格特征和身份感,从而影响了组织内部的情感信任和创新绩效(Evans & Davis,2005)。审慎的招聘政策保证企业挑选了与组织现有员工在价值观、个性特征和人际关系技能方面相同的新员工。具有相同人口统计特征、人格特征和价值观的个体之间容易产生相互吸引,从而产生身份认同。Pfeffer(1994)发现审慎的招聘除了能够让公司招聘到合适的员工以外,还具有向员工传递"组织重视人力资源"的信息。如果一个人经历了严格的挑选过程,他会觉得进入了一个精英组织。这样审慎的招聘和挑选便会加强员工的共同身份感。培训和文化建设建立了员工共同的态度和价值观、强烈的组织氛围、对工作和任务相同的理解,从而建立组织内部一致的认知模式,减少了组织与员工之间的认知冲突(Evans & Davis,2005)。

因此,我们可以得到如下的假设 3 和假设 4。

假设 3　情感信任与企业创新绩效之间存在正相关的关系

假设 4　高绩效工作系统通过情感信任对创新绩效产生积极影响

(3)高绩效工作系统对人际网络和创新绩效的影响

相对于认知信任和情感信任,高绩效工作系统对人际网络的影响存在很大的争议。部分学者认为,高绩效工作系统有利于组织内部建立强联系型网络。例如,高绩效工作系统强调招聘具有类似价值观和人口统计特征的员工,从而更容易建立强联系型网络。员工进入组织后,正式而规范的社会化过程也有利于员工之间建立强的联系。高绩效工作系统通过对高资历员工给予高工资,鼓励员工留在企业中,建立员工和组织之间的长期雇佣关系。稳定的雇佣也有利于组织建立强联系型网络。但是也有学者认为,高绩效工作系统有利于组织在部门之间建立横向的弱联系型网络。例如,相对于高控制企业中,员工只能进行纵向的层级晋升,高绩效工作系统通过广泛的工作轮换建立员工对于生产流程和组织运作的整体了解,在部门和部门之间建立横向的联系。这些横向的联系使得组织内部产生了很多的结构洞,从而促进了组织内部关系网络的扩展。

Xiao & Tsui(2007)研究发现,社会文化对高参与组织中的社会关系网络特征具有显著的影响。在集体主义文化下,员工相互投资、合作和忠诚的要求占据主导地位。那些在社会关系网络中占据结构洞位置的员工不能得到快速的提升。集体主义文化抑制了结构洞的信息影响。相反,在个人主义文化下,结构洞的信息影响占据主导地位。那些在社会关系网络中占据结构洞的员工得到了更好的职业发展。因此说,在中国文化背景下高绩效工作系统中的社会关系网络主要呈现出强联系的特征。这种强联系难以给网络中子群体以独立的生存空间,从而不利于新信息的产生和吸收。这也导致了在集体主义文化下的中国和日本高科技企业难以产生突破性创新。因此我们得到假设 5 和假设 6。

假设 5　网络联系密度对组织创新绩效产生消极的影响

假设 6　高绩效工作系统对网络联系密度具有积极的影响

3. 高科技行业对社会资本与组织创新绩效关系的调节作用

战略人力资源管理研究中向来存在普适性方法(Universalistic Approach)和权变方法(Contingency Approach)的争论(Delery & Doty,1996)。普适性方法认为存在一种最优的人力资源实践在任何情况下都能够取得较好的绩效,高绩效工作系统在大多数行业都具有适用性。而权变方法则强调人力资源战略与企业战略、外部环境等的匹配关系。人力资源实践对企业绩效的作用受到内部和外部环境的影响。企业战略、市场定位、外部环境动态性、组织技术密集度都对人力资源实践和企业绩效关系产生影响(Macduffie, 1995;Arthur, 1992;Batt,2002)。

目前大多数高参与系统对企业绩效影响的实证研究都是在传统行业进行的,例如资本密集型的汽车行业(Macduffie, 1995)、钢铁行业(Arthur, 1992;1994)、劳动密集型的服装行业(Dunlop & Weil, 1996)、服务业(Batt, 2002)。在这些行业,高技能员工是影响企业绩效的重要因素。相反,在新兴的高科技行业,社会资本却是影响组织学习和创新的关键。根据战略人力资源的权变方法,高绩效工作系统中的社会资本对企业绩效的影响受到高科技行业特征的调节作用。在高科技企业中,产品的创新需要企业内部不同部门、不同的团队成员之间紧密合作。当员工之间、员工和组织之间建立了高度的认知信任和情感信任关系以后,更有利于组织创新的产生。因此说,在高科技行业中,认知信任和情感信任对组织创新绩效的积极影响更强。然而,高科技企业的创新也需要大量吸收外部的新知识和新信息。当组织内相互承诺和忠诚度越高的时候,也使得组织的社会关系网络发生重叠,不利于新信息的进入。集体主义文化下,高绩效工作系统中更多体现出强联系的特征,从而不利于组织创新。这种效应在高科技行业更为突出。因此,我们提出如下假设 7 和假设 8。

假设 7　在高科技行业中,认知信任和情感信任对组织创新绩效的积极影响更强

假设 8　在高科技行业中,网络联系密度与组织创新绩效的消极影响更强

综上所述,本书主要变量结构图如图 2-1 所示。

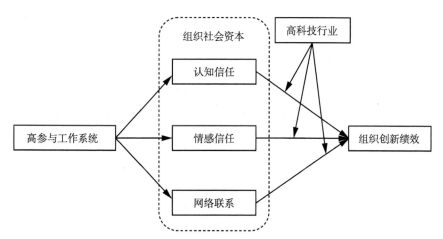

图 2-1　高绩效工作系统对社会关系网络和创新绩效作用

二、研究方法

1. 样本

2009 年 9 月到 10 月,研究小组以江苏南京和苏州开发区(包括高新技术开发区和新加坡工业园区)内的制造业企业为研究对象。以邮寄和电子邮件的方式,对公司的人力资源部主管进行问卷调查。在邮寄问卷后的一个星期内,电话确认问卷的收取情况。然后在第二个星期内对问卷的填写和寄回进行再次的确认。本次问卷调查共发放问卷 200 份,实际回收问卷 165 份,回收率为 82.5%。在所有回收的问卷中,扣除回答严重不完整问卷 7 份,共回收问卷 158 份,有效率

为 95.8％。其中,高新技术企业 63 份,占调查企业总数的 39.9％。在被调查的 158 家企业中,国有控股企业 65 家,占样本总数 41.1％;外商独资企业 24 家,占样本总数 15.2％;中外合资企业 17 家,占样本总数 10.8％;私营企业 65 家,占样本总数 27.8％;其他企业 8 家,占样本总数 5.1％。符合我国企业所有制特征的分布。在被调查对象中,男性管理者 79 人,占总数 50％。按照 Armstrong & Overton(1977)提出的无回答误差测量方法,我们比较了发放两周内回收的 78 份问卷和其余的 80 份问卷中的几个关键变量。T 检验的结果显示检验的变量在0.05 水平上不存在显著性差异。另外,我们通过比较回收的 63 家高新技术企业和 95 家非高新技术企业,也没有发现回答误差。

2. 测量

(1) 高参与型工作系统

研究小组采取了 Ichniowski, Shaw & Prennushi (1997)为高参与型人力资源实践测量而开发的量表,包含"是否所有员工都能够参加公司的利润分享计划,是否给员工提供长期雇佣的保证和承诺,是否使用如下至少一种招聘方法:心理测试、人格态度、测试、工作样本、能力测试,是否每年至少存在一次对所有员工的正式绩效评估,是否有对新员工的正式的岗前培训项目"等 16 个项目。量表采取了 0—1 哑变量,1 代表企业采取了该项人力资源实践。与采取聚类或者其他分类方法不同,本书参照 Guthrie(2001)提出的可以用一个连续变量来测量企业采取高绩效工作系统的程度。当企业采取了越多的创新性人力资源实践,即将 16 个变量相加得到的高绩效工作系统指数越高时,企业越重视高参与型工作系统。

(2) 社会资本

对于社会资本的认知和情感维度的测量,我们采取了 McAllister(1995)采用的情感信任和认知信任的测量量表。该量表经 Chua, Paul & Morris(2008)用中文翻译并进一步验证,证明具有较好的信度和效度。该量表采取了李克特 5 点量表。参与者选择从"1"完全不同意到"5"完全同意。对于情感信任的测量,由以下四个条目组成:"你能够与他们自由地分享想法、感受和希望","你能够与他们自由地谈论你在工作中遇到的困难,并且知道他们愿意倾听","如果你告诉他们你的问题,你知道他们会给你提供建议并向你表示关心","他们倾向于在工作关系中投入大量的感情"。对于认知信任的测量,由以下四个条目组成:"他们是认真对待团队工作的人","他们愿意为团队工作作出重要的贡献","你可以信赖他们去做团队中主要部分的工作","他们是能够完成团队工作的人"。我们采用 LIS-REL 8.70 对该量表进行了验证性因子分析(CFA)。结果支持了认知信任和情感信任的两因子模型($\chi2=74.78$,df=19,CFI=0.97,RMSEA=0.137)要比单因素模型($\chi2=197.77$,df=20,CFI=0.91,RMSEA=0.238)更好。因为该量表的清晰结构,我们决定采取平均值来代替认知信任和情感信任。信度检验,显示认知信任的 Cronbach's α 系数为 0.891,情感信任的 Cronbach's α 系数为 0.853。对于人际网络联系密度的测量,我们用"你加入了多少个工作团队或委员会"、"在工作中你需要与多少同事经常接触"、"你觉得有多少同事在工作中需要你的支持"来测量。网络联系密度的 Cronbach's α 系数为 0.723。

(3)企业创新绩效

在本研究中,我们采取组织创新绩效来代替企业绩效。组织创新绩效的测量采取了相对绩效测量法。当然,采取绝对财务绩效更能够增加研究的信度。但是,在大部分亚洲国家,要获得一个公司准确的绝对财务绩效是相当困难的,因而目前在中国大陆的实证研究大部分采取的是相对绩效。但是,实证研究表明公司的绝对财务绩效和相对财务绩效之间存在很强的相关性(Wang,2001)。组织创新绩效量表由三个条目组成,分别为"相对于同行竞争对手而言,公司在过去的两年中新产品的销售情况"、"相对于同行竞争对手而言,公司在过去的两年中研究开发(R&D)占年销售额的比例"、"相对于同行竞争对手而言,公司在过去的两年中年开发新产品的数量"。量表采取李克特 5 点量表的形式,1 代表很低,而 5 代表很高。量表的 Cronbach's α 系数为 0.852。

(4)高科技行业

我们采取了 0,1 变量来测量公司所在的行业是否为高科技行业。

(5)控制变量

根据 Jansen,Van & Voberda(2006)的研究,公司的探索性学习战略和开发式学习战略对组织绩效具有显著的影响。由于我们在本研究中以创新绩效代替组织绩效进行研究,因而我们将公司的探索性和开发式学习战略作为控制变量。探索性和开发式学习战略的测量,我们采取了 Jansen(2006)的量表。该量表共由 14 个项目组成。其中,探索式学习战略的测量由"能够接受超越现有产品和服务的需求"、"乐于开发新产品、开创新服务"、"乐于在当地市场尝试推行新产品、新服务"等 7 个项目组成。开发式学习战略的测量由"经常对现有产品和服务的供给状况进行优化"、"经常对现有产品和服务进行小小的改进"、"经常在当地市场引入得到改进的产品和服务"等 7 个项目组成。利用 LISREL 8.70 对该量表进行了验证性因子分析(CFA)。结果支持了探索性学习战略和开发式学习战略的两因子模型($\chi2 = 184.36$,df = 76,CFI = 0.97,RMSEA = 0.095)要比单因子模型($\chi2 = 330.93$,df = 77,CFI = 0.94,RMSEA = 0.145)更好。其中,探索式学习战略的 Cronbach's α 系数为 0.852,利用式学习战略的 Cronbach's α 系数为 0.867。另外,按照 Arthur (1994)、Guther(2001)的研究,我们选择了公司成立时间作为控制变量。公司成立时间越长,越有可能采取复杂的人力资源实践。同时,公司成立时间越长,由于人力资源实践的演变或者学习效应,公司有可能采取高参与型人力资源实践,因而有更好的绩效(Guther, 2001)。因而在本研究中我们将公司成立时间作为控制变量。在中国背景下,所有制特征很大程度上影响了公司的绩效表现,因而我们在本研究中也将公司所有制特征作为控制变量引入。我们将公司所有制特征分为国有控股企业、中外合资企业、外商独资企业、私营企业和其他类型这五类。

三、数据与结果

数据处理结果见表 2 - 1 至表 2 - 3。

为了检验假设 1,我们首先以组织创新为因变量,采取层级回归的方法,依次加入控制变量、认知信任、认知信任的平方作为自变量。这体现为模型 1、模型 2 和模型 5。模型 2 显示,在加入认知信任以后,方程的解释力显著增加。认知信任对组织创新有显著正影响($\beta = 0.206$, $p < 0.05$)。在此基础上,我们再引入了认知信任的平方。回归结果显示,方程的解释力在临界水平上显著增加。认知信任的平方对组织创新有显著的负相关($\beta = -0.787$, $p < 0.1$)。这说明随着组织认知

信任的增加,在较低的水平上组织认知信任对创新绩效具有正面的影响。当组织认知信任处于较高的水平上,由于自身投入的关键感降低和责任分散的增加,组织信任对创新绩效反而产生了消极的影响。这验证了假设 1。为了检验假设 3,我们以创新绩效为因变量,采取层级回归的方法,依次引入控制变量和情感信任作为自变量,体现为模型 1 和模型 3。模型 3 显示,在引入情感信任变量以后,方程的解释力显著增加。情感信任对组织创新绩效具有显著正影响($\beta = 0.180$,$p < 0.05$)。这验证了假设 2。为了检验假设 5,我们以创新绩效为因变量,采取层级回归的方法,依次引入控制变量和网络联系密度作为自变量,体现为模型 1 和模型 4。模型 4 显示,在引入网络联系密度以后,方程的解释力显著增加。网络联系密度对组织创新绩效具有显著负影响($\beta = -0.172$,$p < 0.05$)。这验证了假设 5。

根据 Baron 和 Kenny(1986)的研究,中介变量的检验需要满足四个条件:

(1) 自变量对中介变量有显著影响;(2) 自变量对因变量有显著影响;(3) 中介变量对因变量有显著影响;(4) 当控制中介变量以后,自变量对因变量的影响显著变小。为了检验假设 2,我们首先以认知信任为因变量,采取层级回归的方法,依次将控制变量、高绩效工作系统指数作为自变量引入,得到模型 9 和模型 10。回归结果,在引入高绩效工作系统指数以后,方程的解释力显著增加。高绩效工作系统对认知信任有显著正影响($\beta = 0.167$,$p < 0.05$)。这满足条件 1。模型 2 的回归结果也已经显示认知信任对创新绩效具有显著正影响。这满足了条件 2。模型 16 的回归结果显示,以创新绩效为因变量,在控制变量的基础上引入了高绩效工作系统指数为因变量。高绩效工作系统对创新绩效具有显著的正影响($\beta = 0.169$,$p < 0.05$)。这满足了条件 3。在模型 16 的基础上,引入认知变量作为自变量,形成了模型 17。回归结果显示模型的解释力显著增加($\Delta F = 3.682$,$p < 0.05$)。对比模型 16 和模型 17,我们可以得知,在控制认知信任的影响以后,高绩效工作系统对组织创新绩效的影响显著减弱,只是在临界水平上显著相关($\beta = 0.169$,$p < 0.05$;$\beta = 0.140$,$p < 0.1$)。这满足了 Baron 和 Kenny(1986)中介变量检验的条件 4。因此说,高绩效工作系统对认知信任和创新绩效有积极影响,认知信任对创新绩效有积极影响。高绩效工作系统通过认知信任对创新绩效产

生了积极影响。这验证了假设 2。

采取同样的程序，我们进一步对假设 4 进行验证。首先，我们以情感信任为因变量，采取层级回归的方法，依次将控制变量、高绩效工作系统指数作为自变量引入，得到模型 11 和模型 12。回归结果显示，在引入高绩效工作系统指数以后，方程的解释力显著增加（$\Delta F = 6.524$，$p < 0.01$）。高绩效工作系统对认知信任有显著正影响（$\beta = 0.196$，$p < 0.01$）。这满足条件 1。模型 3 的回归结果也已经显示情感信任对创新绩效具有显著正影响。这满足了条件 2。模型 16 的回归结果显示，以创新绩效为因变量，在控制变量的基础上引入了高绩效工作系统指数作为因变量。高绩效工作系统对创新绩效具有显著的正影响（$\beta = 0.169$，$p < 0.05$）。这满足了条件 3。在模型 15 的基础上，引入情感信任作为自变量，形成了模型 17。回归结果显示模型的解释力显著增加。对比模型 15 和模型 17，我们可以得知，在控制情感信任的影响以后，高绩效工作系统对组织创新绩效的影响显著减弱（$\beta = 0.169$，$p < 0.05$；$\beta = 0.140$，$p < 0.1$）。这满足了 Baron 和 Kenny（1986）中介变量检验的条件 4。因此说，高绩效工作系统对情感信任和创新绩效有积极影响，情感信任对创新绩效有积极影响。高绩效工作系统通过情感信任对创新绩效产生了积极影响，这验证了假设 4。

为了验证假设 6，我们以网络联系密度为因变量，采取层级回归的方法，依次将控制变量、高绩效工作系统指数作为自变量引入，得到模型 13 和模型 14。回归结果，在引入高绩效工作系统指数以后，方程的解释力没有显著增加。高绩效工作系统对网络联系密度没有显著影响。

表 2－1　认知信任、情感信任、网络联系密度及其与高科技行业交互项对创新绩效的影响

模型	创新绩效							
	模型 1	模型 2	模型 3	模型 4	模型 5	模型 6	模型 7	模型 8
成立时间	−0.038	−0.106	−0.063	−0.051	−0.100	−0.113	−0.072	−0.052
国有	−0.084	−0.085	−0.083	−0.044	−0.070	−0.108	−0.108	−0.048
外资	0.067	0.055	0.071	0.079	0.044	0.022	0.036	0.064
合资	0.045	0.034	0.039	0.050	0.033	−0.005	−0.010	0.026
私营	−0.039	−0.050	−0.049	−0.030	−0.025	−0.099	−0.112	−0.047

续　表

	创新绩效							
开发式学习	−0.039	−0.063	−0.048	−0.002	−0.078	−0.048	−0.022	0.015
利用式学习	0.425***	0.324**	0.328**	0.430***	0.339**	0.301**	0.286**	0.422***
认知信任		0.206*			0.980*	0.183*		
情感信任			0.180*				0.172*	
网络联系密度				−0.172*				−0.215**
认知信任的平方					−0.787+			
情感信任×高科技							0.201**	
认知信任×高科技						0.176*		
网络联系×高科技								0.123+
F	5.409***	5.168***	5.041***	5.172***	5.034***	4.326***	5.034***	4.492***
R^2	0.191	0.217	0.213	0.217	0.234	0.496	0.234	0.230

注：表中系数已经过标准化处理，R^2未经调整。

　+ $p < 0.1$；* $p < 0.05$；** $p < 0.01$；*** $p < 0.001$；all two-tailed tests.

表 2 – 2　高绩效工作系统对认知信任、情感信任和网络联系密度的影响

	认知信任		情感信任		网络联系密度	
	模型 9	模型 10	模型 11	模型 12	模型 13	模型 14
成立时间	0.334***	0.310***	0.139+	0.111	−0.075	−0.089
国有	0.005	0.013	−0.006	0.002	0.231	0.236
外资	0.058	0.060	−0.021	−0.018	0.068	0.069
合资	0.054	0.049	0.031	0.025	0.033	0.030
私营	0.053	0.079	0.051	0.081	0.052	0.067
开发式学习	0.119	0.099	0.049	0.026	0.216*	0.204+
利用式学习	0.491***	0.426***	0.536***	0.459***	0.029	−0.010
高绩效工作系统		0.167*		0.196**		0.099
F	12.719***	12.082***	9.723***	9.637***	2.365*	2.226*
R^2	0.372	0.393	0.312	0.341	0.099	0.107

注：表中系数已经过标准化处理，R^2未经调整。

　+ $p < 0.1$；* $p < 0.05$；** $p < 0.01$；*** $p < 0.001$；all two-tailed tests.

　　为了验证假设 7，我们以创新绩效为因变量，在分别引入认知信任、情感信任和网络联系密度的基础上，又引入了认知信任和高科技行业的交互项、情感信任

和高科技行业的交互项,网络联系密度和高科技行业的交互项建立了模型 6、模型 7 和模型 8。回归结果显示,认知信任和高科技行业的乘积项对创新绩效具有显著的正影响($\beta = 0.176$,$p < 0.05$),情感信任和高科技行业的乘积项对创新绩效具有显著的正相关影响($\beta = 0.201$,$p < 0.01$),网络联系密度和高科技行业的乘积项对创新绩效具有显著的正相关影响($\beta = 0.123$,$p < 0.1$)。这表明,在高科技行业中,认知信任、情感信任对创新绩效的积极影响更强,而网络联系密度对创新绩效的消极影响更强。这验证了假设 7 和假设 8。

表 2-3 认知信任、情感信任和网络联系密度对创新绩效的影响

	创新绩效				
	模型 15	模型 16	模型 17	模型 18	模型 19
成立时间	−0.038	−0.038	−0.117	−0.078	−0.078
国有	−0.084	−0.084	−0.079	−0.077	−0.033
外资	0.067	0.067	0.058	0.072	0.082
合资	0.045	0.045	0.031	0.036	0.045
私营	−0.039	−0.039	−0.027	−0.026	0.000
开发式学习	−0.039	−0.039	−0.076	−0.063	−0.020
利用式学习	0.425***	0.425***	0.283+	0.290**	0.357***
高绩效工作系统		0.169*	0.140+	0.140+	0.188*
认知信任			0.178*		
情感信任				0.150+	
网络联系密度					−0.188*
F	5.409***	5.020***	4.952***	4.834***	5.300***
R^2	0.191	0.212	0.231	0.227	0.244

注:表中系数已经过标准化处理,R^2 未经调整。
　　$+p < 0.1$; * $p < 0.05$; ** $p < 0.01$; *** $p < 0.001$; all two-tailed tests.

四、结论与讨论

以往大量的研究发现,高绩效工作系统有利于建立员工与组织间的信任关系,从而提高了组织创新绩效。但是组织信任具有两种显著不同的机制,即建立在理性基础上的认知信任和建立在人际互动中的情感信任。在本研究中,我们发

现高绩效工作系统通过情感信任对创新绩效产生了积极影响,而认知信任和组织创新绩效之间存在倒"U"型的关系。这表明当组织依靠经济交换建立员工对组织的信任关系时,信任程度的增加可能给组织带来负面的影响,例如搭便车、监控程度降低等(Ng & Chua,2006)。认知信任的建立,更为脆弱,更容易受到公平感的调节作用。这也充分说明为什么很多企业团队在运转到一定时间以后,很难保持下去。只要出现了个人的搭便车现象,必然在团队中引起强烈的负循环,最终导致整个团队的瓦解。在以往的高绩效工作系统的研究中,一直对高绩效工作系统的组成存在很大的争议。集中的焦点在于高绩效工作系统是否应该包含"个人层面的绩效考核、绩效工资制度"等社会交换型人力资源实践。从认知信任和企业绩效的关系研究来看,这些人力资源实践的采取具有一定的局限条件,组织需要更为关注其负面效应。从建立情感信任的角度出发,高绩效工作系统更应该重视员工社会化、团队建设、团队薪酬、利润分享、信息分享等方面,更强化员工之间互动,从而建立人际情感的人力资源实践。

另外,社会资本还包括结构方面的维度,即人际网络联系。以往对于高绩效工作系统究竟是促成了组织内部弱联系网络还是强联系网络,存在很大的争议。最近的研究发现,在集体主义文化下,高绩效工作系统内部的社会关系网络更多体现的是强联系网络,因而一定程度上降低了组织的创新(Xiao & Tsui,2007)。本研究也发现了网络联系强度对组织创新绩效的消极影响,并且这种效应在高科技行业更为明显。但是,本研究并没有发现高绩效工作系统对社会网络联系密度的显著影响。这可能与本研究采取的社会网络联系密度的测量方法有关。以后的研究可以对测量方法进行改进,以进一步深入研究。

最后,行业特征对高绩效工作系统与企业绩效间的关系具有调节作用。在高科技行业中,高绩效工作系统更能够促进组织与员工间的信任关系和忠诚度,从而促进组织的创新绩效。虽然高绩效工作系统对社会网络联系密度的影响关系没有得到证实,但是社会网络联系密度对组织创新绩效的消极影响得到了证实。而且,这种消极关系在高科技行业中更为突出。由于社会网络对组织突破性创新影响更大,因此我们预计高绩效工作系统可能难以促进组织的突破性创新的产生。这也是日本企业难以在 IT 行业中超越美国企业的重要原因之一。在本研究中,我们并没有将组织的创新绩效分为渐进式创新和突破性创新。后续的研究可以进一步研究高绩效工作系统对不同创新绩效的影响。

第二节　高绩效工作系统对学习战略的影响：组织信任的调节作用

引言

十几年来,学术界对高绩效工作系统进行了诸多研究,实证研究大都证明高绩效工作系统和组织绩效之间存在正向关系,并已在汽车行业、服装行业、服务业、钢铁行业、高科技企业得到了证明(Macduffie,1995)。高绩效工作系统指的是"公司内部高度一致的、确保人力资源服务于企业战略目标的一系列政策和活动,主要包括仔细的招聘、广泛培训、工作保障、薪酬激励、分散化决策以及自我管理等组成的高绩效工作系统"(Huselid,1995)。近年来,越来越多的学者开始对这一理想模型进行研究,很多实证结果也支持了高绩效工作系统与企业绩效之间的正向关系。然而,在这些研究中常常存在两个争议。首先,高绩效工作系统究竟是普遍适用的还是情景适用的。根据普适的视角,存在一种最优的人力资源管理实践。而现实中之所以存在多种类型的人力资源实践,只是由于人们没有认识到这种高绩效工作系统的好处。同时,很多企业即使认识到了高绩效工作系统的益处,然而没有把它们作为一种系统、坚定的方式执行下去。而根据情景适用的视角,高绩效工作系统需要根据特定的企业情景和外部竞争环境进行调整。其次,高绩效工作系统究竟通过何种机制影响了企业绩效(Patel, Messersmith & Lepak,2013)。如果说传统的制造业企业和现代的高科技企业都通过高绩效工作系统取得了竞争优势,它们在高绩效工作系统的结构组成方面存在哪些差异? 为什么人力资源管理方式上需要形成这些差异? 从某种意义上来讲,传统企业需要提高创新能力,而高科技企业也需要提高组织的运行效率。

根据企业创造以及利用知识的过程,March将组织学习分为探索式学习和利用式学习两种方式。组织需要在利用式学习和探索式学习之间取得平衡

(March,1991)。传统上,组织可以采取分开设立两个独立部门和团队获得利用式学习与探索式学习的平衡。一个部门负责旧的产品和市场,另外一个部门负责新的产品市场。学术界常常将这种方式称为组织的结构双元性(Tushman,1996)。通过结构双元性的方法,组织可以同时实现利用式学习和探索式学习。然而,这要求组织具有丰富的资源,同时能够允许组织以冗余的方式进行运作。这两个不同的部门在运作的过程中常常会产生竞争和资源的浪费。另一方面,企业也可以通过人员管理的方式实现利用式学习和探索式学习的平衡。有学者将这种方法称为情景双元性(Gibson & Birkinshaw,2004)。而高绩效工作系统在通过提高利用式学习的同时,也提高了组织的开发式学习,从而建立组织的情景双元性。本书试图通过实证研究进一步论证高绩效工作系统通过何种学习方式影响企业的创新绩效,同时对组织环境中存在的人际信任等调节变量进行探讨。本书基于理论的研究提出,企业建立自主创新的过程中,既需要调整组织的人力资源实践,也需要改变组织与员工的信任模式。

一、文献综述与研究假设

1. 高绩效工作系统与组织创新绩效

组织管理需要在相互矛盾的目标中进行权衡,例如效率和灵活性、差异化和低成本、全球化整合和当地响应(Tushman,1996)。在组织内部存在两种典型的学习方式,即利用式学习和探索式学习。利用式学习战略指的是组织能够通过成功利用现有的公司知识,特别是通过维持现有生产活动的高效率和可靠性获得竞争优势。探索式学习战略指的是组织通过使用新的技术开发新产品,在现有和潜在的顾客市场中开发出一个新的目标市场来获得竞争优势的战略(March,1991)。一个组织过分采取利用式学习方式,虽然可以提高效率,然而失去了对环境的适应性。相反,组织如果过分依赖探索式学习,虽然提高了对环境的适应性,然而成本过高。成功的组织常常需要平衡利用式学习和探索式学习(Gupta,Smith & Shalley,2006)。组织可以利用双重结构的方式实现两者的平衡,例如将利用式学习和探索式学习的职能分别放在两个不同部门,或者将两者放在企业流程的不同环节。然而对于中小型高科技企业而言,这种方式带来的问题是对资源的要求过高。

如果员工能够在工作中合理分配时间和精力,满足岗位要求和环境变化的要求,也可以实现组织双元性,也就是情景双元性(Contextual Ambidexterity)(Gibson & Birkinshaw,2004)。然而情景双元性由于环境的员工行为的不确定性、因果关系的模糊性、员工的分散性很难实现。Ghoshal & Barlett 提出可以通过纪律、目标延伸、员工支持、信任实现组织的利用式学习和探索式学习的平衡(Ghoshal & Bartlett,1994)。其中,纪律和目标延伸与利用式学习有关。员工支持和信任与探索式学习有关。合理分工、明确员工的工作规范、反馈和奖励可以帮助员工的行为明确相应的任务范围,从而实现纪律目标。给予员工较高目标、推动员工提高工作效率、对高目标进行奖励可以帮助组织实现目标延伸。相反,给予员工自愿、关系和自主权可以提高员工支持。在组织中建立公平的氛围、改进领导方式,提高员工参与可以建立信任关系。Patel,Messersmith & Lepak(2013)认为高绩效工作系统中既包含了激励和目标提升的相关实践,也包括了员工支持和信任的相关实践。他们通过实证研究表明高绩效工作系统对组织绩效具有积极的影响。

假设1:高绩效工作系统对组织创新绩效具有积极的影响

2. 高绩效工作系统对利用式学习的影响

利用式学习是指对现有产品、策略、制度等其他知识的进一步发展和利用,对组织中群体和个体的认知、行为再塑造的过程(March,1991)。在利用式学习过程中,组织会通过选择、提炼、实施、执行、生产等活动对企业现有知识库中的知识进行更深入的学习,将组织的知识转化为组织中成员个体的知识,从而影响个体认知和行为模式。因此利用式学习是一种有目标的学习方式,强调利用现有的知识,避免变化,其实质就是挖掘组织已经拥有的知识从而进行充分利用,并对组织以往的制度进行贯彻落实。虽然这是一种比较简单的学习方式,只是在组织的内部进行,让组织中的群体和个体对组织现有知识进行学习、掌握,但是这种学习方式可以帮助组织逐渐适应环境中一些微小的变化,是任何组织都不可缺少的。经验可以给企业带来以下三个好处：一是降低生产的单位成本；二是提高企业后续的学习能力；三是降低交易成本，帮助企业进行决策、实施和控制。企业采取利用式学习战略实际上就是从经验中学习的过程，因而可以降低生产成本，提高后续学习能力，对组织市场绩效具有正向的作用。

在利用式学习战略下，企业的目标是在现有的产品领域，改进产品质量，提高生产效率，获得竞争优势。因此，企业会对员工现有的知识进行最大限度的利用。员工甄选、员工意见调查和反馈、丰富的技能培训等人力资源实践活动会使得企业获得技能较高的员工，这些员工本身对公司现有的产品领域具有更多的了解，因而更能提升现有的产品质量和生产效率；团队工作设计、工作轮换、信息分享、团队小组、质量圈、问题解决小组等人力资源实践活动不仅能促进部门内部员工之间的交流、相互分享知识，还会打破部门之间的界限，促进部门之间的交流，使得员工可以获得本岗位以外的知识（Gittell，Seidner& Wimbush，2011）。Jansen，Van & Voberda(2006)认为个体投入创新活动是为了提升绩效，获得潜在的收益，因此绩效考核和奖励可以促进员工充分发挥自己现有的知识、技能来提高效率，获取期望的收益。但是，个体对奖励的反应不仅取决于奖励本身，还依赖于个体对任务的认知。创新的过程中本身包含一定的不确定性，而且对现有产品领域改变越大的创新，其结果的不确定性也就越大。由于探索式学习强调采用全新的知识、技术和方法，其面临的风险相对较高，而利用式学习是建立在现有的知识基础之上，强调改进现有的技术和产品，所以需要投入的努力较少，因而更容易在短期内取得成功，获得更优厚的绩效奖励(Gupta,Smith & Shalley,2006)。

假设 2：高绩效工作系统通过利用式学习提高了组织创新绩效

3. 高绩效工作系统对探索学习的影响

探索式学习是指企业通过利用新知识、新技术、新产品以及新市场来获得竞争优势，从而适应不断变化的环境(March,1991)。它包括搜索、变化、试验、风险承担、灵活性、开发以及创新等活动，通过这些活动所发展的知识通常会和组织现有的知识库中所具有的知识具有非常大的差异。探索式学习是一种较高水平的学习，也是一个创造知识的过程，在这个学习过程中组织成员会把自己所拥有的知识以及技能整合为群体的知识,最终转化为组织的知识,可以帮助组织改变一些固定的思维模式和行为方式,从而形成新的规则和新的知识。探索式学习通过两种途径获取新知识:第一种是吸收外部新知识,这要求组织具有强大的吸收能力;第二种是开发新知识,这种获取新知识的途径对组织的研发能力有较高的要求(Nahapiet & Ghoshal,1998)。在这种学习方式下,组织虽然需要承担较大的研发成本和风险,但对新技术和新市场的探索往往能带来巨大的、长期的收益。同时,企业通过探索式的学习战略往往会开发出全新的产品,这种先发的优势会吸引那些寻找创新产品的顾客,促进他们购买组织的产品,从而提高组织绩效。

对于探索式学习方式,高绩效工作系统中的利润分享、团队工作、培训以及内部晋升等政策能够降低员工的自利行为,鼓励他们加强沟通和合作,互相分享知识和经验,这能促进员工之间的思想碰撞,进而产生探索式学习的创新思维,更好地发现和把握市场中的新机会,提升组织的创新绩效(Mossholder,Richardson & Settoon,2011)。对于利用式学习,企业需要利用各种工具将已有的知识转化为能为组织创造新价值的资产。首先,高绩效工作系统严格的招聘和提供的安全工作环境能为组织吸引和保留优秀的雇员,从而为利用式学习提供前提;其次,绩效薪酬以及内部晋升等政策能使员工产生更强的工作动机,同时让员工形成对组织的支持性认知;最后,广泛的培训计划能够提升员工的知识和技能,增加个体和组织的知识存量,而员工参与决策能够积累处理问题的经验,这都会促使员工利用式学习能力的提高(Evans & Davis,2005)。根据以上分析,提出假设:

假设3:高绩效工作系统通过探索式学习影响组织创新绩效

4. 人际信任关系的调节作用

企业的自主创新需要实现从利用式学习向探索式学习的变革。在变革过程中,人际信任关系发挥关键的作用。根据 Mayer 的定义,信任是指"不考虑监督与控制对方行为的能力的基础上,对于对方会采取和自己利益高度相关的特定行为的预期"(Mayer,Davis & Schoorman,1995)。目前大部分学者比较认同的是将信任划分为认知信任与情感信任(McAllister,1995)。认知信任产生的前提是理性计算以及相互交换,其表现主要是能力信任、历史的信任、基于第三方的信任和基于角色以及正式规则的信任;与之形成对比的是情感信任,产生的条件是人际的互相吸引和交往,主要体现为基于人格特征的信任、基于社会分类的信任和基于价值观与规范的信任。由于信任实际上是在有风险的情况下对对方行为的积极预期,相对而言,由情感驱动的情感信任使对这种客观风险的评估更为模糊。在不同的人际关系类型中,人们常常建立不同的信任关系模式。人际关系存在四种基本的形式:群体共享关系、权威等级关系、平等匹配关系和市场定价关系(Fiske,1991)。群体共享关系是建立在群体身份共享基础上的人际关系。家庭是这种关系的典型代表。在这种关系中,情感信任占据主体。权威等级关系是基于等级、地位和权力而形成的关系。典型代表是军队、企业等官僚制组织。在这种关系中,通过理性计算形成的认知信任占据主体。平等匹配关系是基于平等、互惠和平均原则上建立的人际关系。典型代表是朋友、室友等非正式组织。与群体共享关系类似,情感信任占据重要地位。最后,市场定价关系是一种基于投入和产出的效率原则基础上的关系。典型代表是老板和雇员关系。在这种关系中,认知信任具有关键作用。

　　创新是一个高投入、高风险、高不确定的行为和活动。个体在工作场所中所表现出的创新行为不仅是因为内在兴趣,还包含潜在的成本和收益(Jansen, Van & Voberda,2006)。从效率导向角度来看,人们在工作场所中进行创新活动的一个主要原因是为了提升绩效,新方法和新技术往往优于现有的方法和技术,因而人们会创造并应用新方法和技术来改进绩效,提高收益。新的过程中本身包含一定的不确定性,而且对现有产品领域,改变越大的创新,其结果的不确定性也就越大。相对于利用式学习,探索式学习强调采用全新的知识、技术和方法,其面临的风险更高。因此,在探索式创新过程中,员工的心理安全感、归属感和组织认同感具有关键作用。因而,组织中高度的情感信任会使员工感受到情感支持、归属感和认同感。然而,由于情感信任是建立在相互长期交往的熟人基础上,情感信任让员工难以离开组织(Leana & Buren,1999),保持员工的相对稳定,这又会阻碍组织吸收外部的新知识和技能,吸引能力更强的员工。私人关系是由情感、喜爱和认同的需求所驱动,而商业关系则是由利益和成就的需求所驱动(Patel, Messersmith & Lepak,2013)。商业关系中利益和情感的冲突常常是同时并存的。因此说,组织中过强的情感信任可能反而降低了组织的探索式创新能力。相反,由于每个人的偏好和行为方式存在很大的不一致,建立在理性认知基础上的信任通常需要多次重复交易才能够建立。并且,随着环境的不确定性增加,认知信任建立的难度也在不断增加,原有的信任关系可能破裂。在动态变化环境下,认知信任既能够保证组织和员工之间的目标一致性,也能够保证组织根据环境变化调整关系内容和强度。过分紧密或者过于稀疏的人际关系都可能降低组织的创新能力。相对于情感信任而言,认知信任的关系降低较弱。但是相对于陌生人而言,认知信任的关系强度较强。因此,我们提出如下假设:

假设 4:认知信任和情感信任都能够正向调节探索式学习和创新绩效之间的关系,其中认知信任的影响更为显著

综上所述,本书主要的研究模型见图 2-2。

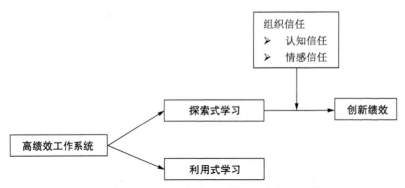

图 2-2 高绩效工作系统对组织学习和创新绩效关系图

二、研究方法

1. 样本

本书的研究对象选取了南京和苏州开发区的制造业企业,对南京大学商学院 EMBA、MBA 和研究生进修班的学员进行问卷发放。本次问卷调查一共发放问卷 200 份,实际回收问卷 165 份,回收率为 82.5%。扣除严重回答不完整的 7 份问卷后,有效问卷为 158 份,有效率 95.8%。问卷的填写者男性、女性各占 50%;

其中高层管理 16 人(10.1%),中层管理 73 人(46.2%),基层管理 18 人(11.4%),技术人员 51 人(32.3%)。被调查的企业中,国有企业 65 家(41.1%),外商独立企业 24 家(15.2%),中外合资企业 17 家(10.8%),私营企业 44 家(27.8%),集体企业 8 家(5.1%)。特别之处是,高科技企业达到 63 家,占总样本的 39.9%。对问卷中的几个关键变量进行无回答误差测量之后,我们发现 T 检验的结果表明检验的变量在 0.05 的水平上不存在显著性差异(Armstrong & Overton,1977)。对 63 家高新技术企业与 95 家非高新技术企业的比较也未发现回答误差。

2. 变量的测量

(1) 高绩效工作系统

本书采取 Ichniowski,Shaw & Prennushi(1997)测量高绩效工作系统开发的量表,该量表包括"是否按照员工个人的工作绩效来支付薪酬,是否对一般员工(非管理人员)实行工作轮换,在招聘时是否评估申请者的团队合作能力"等 16 个问题。量表采取 0—1 哑变量,0 代表该公司没有采取该项人力资源管理政策,1 代表该公司采取了该项人力资源管理政策。与采取聚类等其他分类方法不同,本书参照了 Guthrie 提出的可用一个连续变量测量企业所采取的高绩效工作系统程度(Guthrie et al.,2008)。如果企业采取了更多的创新型人力资源时间,也就是说这 16 个变量所相加得到的指数越高,则说明该企业越重视高绩效工作系统。

(2) 人际信任

本书采取了 McAllister 开发的认知信任和情感信任的量表(McAllister,1995)。该量表由 Chua & Morris 进行了中文翻译,并进一步验证了其较好的信度与效度(Chua & Morris,2008)。该量表为李克特 5 点量表。1 表示被调查者完全不同意问题的描述,5 表示被调查者完全同意问题的描述。情感信任的测量包括"你能够与他们自由地分享想法、感受和希望,他们倾向于在工作关系中投入大量感情"等 4 个问题。认知信任的测量包括"他们是认真对待团队工作的人、他们是能够完成团队工作的人"等 4 个问题。经过验证性因子分析(CFA),分析结果支持认情感信任和认知信任的两因子模型比单因素模型更合适。同时,因为量表结构非常清晰,本书采取平均值代替情感信任和认知信任。信度检验的结果表明情感信任的 Cronbach's α 系数为 0.853,认知信任的 Cronbach's α 系数为 0.891。

（3）组织创新绩效

本研究中组织创新绩效的测量选择的是相对绩效测量法。虽然相比而言,绝对绩效测量的信度更高,但是在实际中,大部分亚洲国家公司准确的绝对财务绩效很难获得。同时,很多实证研究表明,企业的绝对财务绩效与相对财务绩效有很强的相关性。因此,使用相对财务绩效来替代绝对财务绩效是可行的。组织创新绩效的测量量表包括三个条目:"与同行竞争对手相比,过去两年本公司新产品的销售增长情况","与同行竞争对手相比,过去两年公司研发投入（R&D)占年销售额的比例","与同行竞争对手相比,公司过去两年年开发新产品的数量"。该量表同样采取李克特 5 点量表,1 代表很低,5 代表很高。Cronbach's α 系数是 0.852。

（4）组织学习战略

对于学习战略的测量,我们使用的是 Jansen, Van & Voberda(2006)开发的 14 个项目的量表。探索式学习战略包括"经常利用新市场中的新机会,经常利用新的分销渠道,经常在新市场中寻找并获得新的客户"等 7 个条目,开发式学习战略包括"不断提高产品和服务供应的效率,注重在现有市场中增强规模经济性、注重为现有客户扩大服务范围"等 7 个条目。量表采用李克特 5 点量表,1 代表完全不同意,5 代表完全同意。验证性因子分析（CFA)的结果表明,利用式学习战略和探索式学习战略的两因子模型要优于单因子模型。利用式学习战略 Cronbach's α 系数为 0.867,探索式学习战略 Cronbach's α 系数为 0.852。

（5）控制变量

在中国的政治经济文化背景下,企业的所有制特征会对企业的绩效产生很大的影响,因此本研究引入企业所有制特征作为控制变量,将企业所有制特征划分为 5 类,分别是外商独资企业、中外合资企业、国有控股企业、私营企业以及其他类型。此外,研究发现大型企业更倾向于采用层次化与规范化的人力资源实践,小企业与之相反,因而企业规模也作为控制变量被引入(Ichniowski, Shaw & Prennushi, 1997)。

三、数据与结果

表2-4是本研究涉及的各个变量的描述性统计变量、Cronbach's α系数与 Pearson 相关系数。

表 2-4　描述性统计变量、Cronbach's α 系数与 Pearson 相关系数

	α	企业规模	国有	外资	合资	私营	高绩效工作系统	探索式学习	利用式学习	认知信任	情感信任
国有		0.385**									
外资		0.080	−0.354**								
合资		0.083	−0.290**	−0.147							
私营		−0.349**	−0.528**	−0.267**	−0.174*						
高绩效工作系统（HPWS）	0.772	0.267**	0.068	0.089	0.035	−0.158*					
探索学习	0.852	0.102	0.010	0.030	0.063	0.066	0.340**				
利用式学习	0.867	0.158*	0.007	0.135	−0.067	0.003	0.442**	0.667**			
认知信任	0.853	0.170*	0.021	0.085	−0.035	−0.046	0.409**	0.386**	0.522**		
情感信任	0.891	0.039	−0.001	0.029	−0.025	0.026	0.403**	0.382**	0.541**	0.713**	
创新绩效	0.852	0.145	−0.106	0.159	0.040	0.013	0.308**	0.254**	0.410**	0.332**	0.338**

注：** 为 p 在 0.01 水平下显著；* 为 p 在 0.05 水平下显著，下同。

为了检验自变量以及中介变量对因变量的影响，本书以创新绩效作为因变量，引入企业规模和企业所有制特征等控制变量，形成模型1。然后依次加入高绩效工作系统、探索式学习和利用式学习为自变量，假设为模型2、模型3和模型4。结果如表2-5所示。

表 2-5　高绩效工作系统和组织学习策略对创新绩效的线性回归结果

变量	创新绩效			
	模型1	模型2	模型3	模型4
企业规模	0.119*	0.078	0.106*	0.077
国有	−0.118	−0.099	−0.325	−0.247
外资	0.410	0.361	0.179	0.143

续　表

变量	创新绩效			
	模型 1	模型 2	模型 3	模型 4
合资	0.112	0.112	0.119	0.045
私营	0.144	0.177	0.096	−0.045
HPWS		1.134 **		
探索式学习			0.239 **	
利用式学习				0.428 ***
F	2.180	3.960 **	3.430 **	6.416 ***
R	0.259	0.369	0.346	0.451

模型 2 显示,引入 HPWS 后,方程的解释力增强,同时 HPWS 与企业创新绩效有显著正相关关系($\beta=1.134$,$p<0.01$);模型 3 显示,加入探索式学习之后,方程的解释力增强,且探索式学习与企业创新绩效之间有显著正相关关系($\beta=0.239$,$p<0.01$);最后,模型 4 表明,加入利用式学习之后,方程的解释力得到显著增强,且利用式学习与创新绩效之间具有显著正相关关系($\beta=0.428$,$p<0.001$)。由此,我们认为假设 1 得到验证。

Baron 等的研究表明,中介变量的检验要满足四个条件:自变量对中介变量有影响;自变量对因变量有影响;中介变量对因变量有影响;当中介变量得到控制时,自变量对因变量的影响变弱或者完全消失(Baron & Kenny,1986)。其中,第二个和第三个条件已经由表 2 中的数据验证。因此,为了检验假设 2 和假设 3,即第一个条件,本书分别以探索式学习和利用式学习为因变量,采用层级回归,依次引入各控制变量以及 HPWS 作为自变量,得到模型 5 至模型 8。其结果如表 2-6 所示。

表 2-6　高绩效工作系统对组织学习策略的线性回归结果

变量	探索式学习		利用式学习	
	模型 5	模型 6	模型 7	模型 8
企业规模	0.056	0.004	0.098 *	0.041
国有	0.865 **	0.890 **	0.302	0.329
外资	0.967 **	0.905 **	0.624 *	0.556 *

续　表

变量	探索式学习		利用式学习	
	模型 5	模型 6	模型 7	模型 8
合资	0.965 **	0.964 **	0.158	0.157
私营	1.004 ***	1.046 ***	0.441	0.487 *
HPWS		1.433 ***		1.573 ***
F	2.876 *	6.096 ***	2.265	7.767 ***
R	0.294	0.442	0.263	0.486

模型 6 显示，引入 HPWS 后，方程的解释力增强，同时 HPWS 与探索式学习有显著正相关关系（$\beta = 1.433, p < 0.001$）；模型 8 显示，加入 HPWS 之后，方程的解释力增强，且高绩效工作系统与利用式学习之间有显著正相关关系（$\beta = 1.573, p < 0.001$）。由此，我们认为假设 2 和假设 3 得到了部分验证，条件 1 得到满足。

表 2-7　中介效应和调节效应检验结果

变量	创新绩效			
	模型 9	模型 10	模型 11	模型 12
企业规模	0.077	0.062	0.087	0.092
国有	−0.229	−0.189	−0.259	−0.265
外资	0.158	0.181	0.172	0.196
合资	0.069	0.093	−0.069	0.025
私营	−0.025	0.031	−0.075	−0.043
探索式学习	−0.029	−0.045		
利用式学习	0.450 ***	0.396 ***		
HPWS		0.575		
探索式学习×认知信任			0.054 ***	
利用式学习×情感信任				0.023 *
F	5.478 ***	5.193 ***	5.128 ***	2.267 *
R	0.451	0.467	0.411	0.287

表 2-7 中，继续以创新绩效作为因变量，为了讨论检验中介变量的第四个条件，加入探索式学习和利用式学习作为控制变量，来检验 HPWS 对企业创新绩效的影响，得到模型 9 和模型 10。模型 10 与模型 2 对比表明，加入 HPWS 后，

HPWS 与企业创新绩效之间的正相关关系不显著,也就是说,在控制了中介变量后,自变量对因变量的影响消失。因此,中介变量的中介效应得以验证,即假设 2 和假设 3 成立。

为检验假设 4,本书以企业创新绩效作为因变量,依次引入控制变量、探索式学习与认知信任的交互项、探索式学习和情感信任的交互项做线性回归分析,假设模型分别为模型 1、模型 11 和模型 12。模型 11 表明,加入探索式学习和认知信任的交互项之后,方程的解释力度显著增加,而且探索式学习和认知信任的交互项与企业创新绩效具有显著的正相关关系($\beta = 0.054, p < 0.001$);模型 12 同样表明,引入利用式学习和情感信任的交互项之后,方程的解释力度也显著增加,利用式学习和情感信任的交互项与企业创新绩效具有显著正相关关系($\beta = 0.063, p < 0.001$)。然而,情感信任的调节作用显著性小于认知信任的作用。由此,假设 4 得到了验证。

四、结论与讨论

以往的大量研究发现,高绩效工作系统能够提升企业的创新绩效,但对具体作用路径的研究并不完善。本书试图从学习战略及组织内人际信任的角度来阐述这个问题。组织有两种不同的学习战略,分别是探索式学习和利用式学习。前者是对新知识的追求,后者则是对已有知识的利用。研究结果表明,高绩效工作系统既可以促进组织的利用式学习,也可以促进组织的开放式学习,通过两种不同的学习战略来影响企业的创新绩效。高绩效工作系统中既包括了重视短期、提高效率、降低成本的人力资源实践,例如目标制定、绩效考核、奖励制度等,这些人力资源实践可以有效促进组织的利用式学习。另外,高绩效工作系统中也包括了鼓励学习、强调探索、自主决策的人力资源实践,例如广泛培训、自主管理团队、员工授权等。这些人力资源实践可以有效促进组织的开发式学习。某种意义上来说,所有的公司都存在利用式和开发式的创新,只不过程度不同而已。在组织从利用式学习向开发式学习变革的过程中,需要改变组织的信任关系氛围。较高的认知信任条件下,员工之间更倾向于采取合作行为,从而产生更高的创新绩效;而较高的情感信任意味着员工之间更深层次的交往,同时保持和提高员工对组织的忠诚度,有利于组织探索式学习。

虽然情感信任和认知信任都能够促进组织的创新行为,然而相对于认知信任,情感信任的显著性较低。虽然情感信任有利于员工建立强烈的组织认同和归属感。然而情感信任也可能导致员工之间形成过紧的人际关系氛围。过松和过紧的人际关系都可能降低组织的创新行为。对于从事高度创新业务的公司而言,一定的人员流动性是必需的。外部员工相对于公司现有员工而言,掌握了更新的知识和技能,有内部缺乏的新信息。一定的员工流动性能够让组织保持新鲜血液。相反,对于利用式学习的公司而言,主要竞争优势来自不断改进工作流程,提高工作效率。稳定的雇佣能够让员工产生安全感,从而乐意提高工作效率。同时,稳定的雇佣也可以保证员工与员工之间、部门与部门之间相互分享信息。新老员工的相互合作,可以让公司的原有工作经验得到传承。对于高度创新的公司而言,必须努力平衡好短期和长期、效率和创新之间的关系(程德俊、赵曙明,2006)。从人际信任的角度来看,管理者要重视认知信任和情感信任,在组织中开展员工社会化、团队薪酬、信息分享等有助于建立人际信任的工作。

本研究同样存在很多不足之处。比如样本量不够大,而且问卷没有实现领导—下属的配对,可能出现同源方差的问题。对情感信任和认知信任的探讨中,只研究了团队中员工之间的人际信任,而没有考虑到下属与上级之间的信任同样可能对组织绩效产生影响。这些都有待于进一步的理论和实证研究。

第三节　高绩效工作系统对探索式学习的影响：家长式领导的调节

引言

十几年来,学术界对高绩效工作系统进行了诸多研究,实证研究大都证明高绩效工作系统和组织绩效之间存在正向关系。但仍存在以下不足之处:一是以往的研究都是将高绩效工作系统作为一个整体进行研究的,探讨高绩效系统的不同结构维度对绩效影响的研究相对甚少。高绩效工作系统是由包括雇佣、激励、员工参与等一系列相互作用的人力资源实践组成的,不同的人力资源实践对绩效可能会产生不同的影响。大多数学者都认为,在人力资源管理活动中,有些人力资源实践始终优于其他的实践,在任何情况下,这些实践都会对企业绩效产生积极的影响(杨东涛、刘杰,2005)。二是高绩效工作系统究竟通过何种机制影响了企业绩效仍存在争议(Becker & Gerhart,1994;张一弛、黄涛、李琦,2004)。

学者 March(1991)根据企业创造以及利用知识的过程,将组织学习分为探索式学习和利用式学习两种方式。在高绩效工作系统中,组织文化较为开放,有利于吸收企业外部知识。同时组织所采取的工作轮换、信息分享、团队小组、质量圈、问题解决小组等人力资源实践活动会打破部门之间的界限,有利于员工分享现有知识,整合现有知识,并产生新知识。所以,我们预测,高绩效工作系统可以通过学习式战略促进组织市场绩效。以往也有从战略角度研究 HPWS 对企业绩效影响的(Arthur,1992;张正堂、张伶、刘宁,2008),国内学者钟竞(2006)的研究也证明了学习对企业绩效有正向作用。但是从学习式战略这个角度探讨高绩效工作系统的不同结构维度与组织市场绩效的研究相对较少。

另外,人力资源管理具有很强的制度背景(Jackson & Schuler,1995;Ferris et al.,1998),西方关于 HPWS 的研究大多都表明对绩效十分有利,但这些研究基本上都是以美国大中型企业为样本,这些企业处在相对单纯、成熟的市场经济中,它们已从严格的工业化管理模式向高承诺、高参与管理模式转变(张徽燕、李端凤、姚秦,2012),而且西方企业的典型领导风格是变革型领导(鞠芳辉、谢子远、宝贡敏,2008)。领导行为是镶嵌在文化下的一种特殊现象,领导的内涵、领导作风及效果必定受到文化的影响(Hofstede,1980)。中国企业处在一个经济社会转型期,其管理情境在很多方面与西方国家存在较大差异,其典型领导风格是家长式领导。作为普遍存在于我国企业中的一种具有中国文化特色的领导形态(郑伯埙,2004),家长式领导与变革型领导既有相通之处,又有显著差异。在企业管理方面,学术界通过对提高组织绩效的因素进行广泛、深刻的研究发现,在影响组织绩效的所有因素中,领导行为风格是其中一个关键因素(于尚艳、杨越、曾静,2012),学者 Bass(1985)的研究表明,有 45%—65% 的组织成败变异量是由领导者所决定的。

作为中国本土的领导理论,家长式领导理论自提出后,在管理学研究领域得到了高度重视,学者们对此进行了一系列研究。例如郑伯埙、谢佩鸳、周丽芳(2002)以我国台湾地区的企业为样本研究发现,这些企业中确实存在家长式领导。并且在以大陆企业为研究对象时还发现,家长式领导对员工的满意度、忠诚度、组织承诺等方面都有一定的影响(郑伯埙,2004)。随着学习在企业的核心竞争力中扮演越来越重要的角色,企业需要对其投入大量的时间和精力,协调组织整个企业的成员进行不断的学习来获取竞争力,而领导是组织学习背后的根本性指导力量(Lahteenmarki,Toivonen & Mattila,2001),对组织学习是非常重要的(Senge,1990)。以往也有研究探讨了领导与组织学习之间的关系,如 Berson,Nernanich & Waldman(2006)等对领导与组织学习之间的关系进行了系统的理论研究;芮明杰、吕毓芳(2005)探讨了领导行为对组织学习的推动作用;于海波、郑晓明、方俐洛(2008)的研究发现,家长式领导的不同维度对组织学习有不同的作用;陈建勋(2011)的研究发现,领导对二元式的组织学习具有积极作用。学者 Vera & Crossan(2004)在构建了交易型领导、变革型领导与组织学习的关系的基础上,分析了探索式学习战略和利用式学习战略需要不同的领导风格与不同的组织环境,但仅仅是理论上的分析,没有实证支持。因此,本书在实证研究的基础上,探讨在高绩效工作系统中,家长式领导对学习有怎样的影响,以及高绩效工作系统的不同结构维度对组织市场绩效的不同影响,为高绩效工作系统提供新的理论视角,并对企业中的领导活动具有实践性的指导意义。

一、文献回顾与假设的提出

1. 高绩效工作系统与组织市场绩效

高绩效工作系统是由一系列相互作用的人力资源实践组成的,而不是某几个人力资源活动的简单相加。很多学者都认为,在人力资源活动中,有些人力资源活动始终优于其他的实践活动,在任何情况下,这些实践都会对企业绩效产生积极的影响(杨东涛、刘杰,2005)。但是,目前学术界对 HPWS 包括哪些最佳人力资源管理实践活动并没有形成统一的意见。学者 Horgan & Muhlau(2006)指出，HPWS包含招聘、培训、激励、任务分享等人力资源实践活动；Pfeffer(1998)提出，高绩效工作系统由员工招聘、培训、工作保障、薪酬激励、分散化决策以及自我管理等人力资源实践组成；Guerrero & Barraud(2004)提出，高绩效工作系统包含员工甄选、培训、沟通、员工授权。另外，Bamberger & Meshoulam (2000)指出，战略人力资源管理采用基于资源(resource-based)和基于控制(control-based)两种方式来测量高绩效工作系统。基于资源的方法描述的是可以促进员工内部发展的人力资源实践，如培训、广泛的职业路径等(Delery & Doty,1996)；基于控制的方法描述的是指导和监督员工表现的人力资源实践(Snell,1992)。但是，这两种方法单独使用都不能完全概括人力资源实践活动，需将二者结合起来(Bamberger & Meshoulam,2000)。因此，高绩效工作系统可以分为三个子系统(见表2-8)：(1)稳定雇佣，包括雇佣、培训、员工流动以及工作安全；(2)绩效薪酬，包括绩效考核、薪酬和福利；(3)员工参与，包括工作设计和员工参与。完整的高绩效工作系统应该包括员工甄选、更丰富和更通用的技能培训、广泛的职业路径、内部晋升、工作安全保障、长期的和结果导向的评估、丰富的和开放式的奖励、广泛的工作描述、灵活的工作设计以及鼓励员工参与等，高绩效工作系统正是通过这些人力资源实践活动之间的相互作用对企业绩效产生影响的。

表2-8 高绩效工作系统的结构维度

子系统	结构维度	
	人力资源实践	人力资源实践政策
稳定雇佣	雇佣	员工甄选
	培训	更丰富、更通用的技能培训
	流动性	广泛的职业路径、内部晋升
	工作安全	工作安全保障
绩效薪酬	考核	长期的、结果导向的评估
	奖励	丰富的、开放式的奖励
员工参与	工作设计	广泛工作描述、灵活工作设计
	员工参与	鼓励员工参与

此外，国内学者对高绩效系统的构成也进行了一些研究，其中，以张一弛、黄涛、李琦(2004)的研究最具代表性，他们认为高绩效工作系统主要由公平的程序、

人力资源基础、人力资源管理以及员工参与这四个方面组成。结合国内外学者的研究发现，员工能力、员工激励以及参与决策的机会是学者们提到较多的几个维度。Bamberger & Meshoulam 从稳定雇佣、绩效薪酬以及员工参与三个方面，全面、科学地总结了高绩效工作中所应该包含的人力资源实践，因此本书采用 Bamberger & Meshoulam (2000)的观点。

基础资源理论(resource-based view)有两个前提假设：一是企业所拥有的各种有形、无形的资源具有异质性；二是这些资源在企业间是不能流动且难以复制的。因此，企业能否获得较高的绩效，在于企业是否拥有稀缺性、难以替代的核心资源(程德俊、赵曙明，2006)。人力资本理论(Human Capital Theory)认为，人力资源实践影响了组织内部的人力资本存量，从而带来超额利润。由于通用性人力资源资本的流动成本较低，为了获得持久的竞争优势，组织必须开发和利用组织内部的专用型人力资本(Becker，1997)。高绩效工作系统通过仔细甄选、丰富的技能培训等人力资源实践活动获得较高技能的员工，并充分挖掘员工的潜力，提高员工对组织的贡献，从而对组织的绩效产生正向的影响。另外，顾客的忠诚度对组织绩效也有非常大的影响，顾客忠诚可以为企业的持续竞争优势提供基础(Reicheld & Sasser，1990；Reicheld，1993)。对组织忠诚的顾客会对该组织的产品或服务有一种偏好，因而会重复购买该组织的产品或服务，并期望获得更大的价值(张昊、孙新波、王承璐，2013)。而高绩效工作系统能够提高产品质量，同时通过培训、激励、岗位匹配等人力资源实践培养高素质的员工为顾客提供高质量的服务，给顾客带来更大的价值。顾客在得到更多的价值后，会增加对组织的忠诚度，重复购买企业的产品，从而促进组织市场绩效。同时也有学者认为，企业只有在传递优越的顾客价值的情况下，才能使顾客对企业的产品或服务产生强烈的认同与忠诚，并提高企业的经营利润(Robert & Woodruff，1997)。由此，提出以下假设：

假设 1：高绩效工作系统中稳定雇佣、绩效薪酬和员工参与均对组织市场绩效具有积极的影响

2. 学习式战略与组织市场绩效

随着知识和学习在组织中扮演越来越重要的角色，组织想要获得核心竞争力

就必须学习并利用现有的和未知的知识。学者 March(1991)根据企业创造以及利用知识的过程,将组织学习分为探索式学习和利用式学习两种方式。探索式学习是指企业通过利用新知识、新技术、新产品以及新市场来获得竞争优势,从而适应不断变化的环境(March,1991),它包括搜索、变化、试验、风险承担、灵活性、开发以及创新等活动,通过这些活动所发展的知识通常会和组织现有的知识库里的知识具有非常大的差异。探索式学习是一种较高水平的学习,也是一个创造知识的过程,在这个学习过程中组织成员会把自己所拥有的知识以及技能整合为群体的知识,最终转化为组织的知识,可以帮助组织改变一些固定的思维模式和行为方式,从而形成新的规则和新的知识。探索式学习通过两种途径获取新知识:第一种是吸收外部新知识,这要求组织具有强大的吸收能力;第二种是开发新知识,这种获取新知识的途径对组织的研发能力有较高的要求(Avolio,2004)。在这种学习方式下,组织虽然需要承担较大的研发成本和风险,但对新技术和新市场的探索往往能带来巨大的、长期的收益(钟竞,2006)。同时,企业通过探索式的学习战略往往会开发出全新的产品,这种先发的优势会吸引那些寻找创新产品的顾客,促进他们购买组织的产品,从而提高组织绩效。

利用式学习是指对现有产品、策略、制度等其他知识的进一步发展和利用,对组织中群体和个体的认知、行为再塑造的过程(March,1991)。在利用式学习过程中,组织会通过选择、提炼、实施、执行、生产等活动对企业现有知识库中的知识进行更深入的学习,将组织的知识转化为组织中成员个体的知识,从而影响个体认知和行为模式。因此利用式学习是一种有目标的学习方式,强调利用现有的知识,避免变化 (McGrath,2001),其实质就是挖掘组织已经拥有的知识从而进行充分利用,并对组织以往的制度进行贯彻落实。虽然这是一种比较简单的学习方式,只是在组织的内部进行,让组织中的群体和个体对组织现有知识进行学习、掌握,但是这种学习方式可以帮助组织逐渐适应环境中一些微小的变化,是任何组织都不可缺少的(于海波、方俐洛、凌文辁,2004)。经验可以给企业带来以下三个好处:一是降低生产的单位成本;二是提高企业后续的学习能力;三是降低交易成本,帮助企业进行决策、实施和控制(钟竞,2006)。企业采取利用式学习战略实际上就是从经验中学习的过程,因而可以降低生产成本,提高后续学习能力,对组织市场绩效具有正向的作用。

3. 高绩效工作系统的不同维度对组织学习战略和市场绩效的影响

在利用式学习战略下,企业的目标是在现有的产品领域,改进产品质量,提高生产效率,获得竞争优势。因此,企业会对员工现有的知识进行最大限度的利用。稳定雇佣子系统包含的员工甄选、员工意见调查和反馈、丰富的技能培训等人力资源实践活动会使得企业获得技能较高的员工,这些员工本身对公司现有的产品领域具有更多的了解,因而更能提升现有的产品质量和生产效率。员工参与子系统包含的团队工作设计、工作轮换、信息分享、团队小组、质量圈、问题解决小组等人力资源实践活动,不仅能促进部门内部员工之间的交流,还会打破部门之间的界限,促进部门之间的交流,使得员工可以获得本岗位以外的知识。学者 Farr & Ford(1990)、Jansen, Van & West(2004)和 Yuan & Woodman(2010)都认为个体投入创新活动是为了提升绩效,获得潜在的收益,因此绩效考核和奖励可以促进员工充分发挥自己现有的知识和技能来提高效率,获取期望的收益。但是,个体对奖励的反应不仅取决于奖励本身,还依赖于个体对任务的认知(Gerhart, Rynes & Fulmer,2009)。创新的过程中本身包含一定的不确定性,而且对现有产品领域改变越大的创新,其结果的不确定性也就越大。由于探索式学习强调采用全新的知识、技术和方法,其面临的风险相对较高,而利用式学习是建立在现有的知识基础之上,强调改进现有的技术和产品,所以需要投入的努力较少,因而更容易在短期内取得成功,获得更优厚的绩效奖励(Mom,Bostch & Volberda,2007)。由此,提出以下假设:

假设 2:稳定雇佣、绩效薪酬和员工参与都能够促进利用式学习,从而对组织绩效产生积极的影响

探索式学习的过程主要是通过两种方式获取知识的:一是知识的交换,指企业为了获取新知识用自己的某种资源换取的过程。例如,企业可以与别的企业合作,共同开发新知识。企业也通过招聘新员工来获取外界的知识。除此,企业还可以通过内部员工与外部人员的关系网络获取新知识(Hansen,1999)。二是知识的整合(Nahapiet & Ghoshal,1998),指的是企业对现有知识进行整合并产生

新知识的过程,这可以通过组织内部知识的传播和整合来实现。在高绩效工作系统中,稳定雇佣子系统主要是为了选择合适的员工,并通过培训等提高员工技能,广泛的职业路径、内部晋升、工作安全保障等措施可以留住优秀的员工,使得企业招聘新员工的需求有所降低,因而不利于企业获取新知识。而员工参与子系统所采取的工作轮换、信息分享、团队小组、质量圈、问题解决小组等人力资源实践活动使得组织的文化氛围较为开放,这一方面可以使得组织内部员工容易与外部人员联系,保证充分的人员流动,从而促进内外部之间的知识交换;另一方面会促进组织内部各部门之间的交流,有利于对组织各方面知识的整合。此外,Farr & Ford(1990)在其个体创新模型中提出,个体在工作场所中所表现出创新行为的一个主要前提是获得期望的收益。Jansen,Van & West(2004)指出员工进行创新活动不仅是因为内在兴趣,还包含潜在的成本和收益。Yuan & Woodman(2010)认为创新是一种风险尝试活动,个体进行创新活动都期望得到一定的结果。从效率导向角度来看,人们在工作场所进行创新活动的一个主要原因是为了提升绩效,新方法和新技术往往优于现有的方法、技术,因而人们会创造并应用新方法和技术来改进绩效,提高收益。因此,绩效薪酬子系统所采用的长期的、结果导向的评估,以及丰富的、开放式的奖励等人力资源实践活动,会促进员工学习新知识、新技术、新方法来获取更高的收益。由此,提出以下假设:

假设3:绩效薪酬和员工参与能够提高探索式学习,从而对组织绩效产生积极的影响。相反,稳定雇佣对组织探索式学习没有积极影响

4. 家长式领导的调节作用

随着学习在企业的核心竞争力中扮演越来越重要的角色,企业需要对其投入大量的时间和精力,协调组织整个企业的成员进行不断的学习来获取竞争力,而领导是组织学习背后的根本性指导力量(Lahteenmarki,Toivonen & Mattila,2001),对组织学习是非常重要的(Senge,1990)。以往也有研究探讨了领导与组织学习之间的关系,如Berson,Nemanich & Waldman(2006)等对领导与组织学习之间的关系进行了系统的理论研究;芮明杰等(2005)探讨了领导行为对组织学习的推动作用;于海波、郑晓明、方俐洛(2008)的研究发现,家长式领导的不同维

度对组织学习有不同的作用;陈建勋(2011)的研究发现,领导对二元式的组织学习具有积极作用。学者 Vera & Crossan(2004)在构建了交易型领导、变革型领导与组织学习的关系的基础上,分析了探索式学习战略和利用式学习战略需要不同的领导风格、不同的组织环境,但仅仅是理论上的分析,没有实证支持。

20 世纪 80 年代末,学者 Redding(1990)通过对我国台湾和香港地区的华人家族企业研究发现,华人企业中存在和西方差异很大的领导风格,他称之为家长式领导 (Paternalistic Leadership)。这种领导充当"家长式"的角色,他们一般不会向员工表达自己的想法,刻意和员工之间保持一定的距离,以此显示自己领导的威严,同时也会以身作则、树立典范以及体恤下属。家长式领导是植根于儒、道、法及家庭观,反映东方社会的传统文化主流思想,并存在于东方社会组织当中。纵观当前对家长式领导的研究,主要集中在两个方面:一是家长式领导的结构;二是家长式领导的效能。家长式领导的结构方面,以郑伯埙、周丽芳、樊景立(2000)的研究为代表,即家长式领导包括仁慈、德行和威严三个维度,其中,仁慈是指领导对下属表现出体谅关怀的行为;德行是指领导以较高的修养和素质为下属树立模范作用;威权是指领导在下属面前表现出绝对权威的行为,决不允许下属有触犯自己的地方。关于家长式领导的效能研究,主要讨论的是其三个维度对于个体或组织的影响,有的学者认为这三个维度是独立作用的,如学者 Cheng et al.(2004)研究发现,家长式领导中的仁慈和德行两种风格对组织承诺、组织公民行为有积极的影响,而权威领导风格对组织公民行为有负面影响;学者 Aycan(2000)的实证研究结果表明,仁慈领导和德行领导可以促进员工的工作绩效,权威领导与员工的工作绩效呈显著负相关关系。此外,有的学者认为家长式领导的三个维度是交互作用的,例如鞠芳辉、谢子远、宝贡敏(2008)的研究表明,仁慈领导、德行领导以及威权领导之间具有交互作用,在高威权行为下表现低仁慈与低德行时,领导效能并不理想;相反,在高威权行为下表现高仁慈与高德行时,领导效能则比较高。

当领导表现出仁慈行为时,成员通常会感恩并回报(Cheng et al.,2004),这不但与中国传统儒家文化中的礼治观念一致,也符合西方现代的社会交换理论。因此,当仁慈型领导对下属的工作和生活表示关心时,员工更能将注意力集中到工作中,并且愿意投入更多来回报领导的关心,同时,这种"知恩图报"的思想和行为会使下属主动地进行创造性思考(高昂等,2014)。此外,仁慈型领导更能容忍差异与冲突,认为这是一个学习的机会,这无疑会提升员工的心理安全感,促进组织内部的互动交流、知识分享,充分利用、挖掘现有的知识。再者,在这种领导风格下,下属在决策过程中也会勇于积极发表自己的见解,贡献自己的知识,这不但可以最大限度地利用现有知识,还能挖掘下属的新构想。基于此,提出以下假设:

假设4:仁慈领导行为对组织探索式学习和组织市场绩效之间的关系具有正向的调节作用

德行风格是指领导为了获得下属的敬仰和尊重从而表现出较高的人格魅力、综合素质以及修养,在各个方面都表现出正直和无私的榜样作用(郑伯埙、周丽芳、樊景立,2000)。这种无私的行为会在组织里建立相对公正的氛围,成员不用担心自己受到偏见,也相信自己付出的努力会得到领导公正的待遇,因而会更加努力地工作,充分向组织贡献自己现有的知识和才能,并积极学习新的知识和技能;同时,领导表现出的这种较高的修养水平和个人操守会受到下属的认同、模仿(Cheng et al.,2004),员工会以领导的标准要求自己,这种影响是潜移默化的,员工会对自己进行反省,然后不断地学习新知识和新技能,不断地进步,从而促进企业的绩效。基于此,提出以下假设:

假设5:德行领导行为对组织探索式学习和组织市场绩效之间的关系具有正向的调节作用

威严风格的领导要求下属绝对服从自己,不允许任何威胁自己权威的事情,并且在工作中对下属进行严格的控制(郑伯埙、周丽芳、樊景立,2000),这种情况下,下属会对领导表现出绝对的敬畏和服从(Cheng et al.,2004),极大地降低了员工工作的积极性。虽然,威严型领导会对表现好的员工进行奖赏、对绩效差的员工进行惩罚,但是这对下属工作的积极性并没有多大作用,员工更愿意把精力放在如何和领导搞好关系上,而不是如何努力才能提高工作能力上,从而危害企业整体绩效。另外,有学者研究证明,威严型领导的这种专权和严格控制下属的行为会破坏组织内部的互动(郑伯埙、谢佩鸳、周丽芳,2002;高昂等,2014),不利于成员之间互相交流学习,员工不但不努力贡献知识和技能,也不愿意向其他成员学习,使得企业现有的知识不能得到很好的利用和改进。再者,威严型领导要求下属绝对服从自己,什么事情都要自己说了算,下属只要执行他的命令就可以了,因此,在这种领导风格下,员工一般不会提出自己的观点和意见,生怕说错了受到惩罚,久而久之就会形成组织沉默。所谓组织沉默是指,大多数员工总是保留自己的观点,或者即使发言也是对自己原本的想法进行的过滤。这种现象会给组织带来极大的负面影响。首先,组织沉默会阻碍员工向上级反馈信息,使得上级不能得到充分的信息,从而影响组织决策;其次,组织沉默会使一些负面意见得不到反馈,这样就不能对组织中存在的问题进行及时纠正,使得组织变革失败;最后,组织沉默对组织的学习过程有非常不利的影响,会导致组织失去很多创新的机遇。

假设 6:威严领导行为对组织探索式学习和市场绩效之间的关系具有负向调节作用

二、数据与方法

1. 样本

2013 年 12 月,在南京大学商学院 EMBA 和 MBA 班同学的协助下,对其所在企业进行问卷调查。本次调查总共发放 180 份问卷,实际回收 140 份,回收率为 77.8%。在回收的问卷中,删除回答不完整的 8 份,有效问卷为 132 份,有效率为 94.3%。其中,国有控股企业 50 家,外商独资企业 29 家,中外合资企业 8 家,私营企业 39 家,集体企业 6 家,分别占样本总数的 37.88%、21.97%、6.1%、29.55%、4.5%。这种分布符合我国企业所有制特征。根据 Armstrong & Overton(1977) 提出的无回答误差测量方法,本书比较了发放两周内回收的 65 份问卷和其余 67 份问卷中的几个关键变量,T 检验的结果显示,检验的变量在 0.05 水平上不存在显著性差异。

2. 测量

(1)高绩效工作系统。本书采用 Ichniowski,Shaw & Prennushi(1997)开发的量表,该量表包含"是否有对新员工的培训项目、在招聘时、是否评估申请者的团队合作能力"等 15 个题项。量表采取了 0—1 哑变量,其中,0 代表企业没有采取该项人力资源实践,1 代表企业采取了该项人力资源实践。另外,本书根据 Bamberger & Meshoulam (2000)的观点将高绩效工作系统分为稳定雇佣、绩效薪酬、员工参与三个维度。

(2) 学习式战略。本书采用 Jansen, Van & Voberda(2006)的学习战略的测量量表。该量表依然采用李克特 5 点量表的形式,1 代表完全不同意,5 代表完全同意。其中,探索式学习战略包含"经常利用新的分销渠道"等 7 个条目,利用式学习战略包含"注重在现有市场中增强规模经济性"等 7 个条目。

(3) 组织市场绩效。本书以组织市场绩效代替企业整体绩效,并采用相对绩效测量法对市场绩效进行测量。量表采取李克特 5 点量表的形式,由三个条目组成,分别为"净资产收益率"、"销售增长率"、"市场占有率"。1 代表很低,5 代表很高。

(4) 家长式领导。本书采用郑伯埙(2004)关于家长式领导的结构和测量。即家长式领导包含"关怀员工的生活起居、为人正派,不假公济私、本单位大小事情都由他个人决定"等九个维度。依然使用李克特 5 点量表的形式,1 代表完全不同意,5 代表完全同意。

(5) 控制变量。首先,Guthrie(2001)提出,公司规模与高绩效工作系统、人力资本专用性以及公司绩效都可能有关系,Lahteenmarki, Toivonen & Mattila (2001)的研究证明,大公司更会使用复杂的人力资源实践活动,因此,本书将企业规模作为控制变量。其次,技术密集度对企业绩效也会有影响,技术密集度高的公司,对员工的要求也高,因而越有可能使用高绩效工作系统(Lepak, Takeuchi & Snell,2003),同时,技术集度高的公司在市场中的竞争也强,因而绩效也越有可能好,因此,本书对技术密集度也进行控制。技术密集度用"是否是高科技行业"代表,并使用 0—1 哑变量来测量企业所在行业是否为高科技行业。最后,随着组织内外部环境的变化,环境的动态性等因素对企业绩效也有影响(程德俊、赵曙明,2006),因此,本书也将组织面临的环境作为控制变量。环境从"顾客品位变化的速度"、"产品生产技术变化的速度"、"政府政策变化的速度"(程德俊、赵曙明,2006)三个方面衡量,对于这三个方面均使用 0—1 哑变量来测量。

三、分析与结果

1. 变量的描述性统计和 Pearson 相关系数

表 2-9 显示本研究中变量的描述性统计变量、Cronbach's α 系数和 Pearson 相关系数。

表 2-9　描述性统计变量、cronbach's α 系数和 Pearson 相关系数

	企业规模	高科技行业	顾客品位	生产技术	政府政策	高绩效工作系统	探索式学习	利用式学习	家长式领导
高科技行业	0.261**								
顾客品位	0.084	0.023							
生产技术	0.199*	0.248**	0.463**						
政府政策	0.173	−0.031	0.151	0.150					
高绩效工作系统	0.057	0.023	−0.019	−0.070	0.009				
探索式学习	0.123	0.065	0.084	0.251**	0.023	0.232**			
利用式学习	0.176*	0.118	0.040	0.139	0.156	0.343**	0.612**		
家长式领导	−0.073	−0.077	−0.035	−0.045	0.069	0.344**	0.179*	0.160*	
市场绩效	0.193*	0.098	−0.107	0.071	0.256**	0.206*	0.225**	0.372**	0.213*

注：**. Correlation is significant at the 0.01 level (2-tailed). *. Correlation is significant at the 0.05 level (2-tailed).

2. 假设检验

（1）高绩效工作系统与组织市场绩效之间的主效应检验

本书采用层级回归的方法，以市场绩效为因变量，首先加入控制变量，体现为模型 1，第二步依次加入自变量稳定雇佣、绩效薪酬、员工参与，体现为模型 2、模型 5、模型 8，如表 2-10 所示。模型 2 显示，在加入稳定雇佣后，方程的解释力显著增加（$\Delta R^2 = 0.145$，$p < 0.05$），稳定雇佣与市场绩效有显著的正相关关系（$\beta = 0.168$，$p < 0.05$），因此，假设 1a 得到支持，同理，假设 1b（$\Delta R^2 = 0.142$，$p < 0.05$；$\beta = 0.154$，$p < 0.05$）和 1c（$\Delta R^2 = 0.139$，$p < 0.1$；$\beta = 0.142$，$p < 0.1$）也得到支持。

表 2 - 10　学习式战略对组织市场绩效的层级回归分析结果

	市场绩效									
	模型 1	模型 2	模型 3	模型 4	模型 5	模型 6	模型 7	模型 8	模型 9	模型 10
企业规模	0.136	0.133	0.100	0.088	0.141	0.125	0.103	0.134	0.119	0.100
高科技行业	0.056	0.043	0.049	0.029	0.039	0.048	0.029	0.066	0.067	0.039
顾客品位	−0.206*	−0.218*	−0.208*	−0.204*	−0.202*	−0.196*	−0.195*	−0.201*	−0.195*	−0.195*
生产技术	0.075	0.107	0.055	0.063	0.064	0.021	0.041	0.079	0.031	0.046
政府政策	0.236**	0.224*	0.231**	0.193*	0.220*	0.229**	0.192*	0.251**	0.251**	0.203*
稳定雇佣		0.168*	0.144+	0.095						
绩效薪酬					0.154*	0.117	0.064			
员工参与								0.142+	0.098	0.050
探索式学习			0.178*			0.171+			0.171+	
利用式学习				0.293**			0.297**			0.301**
F	3.262**	3.405**	3.586**	4.823***	3.304**	3.419**	4.700***	3.217**	3.323**	4.661***
R^2	0.119**	0.145*	0.174*	0.221**	0.142*	0.167+	0.217*	0.139+	0.164+	0.215*
ΔR^2	0.119**	0.027*	0.029*	0.076**	0.023*	0.026+	0.075**	0.020*	0.025+	0.077**

注:表中系数已经标准化处理,r2 未经调整;$+p<0.1$; $*p<0.05$; $**p<0.01$; $***p<0.001$

(2) 探索式学习的中介效应检验

Baron & Kenny(1986)提出,中介变量应该满足四个条件:① 自变量对因变量有显著影响;② 中介变量对因变量有显著影响;③ 自变量对中介变量有显著影响;④ 当控制中介变量以后,自变量对因变量的影响显著变小。前文已经证明高绩效工作系统(稳定雇佣、绩效薪酬、员工参与)可以促进组织市场绩效,满足了条件 1。因此,本书接下来分别检验学习式战略与组织绩效的关系、高绩效工作系统与学习式战略的关系,以及控制学习式战略后高绩效工作系统对组织绩效的作用。

首先,探索式学习与组织市场绩效的关系。采用层级回归的方法,以市场绩效为因变量,首先加入控制变量,体现为模型 19,然后加入自变量探索式学习,体现为模型 20,如表 2 - 11 所示。模型 20 显示,在加入探索式学习后,方程的解释力显著增加（$\Delta R^2 = 0.155$，$p < 0.05$），探索式学习与市场绩效有显著的正相关关系（$\beta = 0.198$，$p < 0.05$）。因此，假设 2a 得到支持，满足中介变量的条件 2。

表 2 - 11　学习式策略的中介效应和家长式领导的调节效应检验结果

	模型 19	模型 20	模型 21	模型 22	模型 23	模型 24
企业规模	0.136	0.118	0.098	0.122	0.133	0.135
高科技行业	0.056	0.061	0.035	0.075	0.078	0.052
顾客品位	−0.206*	−0.198*	−0.197*	−0.182+	−0.197*	−0.207*
生产技术	0.075	0.021	0.043	0.039	0.042	0.068
政府政策	0.236**	0.242**	0.196*	0.240**	0.219*	0.237**
探索式学习		0.198*				
利用式学习			317***			
探索式学习×仁慈领导				0.250**		
探索式学习×德行领导					0.222**	
探索式学习×威严领导						0.039
F	3.262**	3.664**	5.413***	4.388***	3.992***	2.734*
R^2	0.119**	0.155*	0.213***	0.180**	0.166**	0.120
ΔR^2	0.119**	0.036*	0.094***	0.061**	0.048**	0.001

注：表中系数已经过标准化处理，R^2 未经调整；$+ p < 0.1$；$* p < 0.05$；$* * p < 0.01$；$* * * p < 0.001$

　　第二，高绩效工作系统与探索式学习的关系。仍然采用层级回归的方法，以探索式学习为因变量，第一步加入控制变量，体现为模型 11，第二步依次加入自变量稳定雇佣、绩效薪酬、员工参与，体现为模型 12、模型 13、模型 14，如表 2-12 所示。模型 12 显示，稳定雇佣的 β 值为 0.133，且不显著，所以稳定雇佣与探索式学习之间没有正相关关系；模型 13 表明，加入绩效薪酬后，方程的解释力显著增加（$\Delta R^2 = 0.046$，$p < 0.05$），绩效薪酬和探索式学习有显著的正相关关系（$\beta = 0.217$，$p < 0.05$）。同理，模型 14 表明，加入员工参与后方程的解释力显著增加（$\Delta R^2 = 0.067$，$p < 0.01$；$\beta = 0.261$，$p < 0.01$）。满足中介变量的条件 2。

表 2-12　高绩效工作系统与学习式策略的层级回归分析结果

	探索式学习				利用式学习			
	模型 11	模型 12	模型 13	模型 14	模型 15	模型 16	模型 17	模型 18
企业规模	0.090	0.072	0.098	0.088	0.118	0.085	0.129	0.115
高科技行业	−0.026	−0.036	−0.050	−0.008	0.067	0.047	0.033	0.088
顾客品位	−0.044	−0.053	−0.038	−0.033	−0.031	−0.047	−0.022	−0.018
生产技术	0.269**	0.295**	0.255*	0.277**	0.101	0.149	0.081	0.109
政府政策	−0.030	−0.039	−0.053	−0.002	0.125	0.108	0.094	0.158+
稳定雇佣		0.133				0.249**		
绩效薪酬			0.217*				0.303**	
员工参与				0.261**				0.307***
F	1.978*	2.034+	2.763*	3.319**	1.555	2.708*	3.523**	3.610**
R^2	0.076*	0.092	0.121*	0.142**	0.060	0.119**	0.150**	0.153**
ΔR^2	0.076*	0.017	0.046*	0.067**	0.060	0.059*	0.089**	0.093***

注:表中系数已经过标准化处理,r^2 未经调整;$+p<0.1$;$* p<0.05$;$* * p<0.01$;$* * * p<0.001$

　　第三,控制探索式学习后高绩效工作系统对组织市场绩效的影响。采用层级回归的方法,以市场绩效为因变量,第一步加入控制变量,体现为模型 1,第二步加入自变量稳定雇佣,体现为模型 2,第三步加入自变量探索式学习,体现为模型 3,如表 2-10 所示。比较模型 2 和模型 3 可以发现,在以组织市场绩效为因变量的前提下,引入探索式学习战略后,自变量稳定雇佣的 β 值由 0.168 变为 0.144,而显著性水平从 0.05 降为 0.1,这说明控制探索式学习后,稳定雇佣对组织市场绩效的影响显著减弱。同理可得,控制探索式学习后,绩效薪酬(模型 5:$\beta=0.154,p<0.05$;模型 6:$\beta=0.117$,不显著)和员工参与(模型 8:$\beta=0.142,p<0.1$;模型 9:$\beta=0.098$,不显著)都对组织市场绩效的影响显著减弱,满足中介作用的条件 4。综上,中介作用的四个条件全部得到满足,所以,高绩效工作系统的绩效薪酬和员工参与维度通过作用于探索式学习战略影响了组织的市场绩效。

　　(3)利用式学习的中介效应检验

　　首先,验证利用式学习与市场绩效的关系。以市场绩效为因变量,首先加入控制变量,体现为模型 19,然后加入自变量利用式学习,体现为模型 21,如表 2-11 所示。模型 21 显示,在加入利用式学习后,方程的解释力显著增加($\Delta R^2 = 0.213$,$p < 0.001$),利用式学习与市场绩效有显著的正相关关系($\beta = 0.317$,p < 0.001)。因此,假设 2b 得到支持,满足中介变量的条件 2。

其次,验证高绩效工作系统与利用式学习的关系。将利用式学习作为因变量,首先加入控制变量,体现为模型 15,然后加入自变量稳定雇佣,体现为模型 16,如表 2 - 12 所示。模型 16 显示,在加入稳定雇佣后,方程的解释力显著增加($\Delta R^2 = 0.059$,$p < 0.01$),稳定雇佣与利用式学习有显著的正相关关系($\beta = 0.249$,$p < 0.01$)。依据同样的步骤得到模型 15 和模型 17。分析模型 17 可得,在加入绩效薪酬后,方程的解释力显著增加($\Delta R^2 = 0.089$,$p < 0.01$),绩效薪酬和利用式学习有显著的正相关关系($\beta = 0.303$,$p < 0.01$);分析模型 13 和模型 17 可得,绩效薪酬和探索式学习之间的正相关关系($\beta = 0.217$,$p < 0.05$)低于绩效薪酬和利用式学习之间的相关关系($\beta = 0.303$,$p < 0.01$)。同理,绩效薪酬对利用式学习具有积极的影响($\Delta R^2 = 0.093$,$p < 0.001$;$\beta = 0.307$,$p < 0.001$),满足中介变量的条件 2。

最后,验证控制利用式学习后高绩效工作系统对组织市场绩效的影响。以市场绩效为因变量,第一步加入控制变量,体现为模型 1,第二步加入自变量稳定雇佣,体现为模型 2,第三步加入自变量利用式学习,体现为模型 4,如表 2 - 10 所示。比较模型 2 和模型 4 可以发现,在以组织市场绩效为因变量的前提下,引入利用式学习战略后,自变量稳定的 β 值由 0.168 变为 0.095,而显著性水平从 0.05 变为不显著,这说明控制利用式学习战略后,稳定雇佣对组织市场绩效的影响显著减弱。满足中介作用的条件 4。同理,控制利用式学习后,绩效薪酬(模型 5:$\beta = 0.154$,$p < 0.05$;模型 7:$\beta = 0.064$,不显著)和员工参与(模型 8:$\beta = 0.142$,$p < 0.1$;模型 10:$\beta = 0.050$,不显著)都对组织市场绩效的影响显著减弱。综上,中介作用的四个条件全部得到满足,所以,利用式学习战略在高绩效工作系统的三个维度都与组织市场绩效之间起中介作用。

(4)家长式领导的调节效应检验

首先,验证仁慈领导的调节作用。仍然采用层级回归的方法,以市场绩效为因变量,首先加入控制变量,得到模型 19,然后加入仁慈领导与探索式学习的交互项,得到模型 22,如表 2-11 所示。模型 22 显示,引入仁慈领导与探索式学习的交互项后,方程的解释力显著增加($\Delta R^2 = 0.180$,$p < 0.01$),仁慈领导与探索式学习的交互项对市场绩效具有显著的正影响($\beta = 0.250$,$p < 0.01$),这说明,仁慈领导对探索式学习与组织市场绩效之间的关系有显著的正影响,这部分支持了假设 5a。同理,依次加入控制变量、仁慈领导与利用式学习的交互项,得到模型 19和模型 25(见表 2-11),结果表明引入仁慈领导与利用式学习的交互项后,方程的解释力显著增加($\Delta R^2 = 0.208$,$p < 0.001$),仁慈领导与探索式学习的交互项对市场绩效具有显著的正影响($\beta = 0.301$,$p < 0.001$),这说明,仁慈领导对利用式学习与组织市场绩效之间的关系有显著的正影响,这部分支持了假设 5a。

其次,验证德行领导的调节作用。依据同样的方法,得到模型 19、模型 23 以及模型 26(见表 2-11),结果表明德行领导与探索式学习的交互项、德行领导与利用式学习的交互项都对市场绩效具有显著的正影响($\beta = 0.222$,$p < 0.001$;$\beta = 0.267$,$p < 0.01$),因此,假设 5b 得到支持。

最后,验证权威领导的调节作用。同理,得到模型 19、模型 24、模型 27(见表 2-11),模型 24 显示威严领导与探索式学习交互项的 β 值为 0.039,且不显著,模型 27 表明威严领导与利用式学习交互项的 β 值为 0.109,也不显著,说明权威领导对学习式战略与组织绩效之间的关系没有调节作用。虽然假设 5c 没有得到验证,然而这说明在家长式领导中,权威领导没有发挥对其他两个维度的调节作用。

四、结论

研究结果表明:(1) 高绩效工作系统的三个子系统——稳定雇佣、绩效薪酬以及员工参与都可以促进组织市场绩效。(2) 利用式和开发式战略都对组织市场绩效具有促进作用。(3) 高绩效工作系统中三个维度都对利用式学习具有显著影响,其中绩效薪酬和员工参与两个维度对探索式学习具有显著的正向影响。(4) 值得注意的是没有发现稳定雇佣对探索式学习具有积极的影响,其中,绩效薪酬对利用式学习的促进作用明显显著于对探索式学习的促进作用。(5) 家长式领导中的仁慈风格和德行风格对学习式战略与组织市场绩效之间的关系都有正向影响作用,而权威风格对二者之间的关系没有调节作用。

　　与以往的研究相一致,我们发现对于从事高度创新业务的公司而言,一定的人员流动性是必需的。外部员工相对于公司现有员工而言,掌握了更新的知识和技能,以及内部缺乏的有用新信息。一定的员工流动性能够让组织保持新鲜血液。相反,对于利用式学习的公司而言,主要竞争优势来自不断改进工作流程,提高工作效率。稳定的雇佣能够让员工产生安全感,从而乐意提高工作效率。同时,稳定的雇佣也可以保证员工与员工之间、部门与部门之间相互分享信息。新老员工的相互合作,可以让公司的原有工作经验得到传承。由于创新具有风险性,而绩效考核常常用结果来替代过程。创新过程的不可控性也难以在绩效考核过程中得到完全的体现。如果企业过度重视短期的绩效考核,常常导致员工产生保守主义倾向。虽然对于渐进式创新的公司和突变式创新的公司而言,都需要绩效考核和薪酬激励,但是无疑,绩效薪酬的激励作用更适用于渐进式创新的公司。对于高度创新的公司而言,必须努力平衡好短期和长期、效率和创新之间的关系。某种意义上来说,所有的公司都存在利用式和开发式的创新,只不过程度不同而已。企业需要根据情况的差异,随时调整绩效考核的方式。

　　组织学习同时也是组织的变革过程。在组织变革和学习的过程中,领导者具有非常重要的作用。一般以为中国式领导更有利于利用式学习,不利于开发式学习。这从东方管理模式典型代表日本管理的兴衰可以看出。但是最近中国网络和信息产业市场的发展也让我们看到中国领导者的创新意识。我们的实证研究表明,中国式领导的不同维度对于组织的开发和利用式学习具有不同的作用。权威风格不利于组织的学习,而德行和仁慈领导却对组织的学习具有积极的影响。日本在高科技产业的失败很大程度上也是因为高权力距离的文化。中国领导者需要从日本管理模式中吸取经验和教训,充分发挥自己的个人魅力和仁慈品格,做到授权和平等,努力激发员工的创造性。

五、理论贡献与不足

　　首先,本书验证了前人的研究,即高绩效工作系统和组织绩效之间存在正向关系。同时,本书从学习式战略的角度探讨了高绩效工作系统的不同结构维度和市场绩效之间的关系,为高绩效工作系统的研究提供了新的理论视角。其次,以往研究没有在高绩效工作系统中探讨过领导方式,本书研究填补了这方面的空白。最后,本书研究了具体的家长式领导风格对学习式战略和组织绩效的调节作用,从而为家长式领导的研究提供新的理论视角。

由于作者水平以及研究条件限制,本书存在一些不足之处。首先,问卷样本量比较少,本书最终收集到的有效问卷只有 132 份,使得高绩效工作系统的内部一致性较低。其次,选取的组织绩效指标较少。本书用市场绩效代替组织绩效,在衡量组织绩效时,应该综合考虑财务和非财务类的指标,这样对组织绩效的衡量会更加准确、可观。再次,本书使用的家长式领导的测量是依据我国台湾地区的企业开发的,虽然也有实证研究表明在大陆企业适用,但是研究相对较少。因此,以后的研究可以多探讨家长式领导在大陆企业中的适用性,并能结合大陆企业的实际情况,开发出更适合的量表。最后,作为中西方企业文化的代表型领导风格,在中国情境下,家长式领导是否比变革型领导更能给企业带来较好的效益?这也是未来研究的一个方向。

第三章　团队绩效薪酬及其对组织绩效的影响

第一节　团队绩效薪酬：测量、影响因素及作用机制

组织中薪酬分配是一个多维度结构，许多学者倾向于从不同角度与层面对其结构开展研究。但就薪酬分配结果而言，效率和公平仍是薪酬分配的两个关键变量。在具体的薪酬实践指向上，效率是通过将薪酬与绩效相挂钩的绩效薪酬来体现。绩效薪酬设计主要立论于薪酬的激励效应和筛选效应（Gerhart，Rynes & Fullmer，2009）。激励效应意味着薪酬可以激发员工提高绩效；筛选效应意味着员工可以通过自己的需求偏好匹配来用脚投票，留下或离开；两种效应均已被相关研究实证（Locke et al.，1980；Gerhart & Milkovich，1992）。然而，组织常常需要在效率与公平之间进行权衡。薪酬结构的公平可以分为内部公平性和外部竞争性两个方面。内部公平性（internal alignment）是指单个组织内部不同工作/技能/能力之间的工资率组合（Milkovich，Newman & Gerhart，2014）；薪酬结构主要通过职位等级、不同等级之间的薪酬级差和用于确定这些等级、级差的工作标准/基础三个维度加以界定。外部竞争性（external competitiveness）是指组织之间的薪酬比较关系，即与竞争对手相对应的薪酬定位。在实践中一般体现为两个维度：一是薪酬水平，是指组织所支付的一系列人力费用的平均水平；二是薪酬形式，是指与竞争对手相对应的各种薪酬形式的组合（Milkovich，Newman & Gerhart，2014）。从薪酬管理的角度来看，组织薪酬分配特征可以分为目标设定、分配规则、激励强度和支付周期四个设计维度（刘颖、张正堂、段光，

2015)。对于团队而言,这种对薪酬分配效率和公平的综合性考量也是其团队薪酬分配的出发点及终极检验。

但由于受经济学个体化研究视角的影响,以往薪酬分配的研究主要侧重于个体薪酬的研究。而对于团队薪酬的研究也主要将团队作为类似于独立个体的研究对象,将薪酬激励的相关概念直接应用于团队层面,团队层面的薪酬结构也相应被分为团队薪酬水平、团队薪酬差距和团队薪酬激励等特征。然而实际上,团队是存在互动互依关系、围绕共同目标共同努力的一群人。相对于个体薪酬计划而言,团队薪酬计划(team-based rewards plan)有着不同的付薪逻辑。团队薪酬计划的问题主要来源于以下几个方面:团队本身的多样性、团队划分的层级规模、团队薪酬计划自身的复杂性、团队绩效的可控性、团队薪酬计划的沟通等(Milkovich, Newman & Gerhart, 2014)。在团队中,不存在明确的职位系统,团队内部的二次分配自主性也相对较大,团队的相互依赖性特征等使得传统的薪酬概念难以简单复制应用至团队层面。某种程度上,基于团队本质对团队薪酬分配的结构特征进行深入细致的测量分析是有效开展团队薪酬分配相关研究的操作性前提,在此基础上相对全面地探析团队薪酬分配的影响因素以及其与某些关键变量之间的影响机制将更有意义。以往相关研究多在各细分领域呈现一定价值,如以此研究领域近十年(2008—2017年)CSSCI期刊和中文核心期刊来源的所有53篇论文为例,其中52篇为团队水平单一层次研究,这当中又有22篇是以上市公司高管团队单一对象为研究样本,而22篇中的19篇又仅以薪酬差距单一变量为研究变量。少量综述性研究仍主要局限于对某些特定团队(如高管团队)的某类薪酬结构特征(如薪酬差距)的影响机制研究(滕小芳、葛玉辉,2014)。

为此,本书基于对此领域相关研究的归纳总结与有机提炼,从内在假设、概念界定、特征测量、前因变量、作用机制、效能结果等方面对团队薪酬分配相关研究进行内涵炼化、逻辑梳理和分析展望,特别聚焦于团队薪酬差距和激励强度两个关键因素,以期相对全面而又重点突出地呈现团队薪酬分配研究现状,冀望能为未来相关研究的充分性和可操作性突破提供触感启发。

一、团队薪酬分配的内在假设和结构特征

1. 薪酬激励的一般模型

一般而言,薪酬激励模型是建立在委托代理理论基础上的。委托代理理论认为,委托人与代理人之间的目标存在不一致。由于代理人的自利目标,他们总是试图利用最小的努力程度获得最大化的个人收益。代理人常常是以闲暇的机会成本为代价,因而随着工作时间的增加,他们的边际成本也在不断增加。代理人总是在不断比较努力的边际成本和边际收益。他们在边际成本和边际收益相等的时候,停止努力(Gibbson,1998)。为了激发员工的努力程度,委托人需要增加代理人努力的边际收益,也就是增加薪酬激励的强度。当薪酬激励的强度增加时,员工努力的边际收益提高,从而能够激发员工更高的努力水平。完美的激励是委托人将所有的边际收益转移给代理人,这样代理人就能够获得所有的边际利益,这就产生了"员工就像企业家一样行动"的效果。然而,完美的激励是建立在代理人需要给委托人缴纳工作风险金,从而购买工作(buying job)的情况下的(拉齐尔,2000)。现实中的承包制、加盟制、股权制都是高激励强度的案例。

除了激励强度问题之外,薪酬激励还存在市场水平的问题。企业需要提供市场水平的薪酬标准才能够吸引到相应质量的应聘者。当企业提高激励强度的时候,无疑让员工的薪酬变化的风险增大(拉齐尔,2000)。当员工努力程度高的时候,他能够获得较高的绩效。当员工绩效表现较好的时候,他的薪酬水平也就较高。当然,员工的绩效除了受到自身努力的影响以外,还受到外部环境、工作机会以及自身家庭状况等不可控因素的影响。这导致员工承担了部分薪酬变化的风险。由于员工相对于企业而言,承受风险的能力更弱,因而这需要企业付出较高的市场薪酬水平为代价(米尔格罗姆、罗伯茨,2004)。因此,当企业提高薪酬激励的强度时,必然会带来薪酬水平的提高。

对于员工而言,市场薪酬水平常常是与其担任的岗位职责、技能水平、管理范围、工作条件等因素相联系。企业也通过正式和非正式的市场薪酬调查来了解竞争对手的情况,确定相关岗位的市场薪酬情况。然后,在市场薪酬的基础上,企业

通过岗位价值评估和比较,在自身的盈利、规模、产品等因素基础上,确定相应岗位的情况(Gibbson,1998)。当然,由于内部劳动力市场中的岗位价值常常包含了专用型人力资本,因而不能完全等于外部劳动力市场。企业必须在内部公平和外部公平之间进行权衡,就产生了岗位之间薪酬差距的大小(Lazear & Rosen, 1981)。在有些组织中,岗位之间和员工之间的薪酬较为平均;相反,在有些组织中,薪酬差距会较大,也较为分散。

2. 团队薪酬分配的内在假设

薪酬激励的一般模型建立在员工的外在激励动机、绩效测量较为准确、工作职责明确、员工能够承担风险的基础上。然而现实中,这些前提假设常常是难以满足的。一方面,企业需要提高员工的激励强度;另一方面,高激励强度带来的负面后果也不可忽视。高绩效人力资源管理实践的研究发现,团队薪酬激励是一种可以取代个体激励,从而激发员工动机的有效手段(葛晓永、赵曙明、程德俊, 2015)。团队薪酬激励的有效性主要建立在以下几个方面的假设基础之上:

(1) 团队工作是一个相互协调和依赖的系统。员工在组织中的工作常常表现为多任务和多维度。一方面,他们需要完成自身内在的工作;另一方面,他们也需要与同事、领导和下属之间进行合作、沟通、协调。相对于个人工作绩效而言,团队层面的工作绩效难以分解为个人绩效。当我们侧重于对个人绩效进行测量时,就会破坏员工之间的合作。相反,只有对团队绩效进行考核和激励,才能够鼓励员工之间进行合作(米尔格罗姆、罗伯茨,2004)。

(2) 群体氛围和同事压力是降低搭便车的有效手段。对团队绩效考核和基础的关键在于团队成员之间可能存在搭便车的行为。解决群体成员搭便车的手段之一是依靠领导的监督。然而领导监督会带来成本,同时领导常常难以观察到下属的所有合作行为。因此,同事压力和群体氛围常常是替代领导压力的重要手段(Gibbons, 1998)。团队文化建设和规范建立是降低搭便车的有效手段。团队薪酬绩效的有效性也往往是建立在有效的群体规范和文化、同事压力的基础上。

(3) 内在动机可以部分取代外在激励。绩效薪酬虽然可以激发员工工作动机,然而却可能降低员工的内在工作动机(Frey et al.,1997)。团队中,员工之间的沟通和合作不断增强,工作之间的界限被打破,员工能够在工作轮换和学习过程中实现自身价值。员工的内在工作动机部分取代了外在工作动机(Deci,Koestner & Ryan,1999)。虽然,对于团队而言,激励强度可能会减弱,但内在工作动机的增强会补偿其负面效果。

3. 团队薪酬分配的结构特征

薪酬分配(pay distribution)是指组织根据员工在工作职责、职位层级、人力资本和个体绩效水平等方面差异而系统性制订的薪酬计划(Bloom,1999)。一般来说,薪酬政策由内部一致性、外部竞争性、员工贡献、薪酬管理四个维度组成(Milkovich,Newman & Gerhart,2014)。对于组织而言,基于内部一致性的考虑会影响组织内部的薪酬结构设计,基于外部竞争性的考虑会影响组织的薪酬水平定位,基于员工个体贡献的考虑会影响个体的绩效薪酬强度,基于薪酬管理的考虑会影响组织对薪酬制度的评估变革。

在团队层面上,薪酬政策的四种维度也都有所表现。团队薪酬水平取决于组织内部对不同团队的价值定位,团队薪酬差距和团队激励强度主要反映团队薪酬分配模式的内在差异。由于对于某一团队而言,团队薪酬常常是企业内部分配制度的既定选择,因而外部竞争性并不是关注的重点。在一般薪酬制度中,内部公平型常常是通过职位等级、工作标准评价以及晋升实现的(Lazear & Rosen,1981)。团队层面的薪酬体现为二次分配。这种二次分配由于缺乏岗位评价的基础,因而可能更多地体现为平均主义、主观性等。团队薪酬内部公平更多取决于组织(团队)对工作流程的组织(团队)架构层面设计。团队薪酬差距和激励强度是相对常见的衡量团队薪酬分配内部一致性维度的特征变量,团队薪酬差距和激励强度也常常是学者们关注的团队薪酬结构特征(Gibbson,1998)。

二、团队薪酬差距和激励强度的测量方式

虽然团队薪酬特征可以从团队薪酬水平、团队薪酬管理等方面进行描述,然而团队薪酬差距和激励强度是相对于个体薪酬的重要差异之处。本书将侧重于从团队薪酬差距和激励强度两个方面描述团队薪酬结构特征以及测量方法。

1. 团队薪酬差距

对于团队而言，团队薪酬差距(team-based pay dispersion)相对客观地反映了团队内部的薪酬分配原则，较高程度的薪酬差距是公正性(equity)维度的优势体现，较低程度的薪酬差距是平等性(equality)维度的优势体现(潘欣、李绍龙、贺伟，2014)。团队薪酬差距可分为纵向薪酬差距和横向薪酬差距两种：纵向薪酬差距，也称为垂直薪酬差距，是指组织或团队内部不同职位等级之间的薪酬差异(differentials)，一般用于组织或团队内部的薪酬差距测量。而横向薪酬差距，也称为水平薪酬差距，是指从事类似职位或类同组织层次员工之间的薪酬差异，一般用于对从事高度专业化职业个体(如运动员、护士、律师、会计、教师等)之间的跨组织横向比较(Bloom，1999)。团队薪酬差距还可以分为可解释的薪酬差距(dispersion in explained pay，DEP)和不可解释的薪酬差距(dispersion in unexplained pay，DUP)，前者指因员工能力和努力程度差异形成的薪酬差距，后者指因管理者偏好、不当分配等造成的薪酬差距，其研究结果还显示 DEP 对绩效有正向影响，而 DUP 对绩效无影响或有负向影响(Trevor，O'Reilly & Gerhart，2012)。

在薪酬差距具体测量上，主要包括绝对收入差距、相对收入差距率、基尼系数、变异系数、超额支付或支付不足五种计算方式。

① 绝对收入差距(pay difference，PD)是用组织或团队中最高薪酬水平(Pay_{max})与最低薪酬水平(Pay_{min})的差距来衡量组织或团队内部的薪酬分配差异程度，具体计算如公式(1)所示：

$$PD = Pay_{max} - Pay_{min} \tag{1}$$

② 相对收入差距率(ratio of pay differences，RPD)是绝对收入差距占基准薪酬水平的相对比率，可以解决绝对收入差距在统一量纲方面的不足，还可以对组织或团队多层级薪酬差距作相对精准的测量，比如，当组织或团队中高层管理者、中层管理者、基层员工分别对应三个薪酬水平(Pay_1，Pay_2，Pay_3)时，可用公式(2)衡量整个组织或团队的薪酬差距程度：

$$RPD = \frac{(Pay_1 - Pay_2)}{Pay_2} / \frac{(Pay_2 - Pay_3)}{Pay_3} \tag{2}$$

其中，RPD 是相对收入差距率，Pay_1，Pay_2，Pay_3 分别是高层管理者、中层管理者、基层员工的薪酬水平。

③ 基尼系数(Gina Coefficient)原来是国民经济学概念，现已广泛应用于衡量组织或团队薪酬差距。很多国外学者都尝试运用基尼系数测量评价薪酬差距(Romer，1956；Grossman，1991；Kuznets，1995；Bloom，1999；Barro，2000；Salaimartin & Artadi，2002；Bloom & Michel，2002)；国内也有学者采取这种测量方式，比如，白锋、程德俊(2006)就引用了基尼系数测量美国职业篮球联盟(NBA)的团队薪酬差距。具体计算方式如公式(3)所示：

$$G = 1 + \frac{1}{n} - \frac{2}{n^2 y}(y_1 + 2 y_2 + \cdots + n y_n) \tag{3}$$

其中，G 是团队内部的薪酬基尼系数，n 是团队总人数，$y_1 \cdots y_n$ 代表的是团队成员薪酬的降序数列。

④ 变异系数(coefficient of variance，CV)又称"标准差率"，是用一组数据的标准差除以平均数，消除了不同组在量纲与平均数上的差别影响，可进行跨组比较，测量相对精确，比较简单易行，很多常用统计软件均可直接生成(Bloom，1999；Siegel & Hambrick，2005)。

⑤ 超额支付或支付不足(over/under payment，OP/UP)是基于公平理论引入个体投入因素，对个人投入产出状况进行的综合分析，偶尔也有学者运用该指标来测量高管团队的薪酬差距(Wade，Reilly & Pollock，2006)。

2. 团队激励强度

公司治理相关研究中往往从委托代理视角出发，把高管层的薪酬水平称为激励强度(周宏、刘玉红、张巍，2010)。但在人力资源管理实践中，激励强度是指对绩效薪酬在总薪酬中比重的界定衡量(Zenger & Marshall，2000)。其描述性定义就是指每一单位绩效水平所对应的边际薪酬水平，即绩效和薪酬关系的斜率，实际研究中一般会明确某个变量来作为激励强度的操作性定义。比如，研究组织差异对薪酬水平和薪酬组合影响时，可采取个体的可变薪酬、短期奖金和长期激励与固定薪酬的比值作为其操作性变量(Gerhart & Milkovich，1992)；也有学者曾将可变薪酬占总薪酬的比例定义为可变薪酬支付力度(郝景文，2008)。

廖建桥等人提出了"激励系数"这一衡量薪酬激励强度的概念,将其定义为可变薪酬与薪酬总额的比值(廖建桥、蔡婷、文鹏,2009)。赵海霞(2011)在通过模拟情境实验研究团队薪酬分配规则与分配公平感之间关系时,按照 Bamberger & Levi (2009)对激励强度的操作思路,将激励强度定义为绩效薪酬占总薪酬的比重,并按 55%、18%两个水平分别设为高强度和低强度两类。

基于团队研究层面差异视角,激励强度又可分为基于团队绩效的激励强度和团队水平的激励强度两个层次(张勇,2014)。基于团队绩效的激励强度,是指以团队整体绩效结果为依据,发放给团队层面的绩效薪酬占其总薪酬比重,主要反映了团队单一层次的薪酬制度因素;团队水平的激励强度则反映了员工个体贡献维度上的团队差异,兼顾了团队层次与员工个体贡献这双重因素(杜旌,2009;Du & Choi,2010),具体计算方法为:

$$团队水平的激励强度 = \frac{团队内部个体绩效薪酬的平均值}{团队内部个体总薪酬平均值}$$

三、团队薪酬差距和激励强度的影响因素

团队薪酬分配是基于团队协作工作方式而实施的报酬体系。按此内在逻辑,团队薪酬分配首先受到团队种类、任务特征、依赖关系和人口统计特征等团队情境因素的影响。其次,团队所处的组织环境也会影响团队薪酬分配政策的制定和实施。最后,社会情境因素也会通过工作方式选择、文化渗透等方式间接影响团队薪酬分配。因而,我们将团队薪酬差距和激励强度的影响因素分为:团队情境因素、组织情境因素和社会情境因素。

1. 团队情境因素

团队情境对团队薪酬分配的影响因素包括团队类型、任务互依性、工作复杂度、团队构成等因素。

基于组织对团队的职能定位,Cohen & Bailey (1997)在总结以往研究的基础上,将团队划分为以下四种类型:工作团队(work team)、并行团队(parallel team)、项目团队(project team)和管理团队(management team)。Sundstorm,De Meuse & Futrell(1990)提出了团队分类的三个维度:团队稳定性(team dif-

ferentiation)、外部整合性(external integration)、任务周期(work cycle)。Bell &
Kozlowski(2002)后来又发展出四维度团队分类:任务环境、外在协同、内在协同
和工作流程。人力资源实践中较有影响的是四象限团队分类(Peckham,1996):
(1)职能型。问题已知而办法已知,如行政管理、服务者、生产团队等。(2)操作
型。认为已有办法能解决所有未知问题。(3)问题解决型。问题已知而办法未
知,如绩效提升、项目执行、专题研究团队。(4)创造型。问题未知而办法未知,
如生产设计、创新、战略计划团队等。

　　基于薪酬差距和激励强度的两维度,我们将组织实际情境中的团队薪酬模
式分为四类(见图3-1):(1)竞争型(问题解决型)。薪酬差距大、激励强度大,
常见于软件项目开发团队、市场销售团队等。(2)操作型。薪酬差距小、激励强
度大,常见于流水线操作团队、设备维护团队等。(3)事业型(职能型)。薪酬差
距小、激励强度小,常见于行政事业管理团队、协会工作团队等。(4)研究型(创
造型)。薪酬差距大、激励强度小,常见于高校教师团队、科研攻关团队等。

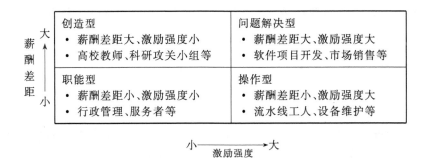

图3-1　基于薪酬差距和激励强度的两维度薪酬模式矩阵

　　学者们也常常用团队特征因素作为团队薪酬激励效应的调节因素,具体子
维度变量有任务互依性、任务复杂性、团队多样化和团队类型等。其中,任务互
依性是指个体的工作绩效受到其他成员影响的程度。基于工作流程的互动与合
作程度高低,任务互依性一般可分为并列式依赖、顺序式依赖与交互式依赖三种
(Thompson,1967)。很多后续研究都曾将任务互依性作为调节变量开展实证分
析(Stoneman & Dickinson,1989;Konovskv & Podsakoff,1993;Wageman &
Baker,1997),一般认为由于任务互依性会要求团队成员之间互动合作更频繁,

从而会凸显团队薪酬计划对团队绩效的激励优势，Eisenberg(2001)曾验证了任务互依性对团队薪酬与创造力绩效关系的正向调节作用。曾有学者通过实验设计方式组织 141 名被试参与一项汉字检索任务，结果显示，可能是受中国文化情境的影响，相较于西方研究中的任务互依性的正向调节，该研究却发现任务互依性起负向调节作用(张正堂、刘颖、王亚蓓，2014)。对于工作复杂度对团队薪酬激励效应的调节作用研究，虽从理论上推导可认为由于个体感知到自身不能完成高复杂度工作，导致工作复杂度越高，激励效果越低，但究竟在团队情境下是否也存在这种负向调节作用仍有待研究。由于相关研究多为实验研究，实际上已预设工作复杂度，所以严格来说目前仍暂无关于工作复杂度调节作用的实证研究。

团队构成相关因素也会对团队薪酬分配产生重要影响，团队构成主要包括：(1) 团队及其成员的基本特征，如团队规模、人口统计特征、能力特征等；(2) 团队内部的特征分布，如某一特征的集中度、离散度、特殊分布等；(3) 不同视角的数据分析，如社会心理学视角、调节效应视角、因变量视角等(Moreland & Levine，1992)。Zenger & Marshall(2000)的研究也表明，薪酬激励强度会受到团队规模、团队薪酬体系建立时间长短等因素影响。

2. 组织情境因素

一般来说，团队薪酬分配还会受到组织支付能力、环境复杂性、组织结构、人力资源战略等因素影响。组织支付能力会显著影响团队薪酬分配，有研究表明，高盈利能力公司的薪酬水平大约要比低盈利能力公司高 15%(Hildreth & Oswald，1997)。也有很多证据表明，组织规模与组织薪酬水平显著正相关，一项对制造业的研究表明，员工数量在 100—500 人的公司，要比 100 人以下的公司薪酬水平高 6%；员工数量在 500 人以上的公司，薪酬水平要比 100 人以下的公司高 12%(Oi & Walter，1999)。另外，治理结构等组织特征可能也会影响到组织内部团队薪酬分配，如林浚清、黄祖辉、孙永祥(2003)研究了 1999—2000 年间中国大陆上市公司高管团队薪酬差距与公司绩效及治理结构之间的关系，发现高管团队薪酬差距与公司未来绩效存在正相关效应，并发现在国有股比例越高、

股权集中度越大、监事会规模越大、外部监事比例越高的情形下，高管团队薪酬
差距越小。

3. 社会情境因素

社会情境因素范围广泛，涉及政治、经济、文化、技术等多个层面，本书仅就
社会分工、社会价值取向两个因素作前因机制分析。

（1）社会分工

团队协作工作方式是团队薪酬分配的实施前提，因此，决定团队工作方式的
社会分工因素也就可能会对团队薪酬分配产生影响。从一般团队到虚拟团队，
再到跳出传统组织结构范畴的社会化团队、人工智能团队等，不同时代特征下的
社会分工因素可能会是团队薪酬分配的重要前因变量。

（2）社会价值取向（social value orientation，SVO）

部分学者曾就社会价值取向对团队绩效的影响开展相关实证研究（颉茂华、
王丹、郝正阳，2016），但甚少研究社会价值取向对团队薪酬分配的前因影响，虽
基本没有针对性实证研究，但从薪酬差距的激励效应的两种迥异观点也可一窥
社会价值取向的前因影响。1981 年首次被提出的锦标赛理论将组织成员视为竞
赛参与者，将薪酬差距视为职位晋升获胜者的奖励，认为扩大组织内部的薪酬差
距有助于激发个体绩效，从而提高组织绩效（Lazear & Rosen，1981）。与锦标赛
理论相对应，行为理论认为薪酬差距与绩效存在负相关作用，应适当缩小薪酬差
距，行为理论的理论基础有公平理论（Milkovich，Newman & Gerhart，2014）、分
配偏好理论（张正堂、李欣，2007；王永乐、吴继忠，2010）和组织政治学理论
（Milgorm & Roberts，1988）等。整体而言，锦标赛理论秉持了竞争型价值取
向，行为理论秉持了公平型价值取向，基于这两种不同价值取向的认知，组织也
势必会采取不同的团队薪酬分配策略。有相关研究也指出，国家文化特征对团
队薪酬差距这一团队薪酬分配的关键特征变量有重要影响（王永乐、吴继忠，
2010）。

四、团队薪酬差距和激励强度对团队绩效的作用机制

关于团队薪酬分配对团队绩效的影响，以往对此研究较多，但研究结论一直

存在较大分歧。部分研究支持团队薪酬分配的正激励效应(Garbers & Konradt, 2014);但有一些研究却认为:相较于个体薪酬计划,团队薪酬计划存在负激励效应(Thurkow,Bailey & Stamper,2000),甚至有研究发现团队薪酬分配与团队绩效之间并不存在显著关系。因而学者们转向通过薪酬分配对团队绩效的作用机制研究,试图发现不同关系的内在机理。总结不同的研究,团队薪酬分配对工作绩效的影响路径可能主要有三种:其一,团队薪酬分配的激励和竞争机制;其二,团队薪酬分配以团队过程为中介影响工作绩效;其三,团队薪酬分配以团队心理状态为中介影响工作绩效。

1. 激励和竞争机制

大部分组织经济学家从委托代理和激励理论出发,都认为团队薪酬分配是能够激发员工的努力程度的重要手段。从理性决策的角度出发,薪酬对工作动机的影响建立在员工偷懒和努力的边际成本比较基础上。委托代理理论认为,当委托人和代理人之间关系存在冲突时,通过将个人的努力与组织的目标相联系,可以降低个人的搭便车和道德风险行为。如果说,员工始终在不断权衡偷懒的收益与努力的收益,提高针对员工努力行为的激励强度,无疑可以激励员工的工作动力。例如,拉齐尔(2000)通过对 Safetliet 汽车挡风玻璃公司的研究发现,将员工的薪酬从固定工资转为计件工资,员工的生产效率提高了 48%。这其中一半来自员工努力程度的增加,另外一半来自低技能员工的自我筛选而产生的流失。Dickinson(1999)通过实验室的实验也发现,员工由于外部报酬的敏感性能够提高工作动力,从而提高了打字的生产效率。根据委托代理理论,Deskop et al.(2004)将之视为一种明确组织和员工效用函数的控制机制,以期机制性控制员工行为和结果,更好地激励员工为实现组织绩效而努力(Oliver & Anderson,1995);行为学派则认为员工可以通过激励强度设计规则相对充分地获得外部信息,从而更好地提升工作绩效(Gerhart et al.,2009)。张勇、龙立荣(2013)曾以 51 名团队主管和 329 名团队成员为实证样本,研究发现团队激励强度对个体探索性行为有负效应,对个体利用性行为有正效应。一些学者以企业中高层管理者为研究样本,验证了薪酬差距与个体绩效的正相关性(Eriksson, 1999; Becker &

Huselid，1992）。Milgrom & Roberts(1992)曾从激励理论角度出发阐释了薪酬差距对个体绩效的正面影响。虽然,有学者提出了高激励强度和高薪酬差距对员工合作行为的负面影响,但是总体上而言,组织经济学认为,理性假设视角下薪酬差距和激励强度往往会给个人绩效、团队绩效带来正向影响。

2. 团队过程作用机制

组织经济学认为,团队绩效首先是个体绩效的加总。只有将个人的努力激发出来,才可能产生正向的团队绩效表现。而团队理论认为,团队绩效实际上并非个体绩效的简单聚合,更是个体努力和贡献的系统作用。团队薪酬分配对团队绩效、个体绩效的影响也就并不一定直接关联一致。只有在有效管理团队过程的基础上,才可能产生较好的团队薪酬分配效果。

学者将团队过程划分为转化过程(如团队目标)、行为过程(如努力、监督、信息配置)和人际过程(如合作、帮助)三个维度,相应进行以团队过程为中介的实证检验。其中,在团队报酬互依性较高的情境下,如果高激励强度能够让个体感知到自身努力对团队目标实现的重要性,一定程度上会成为个体努力的内在驱动,并最终影响团队效能(Hertel，Konradt & Orlikowski，2004)。Guthrie et al.(2008)研究发现团队目标水平在团队激励强度与团队绩效关系之间起中介效应。De Dreu & Carsten(2007)研究发现是学习而非信息共享起中介作用。赵海霞、龙立荣(2012)研究发现人际互动和任务互动起到部分中介作用。对于团队合作的中介作用,有学者研究后认为支持(Chen & Tjosvold，2012),也有学者研究后认为不支持(Cunningham，2001；Beersma et al.，2009)。

3. 团队心理作用机制

团队过程作用机制相关研究多基于输入—过程—结果(input-process-outcome，I-M-O)的研究思路,而团队心理作用机制则主要发轫于 Ilgen 等建设发展的输入—中介—结果(input-mediator-outcome，I-M-O)团队绩效模型,Ilgen et al.(2005)认为,许多变量是中介因素而非过程,会干扰和传递团队输入对团队绩效的影响。团队过程涉及的多是有时序先后的团队成员行动,而中介机制更多是自发的认知、动机和情感状态。

对于团队心理状态中介作用的检验,主流理论支持认为团队认知(包括共享心智模型、团队规范和交互记忆系统等) 对团队行为过程、激励强度和团队绩效有着积极的正效应,是团队绩效的主要驱动力(De Church & Mesmer-Magnus, 2010)。在团队心理状态研究中,有学者对团队的信任关系作了研究,比如Reilly, Phillipson & Smith(2005)在研究英国团队薪酬计划的实施情况后认为,团队信任是团队薪酬差距成功实施的重要保证。Merriman & Deckop(2007)认为,当团队缺乏信任时,团队薪酬差距会使个体担心自己会被所不信任的人的表现所拖累,从而产生不公平感,团队薪酬差距与绩效呈现负效应。从这些研究成果来看,信任关系作为一种团队心理认知,很有可能在团队薪酬分配和团队绩效之间发挥着中介作用。

五、总结与展望

综观团队薪酬分配相关研究,研究重心仍主要聚焦于团队薪酬差距和激励强度的概述性分析及基础性研究,但在特征维度结构性定量化研究、深层次作用机制、现场团队研究、组织层面研究等领域仍存在诸多不足。当然,从发展眼光来看,这也正是未来相关研究可着力拓展的重点方向。

第一,当前很多研究仍主要关注团队薪酬计划与个体薪酬计划的定性化分类比较,缺少对团队薪酬分配定量化特征维度的测量与深入实证;在团队薪酬分配特征维度可操作性测量基础之上的团队心理作用机制研究仍不透彻,团队薪酬分配与工作绩效之间的中介机制仍不明确;复杂情境下团队薪酬激励效应的调节因素影响研究还很不足,对调节因素与中介作用的复合性影响机制研究还基本空白。比如,学者们常常使用工作复杂度这样的团队特征因素来研究团队薪酬激励的调节效应,虽从理论上推导可认为由于个体感知到自身不能完成高复杂度工作,导致工作复杂度越高,激励效果越低,但究竟在现实的团队情境下是否也存在这种负向调节作用仍有待研究。而实际中由于相关研究多为实验研究,实际上已预设工作复杂度,所以严格来说目前仍暂无关于工作复杂度调节作用的实证研究。

所以,后续可相对科学地结构性划分团队薪酬分配的特征维度,相对严谨地系统分析团队薪酬分配与工作绩效的中介作用机制和调节效应,特别是在中国企业运营的现实情境下,进一步探究团队薪酬分配与工作绩效之间以心理状态为中介因素的中介机制和以工作特征为调节因素的调节效应,这样的研究将更兼具理论指导性和时代实践性。

第二,由于客观量化的薪酬和绩效数据往往难以获得,目前国内外相关实证研究主要集中于薪酬数据相对具有可获得性的三个领域:一是薪酬数据相对公开的体育竞技团队,比如:Trevor 等研究了北美冰球联盟(NHL)各球队的团队薪酬差距与团队绩效之间的关系,发现球员的薪酬排位与独立性团队绩效呈现正相关,薪酬差距却与独立性团队绩效关联不大(Trevor, O'Reilly & Gerhart, 2012)。以上这些研究往往局限于体育竞技领域,与企业管理的主流研究对象相距较远。二是薪酬数据公开披露的上市公司高管团队,比如:Siegel 等研究了美国纳斯达克资本市场高科技企业高管薪酬差距与组织绩效的关系,以及薪酬差距与科技密集度之间的交互影响机制(Siegel & Hambrick, 2005)。这些研究解决了薪酬与绩效的量化测量问题,但高管团队由于团队规模较小、分工程度相对较高,团队层级的典型性略显不足。三是通过问卷调查主观评价的方式替代精准的客观薪酬数据分析,如赵海霞等(2012)在研究团队薪酬对团队绩效的影响机制时,就是通过对涉及薪酬差距的团队薪酬分配导向设计相关量表,进行样本问卷调查。这种研究方式虽能避免出现前述两种特定职业、特定层级的情形,但薪酬数据的精准性相对又要更低一些。

客观地说,目前大多数研究的研究方法仍显单一,实验研究多,现场调查少;同一类型团队垂直研究多,不同类型团队水平比较少;相当比例的实证研究仍局限于体育竞技团队、上市公司高管等特殊样本,一般性工作团队的客观性实证研究较少。所以,未来在研究方法上,可尝试采取更具普遍性的研究样本和现场研究手段,提升实证研究的客观真实性和一般普适性,真正探寻现场情境下的一般性工作团队的薪酬分配机制。

第三,目前团队薪酬相关研究仍主要集中于单一团队层面,很少涉及组织层面、团队层面、个体层面的跨层次研究;对组织层面影响因素与薪酬激励效应的关系研究较少,特别是对组织层面因素的大样本实证研究基本不曾发现;文化情境、领导风格等可能对团队薪酬激励效应产生影响的相关因素研究少,特别是实证研究比较缺乏。

单一层面团队研究往往很难解释现实情境下的客观现象,团队层面输入性因素对团队层面结果性因素与个体层面结果性因素完全可能会有完全不同的影响。基于我们身边的经历简单推导就不难发现,团队薪酬差距拉大后,团队中有一部分人可能会为了获得更高的薪酬而加大努力,从而对团队绩效产生积极影响,但也可能会有人为了获得更高薪酬而采取"抢功"、"打击竞争者"等不正当竞争手段,增加了团队的信息不对称水平,在提升自身个体绩效的同时而实际上拉低了整个团队个体层面的绩效水平。

因此,未来相关研究可进一步扩大样本范围,探讨组织因素对团队薪酬激励分配与工作绩效等团队结果性因素的跨层次、深层次影响机制,乃至国别情境与跨文化的比较分析。

第二节 团队绩效薪酬对团队创新的影响:利他行为的中介作用

一、问题提出

组织中薪酬分配是一个多维度的结构。学者们从不同的角度和方面对薪酬结构进行了研究。一般来说,薪酬政策由内部一致性、外部竞争性、员工贡献、薪酬管理四个维度组成(Milkovich,Newman & Gerhart,2014)。对于组织而言,基于内部一致性的考虑会影响组织内部的薪酬结构设计,基于外部竞争性的考虑会影响组织的薪酬水平定位,基于员工个体贡献的考虑会影响个体的绩效薪酬强度,基于薪酬管理的考虑会影响组织对薪酬制度的评估变革。在团队层面上,薪酬政策的四种维度也都有所表现。团队层面的薪酬体现为组织中的整体薪酬分配政策,也体现了团队内部的二次分配。这种二次分配由于缺乏岗位评价的基础,因而可能更多地体现为团队内部文化、管理者个人判断、地位、相互依赖性等。团队薪酬差距和激励强度是相对常见的衡量团队薪酬内部分配的特征变量。

受到经济学个体化研究视角的影响,薪酬分配的研究主要侧重于个体薪酬的研究。对于团队薪酬的研究也主要将团队作为类似于独立个体的研究对象,将薪酬激励的相关概念直接应用于团队层面。因而,团队层面的薪酬结构也可以分为团队薪酬水平、团队薪酬差距和团队薪酬激励等特征。然而实际上,团队是存在互动互依关系、围绕共同目标共同努力的一群人。相对于个体薪酬计划而言,团队薪酬计划(Team-Based Rewards Plan)有着不同的付薪逻辑。团队薪酬计划的问题主要来源于以下几个方面:团队本身的多样性、团队划分的层级规模、团队薪酬计划自身的复杂性、团队绩效的可控性、团队薪酬计划的沟通等(Milkovich,et al.,2014)。在团队中,不存在明确的职位系统,团队内部的二次分配自主性也相对较大,团队的相互依赖性特征等使得传统的薪酬概念应用到团队层面存在一定的局限型。因此,本书将从团队薪酬激励强度出发,分析团队薪酬激励强度对团队创新的影响。另外,本研究试图基于中国企业实际情境,以一般创造性团队为研究样本,运用相对客观真实的薪酬绩效数据,系统性揭示团队绩效薪酬强度对团队创新的影响机制,并对工作互依性的调节作用进行了考察。

二、理论基础

1. 绩效薪酬强度的研究争议

对绩效薪酬激励强度的研究最开始是从个体层面探索绩效薪酬与个体变量之间的关系。激励强度是怎样作用于员工个体层面的? 可以用代理理论来进一步解释。大部分组织经济学家从委托代理和激励理论出发,都认为团队薪酬分配是激发员工努力程度的重要手段。从理性决策的角度出发,薪酬对工作动机的影响建立在员工偷懒和努力的边际成本比较基础上。委托代理理论认为,当委托人和代理人之间关系存在冲突时,通过将个人的努力与组织的目标相联系,可以降低个人的搭便车和道德风险行为。如果说,员工始终在不断权衡偷懒的收益与努力的收益,提高对员工努力行为的激励强度,无疑可以激励员工的工作动力。

绩效薪酬设计主要立论于薪酬的激励效应和筛选效应(Gerhart, Rynes & Fullmer, 2009)。激励效应意味着薪酬可以激发员工提高绩效。在大多数组织中,绩效薪酬被认为是规范组织和员工行为的有效手段(Deskop et al.,2004),通过对员工行为的引导和对结果的控制,激励员工努力地做出组织期望的行为(Oliver & Anderson,1995)。筛选效应意味着员工可以通过自己的需求偏好匹配来用脚投票:留下或离开;两种效应均已被相关实证研究证实(Locke et al., 1980; Gerhart & Milkovich, 1992)。Lazear(2000)通过对 Safetliet 汽车挡风玻璃公司的研究发现,将员工的薪酬从固定工资转为计件工资,员工的生产效率提高了48%。这其中一半来自员工努力程度的增加,另外一半来自低技能员工的自我筛选而产生的流失。Dickinson(1999)通过实验室的实验也发现,员工由于外部报酬的敏感性能够提高工作动力,从而提高了打字的生产效率。根据委托代理理论,Deskop 等(2004)将之视为一种明确组织和员工效用函数的控制机制,以期机制性控制员工行为和结果,更好地激励员工为实现组织绩效而努力(Oliver & Anderson,1995)。以 Gerhart 为代表的行为学派从信息性视角解释绩效激励理论,认为绩效薪酬可以视为员工获得外部奖励情况的一种信息来源,在获得了组织的激励信息之后,员工会趋利避害,努力做出能获得组织奖励的行为(Gerhart, 2009)。

正如 Gerhart(2001)经过大量研究后所指出的,"绩效薪酬在发挥作用时,能产生意料之外的好结果,而失去效用时,又会呈现出巨大的破坏性"。这种负面作用可以体现为几个不同的方面:(1)激励边际效应降低。关于激励强度非有效性的解释,Rynes 等认为员工在不同的情境下,对绩效薪酬的反应可能存在差异(Rynes,2005)。Pokorny 通过实证研究发现激励强度与努力水平呈"∩"型关系(张勇,2014)。张勇、龙立荣也部分证实激励强度与团队成员的探索行为之间呈现"∩"形相关性(张勇、龙立荣,2013)。还有研究对管理实践中是否存在最佳激励强度进行了研究,比如一些研究就认为,个体绩效薪酬只有超过基本薪酬的30%—35%时才有激励效应(Patten,1977)。但正如 Lawler 所指出的,由于每个个体的需求和组织、经济因素的差异,并不能确定多高的激励强度最能影响动机或绩效(Lawler,1981)。(2)不道德行为。部分研究证实了激励强度与绩效之间的负相关影响,认为这种负相关的主要原因是激励强度对不道德行为的不恰当激发,比如,Milkovich 等人在对教学绩效与薪酬分配相关研究中发现,美国佐治亚州尝试把学生考试分数与薪酬强度挂钩,导致178名教师和校长被指控存在欺诈同谋,在学生成绩上徇私舞弊(Milkovich,Newman & Gerhart,2014)。(3)内在动机的降低。社会学家很早就发现,当对具有利他动机和社会动机的人实施物质激励的时候可能降低员工的合作行为。例如,人们对血液捐献者进行奖励的时候,人们反而会降低这种利他行为。当人们对他人的帮助表示感谢时,更倾向于选择送礼物,而不是金钱。人们希望通过利他行为实现对自我的承认和认可。当通过金钱奖励这种利他行为时,会使得人们对自我行为的认知产生失调。人们会对自己的行为重新进行归因。他们会转而认为自己行为的背后动机在于获得外在激励。由于这种认知失调作用,他们将会逐渐失去对工作的内在兴趣,从而降低了工作动力。在实践中人们常常发现,对于研发工作和创造性工作,通过金钱奖励科研人员,往往会带来负面作用。Frey将高强度经济激励对员工绩效带来的负面影响总结为挤出效应。(4)还有部分学者对激励强度的风险性作了分析研究。激励强度带来的薪酬风险进一步细化为收入浮动性、降低的风险性、外部不确定性三类(Tosi & Gomez-Mejia,1989)。Merriman & Deckop 也指出,薪酬风险是激励强度的一个重要特征,激励强度增加了收入的不确定性,给员工创新行为带来了收入风险和心理压力 (Merriman & Deckop,2007)。关于明星员工对激励强度的反应,Irlenbusch & Ruchala 还就高贡献者对薪酬组合弹性的激励反馈作了相关实验研究,结果显示,竞赛式竞争会导致自愿合作行为的挤出效应,高激励强度会减少自愿合作行为,从而拉低团队绩效(Irlenbusch & Ruchala,2008)。

2. 团队激励强度

随着团队形式的广泛存在,越来越多的学者开始关注团队层面的激励强度与结果变量之间的关系。相对于个体绩效薪酬,团队绩效薪酬是以团队为整体来进行激励。团队薪酬激励的有效性是建立在以下几个方面的假设基础上。

(1)团队工作是一个相互协调和依赖的系统。员工在组织中的工作常常表现为多任务和多维度。一方面,他们需要完成自身内在的工作;另一方面,他们也需要与同事、领导和下属之间进行合作、沟通、协调。相对于个人工作绩效而言,团队层面的工作绩效难以分解为个人绩效。当我们侧重于对个人绩效进行测量的时候,就会破坏员工之间的合作。相反,只有对团队绩效进行考核和激励,才能够鼓励员工之间进行合作。

(2) 群体氛围和同事压力是降低搭便车的有效手段。对团队绩效考核和基础的关键在于团队成员之间可能存在搭便车的行为。解决群体成员搭便车的手段之一是依靠领导的监督。然而领导监督会带来成本,同时领导常常难以观察到下属的所有合作行为。因此,同事压力和群体氛围常常是替代领导压力的重要手段。团队文化建设和规范建立是降低搭便车的有效手段。团队薪酬绩效的有效性也往往是建立在有效的群体规范和文化、同事压力的基础上。

(3) 内在动机可以部分取代外在激励。在团队中,员工之间的沟通和合作不断增强,工作之间的界限被打破,员工能够在工作轮换和学习过程中实现自身价值。员工的内在工作动机部分取代了外在工作动机。虽然,对于团队而言,激励强度可能会减弱,但是内在工作动机的增强会补偿其负面效果。

三、假设的提出

1. 团队绩效薪酬强度与团队创新的关系

在员工决定是否将创新想法变成创新行为的过程中,组织对员工的正向激励对创新行为有重要影响。团队的工作模式正好符合组织鼓励创新的举措:团队是由若干个体组成的工作小组,分配不同的工作,但都是为了达成一致的目标。团队过程可以分为转化(如团队目标)、行为(如努力、监督、信息配置)和人际(如合作、帮助)三个维度,相应进行以团队过程为中介的实证检验。在团队讨论时,可能有些人并不能完整地给出方案,但能够提出自己的见解,这也许就能启发其他人的思维,就像头脑风暴法一样,很快就能找到解决问题的办法或者新思路。而且通过大家共同商讨出来的新思路和新方法也能够得到广泛的认同,实施起来更容易被接受。团队成员在这个过程中也结成了责任共同体,团队成员风险共担、责任共担,降低了团队中每个个体所要承担的风险。

在团队报酬互依性较高的情境下,如果高激励强度让个体能够感知到自身努力对团队目标实现的重要性，一定程度上会成为个体努力的内在驱动，并最终影响团队效能（Hertel，Konradt & Orlikowski，2004）。Guthrie 等研究发现团队目标水平在团队激励强度与团队绩效关系之间起中介效应（Guthrie，2004）。De Dreu 等研究发现是学习而非信息共享起中介作用（De Dreu & Carsten，2007）。赵海霞等人研究发现人际互动和任务互动起到部分中介作用（赵海霞、龙立荣，2012）。因此，我们认为团队绩效薪酬强度越高，团队创新就更容易实现。综上，得出以下假设：

H1：团队绩效薪酬强度与团队创新之间呈正相关关系

2. 利他行为的中介效应分析

团队绩效首先是个人的加总。只有将个人的努力激发出来，才可能产生正向的团队绩效表现。而团队理论认为，团队绩效实际上并非个体绩效的简单聚合，更是个体努力和贡献的系统作用。团队薪酬分配对团队绩效、个体绩效的影响也就并不一定直接关联一致。只有在有效管理团队过程的基础上，才可能产生较好的团队薪酬分配效果。有学者对团队的信任关系作了研究，比如 Reilly 在研究英国团队薪酬计划的实施情况后认为，团队信任是团队薪酬差距成功实施的重要保证（Reilly，Phillipson & Smith，2005）。Merriman（2007）认为，当团队缺乏信任时，团队薪酬差距会使个体担心自己会被所不信任的人的表现所拖累，从而产生不公平感，团队薪酬差距与绩效呈现负效应。从这些研究成果来看，信任关系作为一种团队心理认知，很有可能在团队薪酬分配和团队绩效之间起着中介作用。

在团队工作模式中，团队成员之间密切合作、相互帮助，Organ 在提出组织公民行为的五个维度时，其中一个维度就是利他行为，Organ 认为利他行为是个体主动帮助他人完成工作或者主动帮助他人改正错误（Organ，1988）；利他行为既有工作中的行为，也有工作之外的行为，即任务帮助行为和社会帮助行为。利他行为者有时需要做出某种程度的个人牺牲，却会给他人带来实在的益处（卢牡丹，2009）。个体做出任务帮助行为受个体本身和群体两方面因素的影响：首先，个体为了追求自身利益最大化，一定会努力达成目标，在利益的驱使下，个体也会主动寻求帮助,这就使其他成员也做出任务帮助行为;当成员受到来自工作以外的压力和困扰,无法排解又无心工作时,团队其他成员的倾听和开导也会使人舒缓,甚至能在一定程度上帮助解决问题,这也能使成员花更少的时间在工作以外的事情上,把更多的精力放在本职工作上,以免成为团队工作中的短板,提高团队工作的效率。其次,个体做出任务帮助行为受群体(团队)因素的影响,团队绩效是以团队目标达成为衡量标准的,仅追求个人利益的自私行为是不会得到好处的,而且,团队目标的完成也不能只靠一个人,需要团队成员通力合作。因此,团队内部必然要形成一种互相帮助的氛围。这就要求成员要主动帮助他人或主动寻求他人帮助,待到目标达成时,团队绩效达标,大家就能得到期望的报酬。陈叶峰也通过实验的方法证实第三方的激励措施能够提高被试者的捐赠水平(陈叶峰,2009),这里所说的捐赠也是一种利他行为。以上都说明团队绩效薪酬强度越大,越能够促进团队中成员的两种利他行为。因此,本书提出以下假设:

H2a:任务帮助行为在团队绩效薪酬强度和团队创新之间起中介作用

H2b:社会帮助行为在团队绩效薪酬强度和团队创新之间起中介作用

3. 工作互依性的调节效应分析

团队特征因素作为团队薪酬激励效应的调节因素,具体子维度变量有任务互依性、任务复杂性、团队多样化和团队类型等。其中,任务互依性是指个体的工作绩效受到其他成员影响的程度。基于工作流程的互动与合作程度高低,任务互依性一般可分为并列式依赖、顺序式依赖与交互式依赖三种(Thompson,1967)。很多后续研究都曾将任务互依性作为调节变量开展实证分析(Stoneman & Dickinson,1989;Konovskv & Podsakoff,1993;Wageman & Baker,1997),一般认为由于任务互依性会要求团队成员之间互动合作更频繁,从而会凸显团队薪酬计划对团队绩效的激励优势,Eisenberg 曾验证了任务互依性对团队薪酬与创造力绩效关系的正向调节作用(Eisenberg,2001)。

工作互依性是团队工作的特征之一,它是指工作内容上的相互依赖程度。当团队工作互依性较大时,任务帮助行为能够帮助成员解决工作中的问题,团队成员基于不同的知识背景和阅历,创造性地解决问题,提高整个团队的创新能力,实现创新绩效。而当团队的工作互依性大时,社会帮助行为越多,是否也能促进团队创新呢?我们的答案是否定的。基于个体的时间和精力有限,团队任务相互依赖程度高,如果个体把更多的时间用于社会帮助行为,可能会延误工作,从而导致整个团队的进度缓慢,而且成员之间更多地关注他人工作以外的生活,可能造成办公室流言四起,过多地介入别人的私人生活,可能造成氛围紧张,不利于营造良好的工作环境,从而不利于员工工作和创新。所以,当工作互依性大时,社会帮助行为越多,团队创新能力越差。基于此,本研究提出以下假设:

H3a:工作互依性正向调节任务帮助行为与团队创新的关系

H3b:工作互依性负向调节社会帮助行为与团队创新的关系

三、研究设计

1. 数据收集

本书以团队为单位进行调研,既包含团队中的领导,也包含团队中的成员。样本均来自江苏省广播电视台的节目制作团队。本研究的问卷有两份,一份由团队领导填写,另一份由团队成员填写。共发放 250 份问卷,回收了 242 份,回收率达到 96.8%。答案完整率低于 90% 则视为无效问卷并剔除;团队的问卷若缺失领导部分或成员部分也视为无效问卷、填写时具有明显的随机性的问卷也视为无效问卷进行剔除。结果筛除了 9 份无效问卷,本研究最终的样本是来自 29 个团队的 233 份成员和领导的问卷,其中团队领导 43 份,团队成员 190 份。总之,问卷的回收情况良好。

2. 变量测量

(1)自变量:团队绩效薪酬强度

团队绩效薪酬强度主要是运用团队成员真实的薪酬和绩效数据,运用一定的数据处理方式测算出团队绩效薪酬强度。这里有必要说明一下,团队成员的绩效薪酬主要包括两部分:一部分是与个人能力和贡献有关的,这部分是个人绩效薪酬;另一部分是与团队目标任务完成情况有关的,团队成员相互配合,出色完成任务所获得的报酬即是团队绩效薪酬。本书用团队成员的年终奖作为衡量团队绩效薪酬的重要数据来源,以此计算出团队绩效薪酬强度。计算公式如下:

团队绩效薪酬强度=2014 年团队总年终奖/2014 年团队总薪酬。

（2）因变量:团队创新

团队创新量表是在 Farmer et.al 的员工创新量表的基础上发展而来的。该量表共包括 4 个条目,且都采用李克特 5 点量表,"5"是"完全符合","1"是"完全不符合"。

（3）中介变量:利他行为

以往对利他行为的研究较少,都倾向于对组织公民行为的研究,对利他行为及两个维度的划分非常少。本书主要参考了 Farh,Earley & Lin 开发的量表,并结合企业的实际情况,形成利他行为的最终量表,分别有两个维度共 8 个题项。也都采用李克特 5 点量表打分,从"完全不符合"到"完全符合"。

（4）调节变量:工作互依性

工作互依性量表是在借鉴 Wageman,Baker & Jehn 之前的研究所开发的量表基础上加以改进而得到的,因为工作特征有 5 个维度,而我们只选取了其中一个维度,所以有 6 个题项,由团队领导填写,都采用李克特 5 点量表衡量,跟上面的其他变量一样。

（5）控制变量

为尽量减少其他因素的影响,本研究控制了领导和成员的性别、年龄、学历、入司时间、在团队工作的时长以及团队成立时间等变量。

四、结果与分析

1. ICC、Rwg、CFA 检验

（1）ICC 检验

验证个体层次的变量能否聚合到团队层次并很好地代表团队情况,一般我们用群体内相关系数来衡量。一种方法是,先用 ANNOVA 计算出组间均方差

(MSB)和组内均方差(MSW),然后通过公式计算 ICC(1)和 ICC(2);在罗胜强、姜燕的《管理学问卷调查研究方法》一书中给出了另一种更简便直接的方法计算 ICC。本书采用第二种方法直接计算出 ICC 值,如表 3-1。一般 ICC(1)>0.05, ICC(2)>0.50 即能证明该聚合是能代表团队层次的,组内一致性较高。由表 3-1可见,变量的 ICC(1)和 ICC(2)值全部都在可接受范围内,所以,个体层面的变量聚合后可以很好地代表团队情况。

表 3-1 聚合变量的 ICC(1)和 ICC(2)

变量	角色帮助行为	社会帮助行为
ICC(1)	0.520	0.552
ICC(2)	0.844	0.831

(2)Rwg 检验

Rwg 是评价组内一致性的指标,该值越高,说明成员对某一题项的回答一致性越高,通常 Rwg > 0.7 即说明组内一致性较高。表 3-2 就是各聚合变量的 Rwg 值,均达到聚合变量的临界值,可以聚合。

表 3-2 聚合变量的 Rwg 值

	角色帮助行为	社会帮助行为
Rwg	0.880	0.858

(3)CFA 检验

本研究对于利他行为、工作互依性和团队创新主要采用以往研究的成熟量表,需要对其进行验证性因子分析,本书采用 Lisrel 8.7 对研究的变量做验证性因子分析。统计学上,常用 /df(卡方/自由度)、RMSEA(近似误差均方根)、GFI(拟合优度指数)、RMR(均方根残差)、IFI(递增拟合指数)、CFI(比较拟合指数)、NNFI(不规范拟合指数)来分析模型的拟合优度。一般认为 /df 小于 10 是可以接受的,小于 3 时模型非常好,RMSEA 和 RMR 一般在 0.1 以下;GFI、IFI、CFI 和 NNFI 最好在 0.9 以上(侯杰泰、温忠麟、成子娟,2004)。表 3-3 是对利他行为的验证性因子分析,可见,二因子结构的各指标明显优于一因子结构,尽管 NNFI 值稍低于 0.9,但是可以接受,均在可接受范围内,说明二因子结构拟合良好。

表 3 - 3　利他行为量表的验证性因子分析结果

模型	χ^2/df	RMSEA	GFI	IFI	CFI	NNFI	RMR
一因子结构	4.17	0.280	0.666	0.813	0.811	0.801	0.219
二因子结构	2.30	0.10	0.903	0.906	0.905	0.894	0.100

运用 Lisrel 8.7 对工作互依性和团队创新量表进行验证性因子分析,具体结果报告如下(见表 3 - 4)。尽管从数据上看,本研究的工作互依性和团队创新的二因子结构的 RMR 略大于 0.1,但也是在可接受的范围内,说明模型的拟合可以接受。

表 3 - 4　工作互依性和团队创新量表的验证性因子分析结果

模型	χ^2/df	RMSEA	GFI	IFI	CFI	NNFI	RMR
一因子结构	3.17	0.274	0.566	0.342	0.307	0.109	0.200
二因子结构	2.03	0.10	0.977	0.962	0.936	0.986	0.109

2. 假设检验

(1) 描述性统计和相关分析

本书将研究对象的性别、年龄、学历、入司年限、加入团队的时长和团队成立时间作为控制变量。在回归分析前,对所有的变量进行相关分析,分析结果如表 3 - 5 所示。可见,变量间的相关系数都小于 0.73,可以排除变量之间的多重共线性问题。

表 3 - 5　变量的相关系数表

	1	2	3	4	5	6	7	8	9	10
性别										
年龄	0.170									
学历	−0.302	−0.113								
入职年限	−0.122	−0.710**	−0.289							
加入团队	−0.247	−0.371*	−0.120	0.638**						
团队成立	−0.361*	−0.238	0.162	0.242	0.699**					
团队绩效薪酬强度	−0.038	−0.115	−0.122	0.241	−0.001	−0.144				
任务帮助行为	−0.237	0.151	0.242	−0.067	0.231	0.342	0.330*			

续　表

	1	2	3	4	5	6	7	8	9	10
社会帮助行为	0.234	0.223	0.103	−0.206	−0.162	−0.331	0.310*	−0.019		
工作互依性	−0.262	0.187	−0.088	0.252	0.043	0.051	0.040	0.129	−0.067	
团队创新	0.196	0.169	−0.248	−0.015	0.139	0.033	0.312*	0.369*	0.402*	0.128

注：$*P<0.05$，$**P<0.01$

（2）假设检验

在 spss 20.0 中，以团队创新作为因变量，加入性别、年龄、学历、入职年限、加入团队的时间和团队成立时间六个控制变量后，形成模型1；再加入团队绩效薪酬强度作为自变量，形成模型2，从表3−6的结果可以看出，团队绩效薪酬强度和团队创新有显著的正效应（$\beta=0.410$，$p<0.05$），假设1得到验证。

表 3−6　线性回归分析结果（1）

团队创新						
	模型 1	模型 2	模型 3	模型 4	模型 5	模型 6
性别	0.170	0.233	0.079	0.180	0.189	0.274
年龄	0.113	0.055	0.032	0.026	0.447	0.060
学历	0.190	−0.184	−0.321	−0.265	−0.230	−0.162
入职年限	−0.170	−0.367	−0.120	−0.284	0.299	0.310
加入团队	0.326	0.405	0.144	0.358	0.168	−0.278
团队成立	−0.025	0.037	0.212	−0.097	0.04	0.462
团队绩效薪酬强度		0.410*				
任务帮助行为			0.479*		−1.919*	
社会帮助行为				0.214*		2.500*
工作互依性					−1.278**	0.398
任务帮助行为 * 工作互依性					2.166*	
社会帮助行为 * 工作互依性						−2.196*
F	0.657	1.293***	1.492***	0.697***	1.652***	2.802*
R^2	0.146	0.291	0.322	0.182	0.426	0.558
ΔR^2		0.066	0.106	0.079	0.168	0.359

注：$*P<0.05$，$**P<0.01$，$***P<0.001$

是否存在中介效应,应分为两个步骤:首先,验证自变量和中介变量的关系;然后,验证中介变量和因变量的关系。若这两个步骤的结果都显著,说明存在中介效应。表 3-7 中模型 7 和模型 8 分别以任务帮助行为和社会帮助行为为因变量,研究自变量和中介变量的关系。可以看出,团队绩效薪酬强度与中介变量任务帮助行为和社会帮助行为都有显著的关系($\beta = 0.389, p < 0.05; \beta = 0.386, p < 0.05$)。表 3-6 的模型 3 和模型 4 分别加入任务帮助行为、社会帮助行为作为自变量,验证中介变量和因变量的关系。可以看出,中介变量任务帮助行为和社会帮助行为都对因变量团队创新产生显著的正效应($\beta = 0.479, p < 0.05; \beta = 0.214, p < 0.05$)。因此,假设 2a 和 2b 成立。

表 3-7 线性回归分析结果(2)

	模型 7	模型 8
	任务帮助行为	社会帮助行为
性别	0.01	0.250
年龄	0.352	0.115
学历	0.359	0.280
入职年限	0.344	-0.291
加入团队	-0.077	0.455
团队成立	0.397	-0.437
团队绩效薪酬强度	0.389*	0.386*
F	1.776	1.792
R^2	0.361	0.363
ΔR^2	0.158	0.160

注:* $P < 0.05$

模型 5 和模型 6 是验证调节效应的。可以看出模型 5 中加入了中介变量任务帮助行为和调节变量的乘积项后,仍然显著地正相关($\beta = 2.166, p < 0.05$),但 β 值明显增大了;模型 6 中加入了中介变量社会帮助行为和调节变量的乘积项,与因变量显著的负相关($\beta = -2.196, p < 0.05$),说明工作互依性对原来的主效应产生了负的调节作用。因此,假设 3a 和 3b 得到了验证。

五、讨论、总结与未来展望

1. 结果讨论

团队绩效薪酬强度能促进团队创新。团队绩效薪酬会激发团队成员的工作积极性，"重赏之下必有勇夫"，团队的工作形式还能帮助成员共担责任和风险，不会使成员因害怕失败而放弃创新的想法和行为。当绩效薪酬强度较大时，成员被激励的程度越高，对成功的渴望越大，就很可能产生新的想法创造性地完成团队任务，达成绩效目标。

任务帮助行为在团队绩效薪酬强度与团队创新之间起中介作用。当团队绩效薪酬强度较大时，对团队成员的激励强度也会随之增加，那么，为了完成团队任务，团队成员就会做出更多的利他行为，帮助队友解决工作中的困难，这样不仅能形成和谐上进的工作氛围，也能使团队目标更快速地达成。在相互合作的过程中，团队成员基于不同的知识背景和结构，会产生更多的思维碰撞，从而产生更多创新性的想法和行为，有利于团队创新。

社会帮助行为在团队绩效薪酬强度和团队创新之间起中介作用。社会帮助行为是成员帮助他人解决工作以外的困难的行为。当绩效薪酬强度较大时，团队成员获得的激励强度也较大，而团队中的其他人可能因为家庭或者生活上的问题耽误工作时，这不仅耽误自己的工作，而且耽误整个团队的进展。所以，为了获得高的绩效薪酬，团队成员也会抛出"橄榄枝"，为他人疏通开导，出谋划策，以期能帮助对方心无杂念，全身心地投入到工作中去。

工作互依性正向调节任务帮助行为和团队创新之间的关系。当团队工作依赖程度较高时，更多的任务帮助行为会帮助成员解决工作难题，从而促进团队创新绩效，达成团队目标。工作互依性负向调节社会帮助行为和团队创新之间的关系。当成员之间工作依赖程度较低时，别人的工作可能跟自己的工作联系不大，也不会有"短板效应"，这样成员花更多的时间在社会帮助行为上不仅可以活跃团队氛围，也不会耽误团队工作。

2. 研究的局限性

（1）行业限制

本书的研究数据来自同一家企业，某种程度上可能会降低研究结论的外部效度。但是,也能排除跨行业、跨公司对结论的影响,使结论更能客观地反映变量间的关系,从而提高研究的内部效度。为了研究结果的普遍性,未来应在不同的行业或公司中检验。

(2) 样本量

由于本研究采取个体与薪酬、领导和成员匹配数据进行分析,取样时具有一定难度,所以样本量较少,只有 29 个有效团队,样本量较少可能会影响结果。今后的研究中应尽量增加研究对象的数量。

(3) 横截面研究

为了保证问卷及时回收,所有成员都能参与其中,本研究在同一时间内对多个被试者进行调研,得到的是某个时点的横截面数据。而实际中,绩效薪酬强度通过作用于利他行为来影响团队创新是需要时间的,希望在未来研究中多进行面板数据的收集与研究,在固定的周期进行访谈,收集完整期内的数据进行分析。

3. 未来研究方向

由于时间和学术水平的限制,本研究在研究过程中还存在许多不确定性,有待进一步斟酌和探讨。

第一,团队绩效薪酬的衡量,本研究将团队成员的年终奖作为衡量团队绩效薪酬的指标,不同的公司在薪酬结构上可能存在差异,有的公司有年终奖和季度奖,而且,奖金的发放各有标准,所以在未来的研究中,能够在团队绩效薪酬强度的测量方法上有所研究,为这类研究提供科学的依据,使结果更具参考价值。

第二,有些研究结果表明,团队工作特征的另外一个维度——工作复杂度也是影响团队绩效一个重要因素。而本研究只选择了团队工作特征的工作互依性这一个维度作为调节变量,调节利他行为和团队创新的关系。所以,未来可以拓宽团队工作特征的维度,全面研究该变量对团队创新的影响及作用机制。

第三,本研究是从团队层面展开研究的,但对于个人在团队中的绩效薪酬强度没有涉及,未来的研究可以从团队内出发,研究绩效薪酬在团队内部成员之间的不同分配会给整个团队带来什么。也就是团队内部的绩效薪酬差距与团队绩效或者团队创新有怎样的关系。

第四章　高绩效人力资源实践的创新

第一节　明星员工管理研究：理论演化与路径思考

明星员工(Star Employee)管理是人力资源管理研究的新兴领域。Aguinis 和 O'Boyle(2014)研究指出,21世纪的组织竞争取决于组织的人力资本,特别是明星员工人力资本,前10%的高绩效个体可能创造30%的组织价值,而前25%的高绩效个体可能创造50%的组织价值。相较于其他行业,传媒业天然具备高社交性、高曝光度的行业特性,明星员工也就更易于被外部竞争对手发现与争夺。随着媒体融合迈入新时代,社会生活方式嬗变重构、信息科技形态日新月异、传媒资本市场风起云涌,媒体间壁垒逐步消融,明星员工跨媒体、跨组织流动已成常态,明星员工管理已然成为媒体融合背景下的新兴课题。

一、明星员工的特质结构与生态演进

何为明星员工？身居要职或者能力超群？岗位高光还是人脉丰富？个体绩效卓越抑或团队绩效一流？要想管理好明星员工,首先是要知晓什么样的个体才是真正的明星员工。

1. 明星员工的特质结构

由于明星员工相关领域研究正处于起步阶段,对于明星员工的概念定义,学界暂未形成统一认识。但基于结果属性视角,大部分学者都支持明星员工首先应

该具备显著的高绩效水平(Kelly & Caplan,1993；Aguinis & O'Boyle,2014)。部分学者还基于关系属性视角提出,明星员工应对组织内部同事具有较强的影响力,在组织内外部都具有较高的可见性等。比如,Oettl(2012)以学术界明星专家为研究对象,发现除个体较高的生产率以外,明星学术专家往往对其他学者也提供了较多指导与帮助；Grigorious & Rothaermel(2014)的研究认为,明星员工是那些具有较高知识生产率,通过协作提升整体创新水平的个体。Call 等(2015)研究认为,明星员工应保持较长期的高绩效水平,以及具备较高的组织内部可见性,并往往在个体身上凝聚着较高的社会资本。沙开庆、杨忠(2016)综合结果属性视角和关系属性视角的明星员工相关研究后认为,明星员工的概念内涵应该包括高绩效、高可见性、高社会资本、高社交性四个维度。

本书认为,导入明星员工概念并开展相关研究的本质目的还是聚焦于明星员工对组织的特质性影响。这种影响主要表现为三个层面:一是个体绩效本身的简单加和影响；二是对组织其他同事绩效的影响；三是对组织整体绩效的间接影响。

因此,基于这三个层面影响的匹配性研究,个体高绩效可以产生正向的加和效应,其对组织的直接影响不言而喻。高帮助性是指个体具备较高的知识共享水平或给予团队其他成员较多的指导帮助,意味着明星员工应能有效提升其他同事绩效乃至影响团队绩效。组织内外部高可见性是指员工绩效和声誉被观察到、被感知到的程度(Merton,1968)处于高水平；内部高可见性一方面能带来同事间生产性交互影响,另一方面还会通过对组织其他成员产生非生产性感召等形式来影响组织绩效；外部高可见性使其更易被竞争对手所察觉和被诱导跳槽,从而对组织绩效产生负面影响。而高社会资本仅适用于某些特定岗位,并不普适于所有类型的明星员工,比如掌握核心技术的科研专家,虽不一定拥有高社会资本,但并不妨碍其被视为组织的明星员工。因此,本书认为高绩效、高帮助性和高可见性是明星员工的三个核心维度,传媒明星员工就是传媒组织中具备高绩效、高帮助性和高可见性的员工。

不同行业中明星员工各有其差异化岗位分类特征,比如金融行业的明星基金经理、制造行业的生产标兵、科研行业的学科带头人、教育行业的著名教授等。在传媒行业中,明星员工往往被认为是传统意义上的高曝光岗位,比如凤凰卫视倡导的所谓"名主持人、名评论员、名记者"的"三名制"。而对于当下的现代传媒组织而言,传媒明星员工已决然并非以上三类岗位所能囊括。节目制作领域,随着大型综艺节目受到越来越多的市场追捧,金牌制作人、王牌导演等也就相应成为传媒明星员工的有力候选。在产业经营领域,营销岗位也已不仅是专业细分领域中的广告销售,越来越成为一种能有效整合各类资源的高可见性岗位,高绩效传媒营销人员当然应被视为传媒组织中的明星员工。受传媒业"技而优则仕"的职业晋升惯例影响,传媒行业高级管理者多出身于节目制作领域或产业经营领域的明星员工,高级管理岗位经历又附加着显著高于普通员工的团队帮助性与内外可见性,其中的高绩效个体确实也就是当仁不让的传媒明星员工。

2. 融媒时代的生态演进

随着媒体融合的深入推进,传媒生态融媒体演化加快,传媒组织跨边界竞争加剧,传媒明星员工生态也越来越呈现出鲜明的时代内涵。

(1)人才能力的全媒体化

媒体融合最终要靠人来推动,人才能力是业务发展的关键。全媒体生产运营能力已成为现时代传媒明星员工的必备技能。内容生产层面,从中央媒体到地方媒体,都基本搭建了"中央厨房""融媒体新闻中心"之类的全媒体内容采编架构,融媒时代下的名记者、名主持人、名评论员们,既要会在电视镜头下采访主持评论,还要会玩微信微博、视频直播等。传媒经营层面,传统意义上的"广告部主任"其实也已悄然转型,营销产品也更多的是全媒体整合营销项目,全媒体策划与营销能力已成为普通经营人才跻身传媒明星员工的能力阶梯。

(2)工作方式的团队化

人类社会迈入知识经济时代以来,全球范围的组织结构及工作形式发生着复杂而深刻的变化,其中一个引人注目的变化就是从遵循泰勒科学管理原理的个体工作方式向以团队为基础的工作方式转变(Lawler et al.,1995)。对于传媒行业而言,其发展基点实际上就是个人和团队的创意、技巧及才华,人才团队是传媒组织生存和发展的关键单元(王雪野,2013)。媒体融合发展进程中,无论是融媒体新闻的生产分发,还是跨平台大型综艺节目的创制传播,团队化运作都是最主要的工作方式。而传媒明星员工的工作方式也越来越呈现更高的团队互依性,团队内部分工更加精细,合作更加紧密,传媒明星员工所处的团队往往也被冠名为"某某团队",在明星员工品牌不断彰显的同时,明星员工的团队效应也进一步得到强化。

(3) 社交传播的个体品牌化

随着媒体融合传播时代的来临,信息交互的速度与频率相较以往任何时候都更加快捷频繁。在常规的行业曝光与内容产品署名之外,传媒明星员工有了更多的个人品牌意识和品牌塑造手段。媒体融合传播背景下,无论是台前的主持人,还是幕后的制作人,都有意无意地增加自身的曝光与发声,不遗余力地通过微信、微博等自媒体手段塑造个体品牌形象。这种社交传播的个人品牌化给传媒组织带来了两种截然不同的影响:一是组织的品牌价值越来越被稀释至个体品牌上,这一过程中的道德风险问题尤其值得组织关注;二是组织品牌强关联前提下的个体品牌增值有可能会增益组织品牌,相应的,组织应对这一影响路径设计合理的利益分享机制。

二、明星员工管理冲突

不同于一般意义上的关键岗位、核心员工、高绩效员工、高技能员工、知识型员工等概念,明星员工对组织/同事更有影响力,也往往更是组织间"人才战争"的关键标的。媒体融合背景下,传媒格局发生深刻变化,传媒明星员工呈现出新的时代内涵,传媒明星员工管理也面临着前所未有的新挑战。

1. 现实冲突:内部培养与外向流动

近年来,传统媒体明星员工跳槽或离职的现象频频发生,(移动)互联网媒体成为其主要流向之一。原央视名主持人马东、刘建宏、段暄先后投身(移动)互联网行业,《舌尖上的中国》总导演陈晓卿日前任职腾讯视频副总编辑;原央广副台长王晓晖出任爱奇艺首席内容官;原湖南广电副台长王平任职优酷土豆高级副总裁;原《东方早报》社长、澎湃 CEO 邱兵创办"梨视频";原《外滩画报》总编辑徐沪生创业"一条"视频;原《三联生活周刊》副主编苗炜创办"拇指英雄"互联网视频公司。人才流动固然是媒体融合过程中资源重新配置的正常现象,但这一轮人才变局有几点特征值得关注:一是已不仅仅局限于台前高曝光的明星主持,传统意义上身居幕后的节目制作人、导演也逐渐成为跳槽主力军;二是越来越多的传媒高层管理者选择(移动)互联网作为新的职业起点。

媒体融合背景下,行业格局重构,业务重新洗牌,资源重新配置,人才流动必然加速。明星员工由于具有较高的外部可见性,往往也就具有更高的可流动性。而传统意义上传媒组织更倾向于从内部培养人才,在现实情境下这种人才培养机制就很容易"为他人作嫁衣",以往长期的人力资本投资可能会一无所获。因此,明星员工的培养与流动就成了当前难以回避的现实冲突。

2. 文化冲突:自我实现与团队合作

从现有研究来看,传媒明星员工对传媒组织的影响存在正负两方面效应。一是明星员工通过个体高绩效对组织绩效产生直接的积极影响;明星员工还可能通过在团队中的高帮助性帮助其他成员提高绩效(Lockwood & Kunda,1997),以及通过组织内部的高可见性产生示范效应,从而间接地正向影响组织绩效。二是明星员工的存在可能会抑制普通员工的内在动机(Lockwood & Kunda,1997),从而对组织产生负向效应;另外,明星员工由于具备较高的外部可见性,更容易被外部识别而产生流动,从而突发性危害组织绩效。

在当前的媒体融合背景下,传媒明星员工往往还具有超出常规的自我实现预期,这种预期一方面会激励其工作越发努力,另一方面也可能会驱动其对组织提出更多的个性化诉求。而媒体融合中的传媒组织在工作方式上更加团队化,更强调团队合作精神,因此,在组织文化层面,个体的自我实现预期与组织的团队导向文化之间难以避免冲突的产生。

3. 似然冲突:传统体制机制与市场价值重估

现阶段,受限于各种体制机制因素,国内主流传媒在明星员工管理方面的创新步伐始终不大,管理层/核心员工持股、期权激励等(移动)互联网传媒常态化的激励模式一直难以在主流传媒实质性推进。而随着媒体融合进程的进一步加快,在产业市场和风投资本的双重驱动下,传媒明星员工的市场价值被溢价重估,传统体制机制亟待创新,人才管理体系急需重构。

　　媒体融合的内在需求正在深刻解构传媒传统格局。虽然长远来看,短期的市场躁动终将回归投入产出视角的行业本质;甚至基于其他行业的相关研究,明星员工的加入虽然可能使组织暂时性赢得"人才战争",但也可能会给组织带来长期的不利影响(Groysberg,Lee & Nanda,2008;Groysberg & Lee,2009)。但某种程度上,主流传媒相对传统的人才体制机制与传媒明星员工市场价值重估之间正在发生似乎难以消弭的冲突。

三、明星员工管理的路径选择

　　在媒体融合发展的当前时代,传媒明星员工有着不同于以往的内涵和影响,也面临迫切性的多维挑战。融媒时代的传媒组织必须强化传媒明星员工管理意识,既要在导向上充分鼓励传媒明星员工的持续涌现和积极作用,又要从人才识别、人才培养、人才激励等方面多路径优化明星员工管理。

1. 识别路径

　　对照前文对明星员工的定义,传媒明星员工应具有高绩效、高帮助性和高可见性这样的一般性特征。其中的高绩效是宽泛意义上的"才",高帮助性与高可见性某种意义上可归结为"德"的范畴。对于传媒组织而言,要想有效识别明星员工,就要德才并重、实事求是地科学评估人才。

　　传媒明星员工的高绩效特征究竟有无具体的测量标准? 高绩效的稳定性水平有多高? 高绩效的显著性水平有多高? 这都是值得探讨的问题。稳定性指的是明星员工高绩效在时间轴上相对恒定的能力水平。一般来说传媒明星员工的高绩效应在一个较长周期上保持高绩效水平。这个较长周期在不同业务形态下应有不同的衡量标准,比如常态业务中较长周期可按 3 年计,但考虑到传媒业项目化工作特征明显,连续三个季播项目高绩效也许可被视为较长周期,虽然时间周期上仅 1—2 年。显著性是指明星员工高绩效明显区别于普通员工的程度。学术界对显著性标准目前还存在争议,有学者认为超过平均绩效 1 个标准差可被视为高绩效,也有学者认为超过 3 个标准差才能算高绩效(Beck,Beatty &

Sackett,2013;Aguinis ＆ O'Boyle,2014),Groysberg, Lee ＆ Nanda(2008)在研究中则将前3％员工样本定义为明星员工。在正态分布情形下,超平均绩效 1 个标准差的高绩效约相当于前30％,2 个标准差约相对于前5％,3 个标准差约相当于前 0.3％。为区别于对传统意义上核心骨干员工的划分,以及兼顾传媒行业业务特性与组织规模,建议传媒明星员工可按以下高绩效标准划定:连续 3 年或连续 3 个项目中绩效保持前 3％—5％。

高帮助性与高可见性这样的特征也需建立相应的科学评估标准,而不能采取类似先进投票评选或者论资历、团团转的简单操作。只有有效识别出真正的传媒明星员工,才能有针对性地实施人才培养、人才激励等管理策略,更好地发挥明星员工效应,应对外部人才竞争。

2. 培养路径

诚然,在当前的媒体融合背景下,传媒行业客观上存在着明星员工培养与流动之间的现实冲突。短期视角上,似乎存在辛苦培养的人才为人作嫁的悖论逻辑,不如业务外包、人才外包易于操作,短期效益明显。但基于长远考虑,媒体格局转换的根本仍然是人才的竞争,传媒明星员工的深层次能力在不同媒体渠道仍基本适用,当前所欠缺的更多是对不同媒体形式的操作性应用,相信未来这一能力短板必将被逐步补位。当前(移动)互联网媒体对传统媒体人才的大力猎聘与使用也侧面证明了这一点。因此,"为我所用"的人才策略必须建立在"以我为主"的人才理念前提之上。

在破解了"要不要培养"的困惑后,那就要更加关注如何培养传媒明星员工。人才培养的视角不应仅仅关注员工培训和岗位晋升等人力资本显性投资,而要结合传媒行业实际,将人才管理的关注点更多地投向重大项目历练、社会资源聚集等人力资本隐性投资。在培养过程中特别要探索导入团队管理理念,以团队为主体开展项目化运作与培养,甚至可在正式组织架构与岗位之外,根据项目实际需要和个人能力特点,打破组织边界、部门壁垒和岗位限制,临时抽调各领域的专家成员组建项目虚拟团队,使成员在团队中得到全新领域的知识分享与实践培养。

四、明星员工的激励路径

人才激励层面,传媒组织必须解放思想,加快探索适应媒体融合发展的传媒明星员工全面激励机制。这种全面激励应包括三层含义:一是激励与约束齐举;二是物质与精神并重;三是短期与长期兼顾。

基于组织行为学领域的心理契约理念,在媒体融合时代这样的行业深刻变革期,组织和员工都需要适应新形势,重新建构长期共赢的心理契约。其中,传媒组织要特别关注传媒明星员工的变革期心理契约波动,加强组织与个体间的建设性沟通和适应性调整。组织应理智面对传媒明星员工价值重估的客观实际,加大利益分享力度,适度满足员工预期。员工也应客观面对市场的非理性投资和人才流动风险,合理表达自身诉求,寻求物质与精神的长期双赢。策略重点上,对于转型中的传媒组织而言,一方面要在薪酬激励上合理拉开薪酬差距,平衡兼顾市场水平,探索团队化薪酬激励、项目化利润分享等绩效导向的分配机制(张如凯、程德俊、任桐,2017);另一方面要对传媒明星员工的帮助性与可见性作科学评估和合理约束,比如应强化对团队知识分享与员工个体品牌的管理等。

全球范围内的明星员工管理研究方兴未艾,从早期的"岗位"、"技能"、"绩效"单一维度雏形到当前的高绩效、高帮助性、高可见性多维特质结构,是理论研究的不断深化,也折射出时代需求的生态演进。身处媒体融合时代,明星员工管理既是行业新挑战,亦为竞争新机遇。也许,只有抓住了传媒明星员工的传媒组织,方能在媒体融合时代激烈竞争中真正脱颖而出。

第二节　艺术家与企业家:文化创意产业人才胜任力

中国当前正处于消费结构转换的拐点,人民日益增长的美好生活需要和文化创意产业不平衡不充分的发展之间的矛盾日益凸显,文化创意产品供给存在较大缺口,加快文化创意产业发展是满足城乡居民文化需求、促进消费结构升级的客观要求。2009 年,我国出台了以大力扶持文化创意产业发展为主旨的第一部文化产业专项规划——《文化产业振兴规划》。2011 年 10 月,十七届六中全会明确提出推动文化产业成为支柱产业。这些都表明我国已经开始进入文化大繁荣大发展的新阶段,作为国家软实力重要体现的文化创意产业前景光明。经过数年快速发展,中国文化创意产业增加值占 GDP 比重已由 2010 年的 2.75％逐步攀升至 2015 年的 3.97％。但对照中等发达国家文化创意产业在 GDP 占比较合理的 5％—8％比重,文化创意产业在我国仍处于较小规模、较低水平的发展阶段,特别是相比文化创意技术应用的蓬勃发展,文化创意人才问题越来越成为困扰文化创意产业发展的关键瓶颈,亟须在该领域开展更高阶、更深入的理论与实践研究。

一、文化创意产业发展现状

从国外发展经验来看,当经济发展到较高水平之后,居民对文化创意类产品的需求将大量增加,这一阶段文化创意产业将实现快速发展,并逐渐成为国民经济的新增长点,推动国民经济合理转型。近年来,国内外一些经济较发达的国家和地区,其文化创意产业都在快速发展,并逐渐超过了传统部门,成为该国家或地区经济发展的重要支柱。

文化创意产业也正在快速发展,并日益成为当地经济的重要组成部分。2014年,北京文化创意产业实现增加值 2794.3 亿元,而 2005 年仅为 674.1 亿元,占全市 GDP 的比重提高到 13.1％。根据北京市制定的《北京市文化创意产业提升规划(2014—2020)》,到 2020 年,北京市将构建起富有首都特色的"3＋3＋X"文化创意产业体系,产业支柱地位更加巩固,成为支撑本市科学发展、绿色发展、创新发展的核心引擎,文化创意产业增加值占 GDP 比重将达到 15％以上。2014 年上海市文化创意产业增加值达到 2800 亿元,占全市 GDP 比重 12％,提前一年完成"十二五"规划目标,文化创意产业正在成为引领和支持上海市新一轮发展的支柱产业。2014 年,江苏省文化产业增加值超 3000 亿元,占 GDP 比重超 5％,初具国民经济支柱产业形态;创新驱动、嫁接科技、借力金融、深度融入国际市场……江苏省文化产业在"十二五"期间实现爆发式增长,文化部等部委联合发布的 2014 年中国文化产业指数显示,江苏文化产业综合实力已经从 2013 年的第六位跃升至第二位。

文化创意产业发展中的人才挑战。文化创意产业作为智力密集型的第三产业,需要大量的人力资源的投入。因此,文化创意产业可以吸纳大量的劳动力,文化创意产业的快速发展也就带来了文化创意就业人口的不断增加。例如,在美国文化创意产业大发展的 1977—1997 年,美国版权产业的就业人口翻了一番,占美国就业人口总数的 2.9%,平均年增长率达到 4.8%。而同期美国整体就业人口的平均年增长率只有 1.6%。另外,美国版权产业的平均薪酬也大大高于全国平均工资,版权产业从业人员平均比美国一般从业人员要多得到 40% 的薪酬。

文化创意产业本质上是在文化情境下人才知识智力、能力创意的产业化,这种产业化在不同发展阶段会呈现出差异化的时代特征,文化创意产业发展的时代特征与其行业特殊性相结合,就对文化创意产业发展提出了不同于以往的独特人才挑战,人才问题日益成为困扰文化创意产业发展的关键瓶颈。目前文化创意产业面临的人才挑战有:高层次人才稀缺、教育培训体系不能适应社会实际需要、优秀人才识别能力不足、产业型文化人才数量质量尤其不足,等等,其中最迫切最核心的问题之一就是文化创意产业人才的识别机制有待与时俱进,传统的艺术家评鉴标准是否"一尺量天下"? 一般行业的企业家甄别手段会不会成为"他山之石"?

从当前人才识别相关领域研究现状来看,胜任力概念自 20 世纪 90 年代后期传入中国以来,就迅速引起了学界和业界的关注,成为人才识别领域的研究焦点。但对照世界 500 强企业有 90% 已将胜任力模型引入人力资源管理实践的现实,从整体来说中国的胜任力研究无论是理论研究还是应用实践都尚属于初步阶段,文化创意产业人才胜任力研究更是处于相对起步阶段,也正是当前文化创意产业面临的最迫切人才挑战之一。

二、胜任力研究进展

产业竞争力,归根结底取决于人才竞争力;人才竞争力,从个体层面深层次地来说,其实就是人才胜任力特征。

1. 胜任力研究综述

从国外研究现状来看,从 20 世纪 70 年代至今,国内外学者仍未对胜任特征的定义形成一致意见。许多国外学者如 Boyatzis、Woodruffe、Spencer、Mertens、Sparrow 等都曾针对胜任特征给出不同定义,综合起来可以大致分为以下三大派系:(1)教育学派系(the educational approach):现代胜任特征定义起源于教育学科。该学派将胜任特征定义为职位功能分析,将之阐述为职位绩效、知识、技术和态度。(2)心理学派系(the psychological approach):代表人物 McClelland 和 Boyatzis 提出将胜任特征定义为:与优秀工作绩效因果相关的一系列知识、动机、社会角色、自我形象和技能的集合。(3)商业应用派系(the business approach):80 年代后期,胜任特征开始应用于商业策略领域,如:Hamel 与 Prahalad 提出了"核心竞争力"和"核心能力"的概念,并将胜任特征定义为团体共同知识(collective learning),此定义后被广泛引用,后来还有学者将胜任特征的内涵与组织文化、价值观、核心竞争力、竞争优势相联系。

2. 胜任力研究最新进展

从胜任力最新发展来看,主要有两大方向:一是领导胜任力模型研究,二是专业岗位胜任力模型新领域应用研究。在领导胜任力模型研究方向,Judi Brownell 认为,全球化领导力要兼具一般性胜任特征、特殊胜任特征以及个人品质。一般性胜任特征就是那些相对容易获得的基础知识和技术;特殊胜任特征则是个人的性格和特质,其受组织文化、目标和环境的影响;个人品质,如诚信和正直,被当作影响其他特殊胜任力特征的核心因素,但往往在领导力开发战略中却被忽略。Signe M. Spencer 等人运用 David McClelland 的研究方法,对印度优秀企业 CEO 的领导力进行了深入研究,总结出四大综合胜任特征:对社会负责的卓越商业能力(适应性思维/创业动力/卓越执行力)、激活团队的能力(引领变革/领导团队/授权)、掌控环境的能力(系统性解决问题/组织意识/影响利益相关者)以及内在能力(成熟理智,超越自我)。

在专业岗位胜任力研究领域,多项目管理者胜任力模型是最典型的研究成果。Peerasit 与 Dragan 创建了多项目管理者的胜任力模型,主要观点有:(1)多项目管理者有以下胜任特征:组织管理经验、项目互通性管理、多任务处理、瞬时团队管理及项目内部进程整合;(2)个别项目管理者胜任特征:进程管理(计划、控制、风险和资源管理)、人际关系管理(解决问题、冲突管理、组织性及灵活性)、商业战略思维(商业意识、服务意识、战略思维)及专业知识(掌握技术知识和趋势)。另外,非常规职位胜任力模型研究也取得了一定成果:Jansen 和 Keen 等2005 年运用自我鉴定工具及 SRMC 胜任特征工具评价了护士护理培训课程,证明了基于胜任力模型的培训课程的有效性。Filip De Fruyt 2006 年对 230 名审讯警察进行了实证研究,开发出审讯警察的 5 维度胜任特征:坚韧细心、冷静耐压、强势权威、能言善谈、仁慈包容。Lacey L.Schmidt 研究了宇航员八个具体绩效表现的领域,从而开发了航空员在太空任务操作中所需的社会心理的胜任力模型:自我管理和照顾、沟通交流、团队合作和群体生活、跨文化、领导力、冲突管理、情景反应意识、问题解决和决策。

在国内,胜任力(competence)基本上是中国人力资源理论与实践领域出现频率最高的一个词,虽然胜任力的企业实践已越来越深入广泛,但整体研究兴趣仍主要集中于两个领域:一是个体层面特别是专业胜任力的研究,二是胜任力模型建构方法的研究。仲理峰、时勘运用行为事件访谈法开发出我国家族企业高层管理者胜任特征模型,包括威权导向、主动性、捕捉机遇、信息寻求、组织意识、指挥、仁慈关爱、自我控制、自信、自主学习、影响他人等 11 项胜任特征,其中威权导向、仁慈关爱是我国家族企业高层管理者独有的胜任特征。王重鸣、陈民科运用基于胜任力的职位分析,编制了管理综合素质评价量表,并运用此量表调查了220 名中高层管理者,采用因素分析和结构方程模型检验企业高级管理者胜任特征结构。结果表明,管理胜任特征结构由管理素质和管理技能等两个维度构成,但在维度要素及其关键度上,职位层级间存在显著差异。冯明用情境法研究发现,选拔国有企业行政中层管理人员时,应特别注重激励指导用人能力、经营能力等指标;在选拔支部书记时,应更加注重乐观自信、人际交往与合作等指标。黄哲鹏、杨宗艳运用灰色关联分析理论和绩效法对胜任特征指标进行了分析,结果表明,工程技术人员胜任特征有四个关键的定量衡量指标:综合面试结果、学历、项目经验和执业资格。

三、文化创意产业人才胜任力研究进展

对文化创意产业人才胜任力研究可从岗位进行分类研究，从目前研究现状来看，有些研究者已分别对文化创意产业经理人、文化创意产业广告营销人员、广电编辑记者、广电技术等相关岗位进行了定性和定量分析。

在对文化创意产业经理人的研究中，有研究者将其胜任力分为专业胜任力、基础胜任力两大类，共 27 个维度来进行分析（向勇，2011）；在广告创意人才胜任力研究中，研究者按 3 类 18 个维度进行了分析研究。也有相关研究表明，广播电视从业人员的人格特征主要表现为：情绪稳定性高；有较高的自律性；做事有一定的支配性，有自己的观点和看法，但是不会强加于别人；兴奋性高，比较活泼兴奋，具有较高的自发性，但有时缺乏恒心和耐心；具有较高的幻想性，既能关注细节，又能从更广阔的角度去思考；开放性高，不墨守成规，容易接受新思想和新事物。并有相关研究者以广播电视不同岗位从业人员为研究对象，对人才胜任力进行了一系列研究。其中，江岑经过对广播电视编辑从业人员的胜任力特征研究，最终确认了专业知识、学习能力、成就导向等 13 项胜任力特征因子；崔晓芬经过对广播电视记者从业人员的胜任力特征研究，最终确认了语言表达能力、主动创新、政治素养等 12 项胜任力特征因子；李娇娇经过对广播电视编辑从业人员的胜任力特征研究，最终确认了艺术鉴赏力、成就导向、成就导向等 11 项胜任力特征因子；刘胜楠经过对广播电视节目主持人的胜任力特征研究，最终将主持人的核心胜任力归纳为基础素质、协同合作、自我管理、问题解决四项。

四、研究总结与展望

整体来说，目前文化创意人才胜任力相关研究存在三大趋势：(1) 工具寻求到工具使用。目前，胜任力识别方法和模型的建立途径已基本在学界达成共识，现在越来越多的胜任力研究都是如何结合某一行业，或在某一特定企业进行胜任力建模，并在此基础上利用既有模型与企业人力资源管理体系融合应用，更深更广地服务于企业现场管理。(2) 单一性研究到系统性研究。基于现有胜任力模型研究分析，多数研究均着力于文化创意产业中单一业务、单一部门特定岗位胜

任力模型的开发,相对缺乏对同一业务、同一部门中不同层级岗位的系统模型构建。胜任力模型的比较研究就更为少见了,比如不同行业、相同部门的跨行业比较,或同一行业、统一部门的不同层级岗位之间的跨层级比较。(3)个体层面到组织层面。胜任特征的研究发轫于个体微观研究,但 20 世纪 90 年代以来,立足于组织战略理论高度,对组织核心胜任特征进行中观或宏观研究得到了越来越多的研究关注。另外,该领域相关研究还存在理论研究多、实证研究少、研究手段相对单一、研究方法不够严谨等不足。

基于上述分析,笔者认为未来该领域研究至少可有两条路径以供选择:一是从"企业家"视角出发,将相对成熟的其他行业胜任力模型工具应用至文化创意产业情境中,相应进行实证分析和模型重构。二是从"艺术家"视角出发,综合采用行为事件访谈法、文献根分析法等相对系统严谨的研究方法,对文化创意产业人才进行大样本研究,从中归纳萃取可靠性特征因子,再相应在文化创意现实情境中加以验证。

第三节　员工忠诚是不合时宜的提法吗?

你会对现有的企业保持忠诚吗?当你带着这个问题询问大多数在职场打拼的人,得到的答案可能都是否定的。有人可能还会反问一句,企业会对我保持忠诚吗?显然,在如今裁员、并购、买断、提前退休等不断发生的劳动力市场中,期望企业和员工之间保持忠诚似乎已经成为一个不合时宜的提法。在充满风险的时代,我们还需要员工忠诚吗?很多经理人员虽然嘴上说需要,实际上他们采取的措施确实对员工的忠诚满不在意。人们普遍认为企业不再需要对员工的职业生涯负责,员工需要为自己承担责任,美其名曰:可雇佣性管理。大部分公司并不是希望让员工多挣一些,而是处心积虑地给员工少发一点工资。美国市场的薪酬数据表明,处于九十分位与十分位员工收入比例从 70 年代的 1.7 增加到 21 世纪初的 2.3。中国没有相关的数据统计,但显然中国社会的基尼系数正在急剧增加。相信数据结果应该是远远大于美国。

然而,我们也看到以海底捞为代表的一些商业模式,利用简单的商业原则获得了成功。这个简单的商业模式就是,通过员工的忠诚实现顾客的忠诚,通过顾客的忠诚实现投资者的忠诚。成功看起来如此简单,然而也是如此难以模仿。

一、低成本劳动力的新定义

大多数中国企业的竞争优势来自低成本,而员工的薪酬是企业总成本的重要构成部分。企业降低成本的最快做法是降低员工的收入,以短期员工替代长期员工。越来越多的公司在大量使用临时工、合同工和人员外包。临时工的使用当然可以降低公司的用人成本。例如招聘正式员工需要的周期较长,而获得临时员工只要一个电话。在很多大型的事业和企业单位,由于编制和薪酬预算的限制,无法招聘正式的员工,因而采取以外部和临时员工的方式替代正式员工。临时员工比较容易辞退,可以作为正式员工的缓冲器。当企业面临困难的时候,使用临时工可以保证关键岗位上核心员工免于受到经营波动的影响。可以说,使用临时工的收益是直接的、可以度量的。而不利之处在于随着时间的延长,企业的经营成本会逐步增加,出现生产率降低、工作动力不足、对组织忠诚度下降、员工流动率上升的现象。传统的会计准则是很难反映这些成本的。

劳动经济学的基本准则是劳动力成本不取决于劳动力的绝对成本,而是取决于生产率和劳动力绝对成本的比值。虽然使用临时工可以降低短期成本,但是从长期而言可能会导致劳动力成本上升。人力资源管理的主要目标是提高员工的生产率,员工对企业的价值不单纯体现为个人的产出,而是体现为员工对组织和团队的短期与长期价值之和。在传统的制造业经济中,人们将生产和销售割裂开来进行管理。在工厂中,一台机器生产多少零部件常常用来测量生产率。制造企业将单位员工的生产量和销售量、单位机器的产出作为控制成本的指标。在单位产量一定的情况下,降低员工的薪酬也成为降低成本的最主要手段。然而,如今员工在提供产品的同时还必须提高服务水平,提高产品对顾客的价值。顾客购买产品和服务不是因为其成本低,而是因为产品对顾客的价值超过了顾客付出的购买成本。服务经济中,推动成本下降的是人而不再是机器。员工在提供服务的过程中,既从事生产行为,也从事销售行为。在生产和销售服务的过程中,员工必须在两种利益中寻求平衡：一是尽可能提高效率，在尽可能短的时间内为尽可能多的顾客提供服务。二是需要在服务的过程中，了解哪些顾客对公司具有重要的价值，哪些顾客的价值相对较低。了解哪些顾客可能成为公司的忠诚顾客，哪些顾客值得花更多的时间为他们服务。有的顾客不管跟哪家公司做生意都诚实可靠；有的顾客经济较为充裕，对于价格不太敏感，对购买成本不太计较；还有的顾客对产品和服务具有特别的偏好，愿意花更多的钱来购买。哪些人可能成为公司的合适顾客？答案需要员工在提供服务的过程中花时间去寻找。大多数公司的成功正是因为他们找到了对自己忠诚的顾客，充分了解了顾客的需求、口味和偏好。银行的柜员在办理存贷业务的过程中发现一名顾客有大额转出资金的行为，便积极询问顾客转出资金的原因。他发现，顾客转出资金是为了购买一项理财产品。在了解顾客的需求以后，他向该顾客推荐了自己银行正在销售的理财产品，并把它推荐给了公司的理财产品销售人员。虽然该柜员在处理业务的过程中降低了生产效率，但是为公司留住了一个重要的客户。虽然员工的个人生产率下降了，但是对公司和团队的价值却提高了。单纯地采用个人处理客户的数量和个人销售额已经不能准确衡量员工的生产效率。在零售行业，英国著名的百货公司Nordstrom已经用店面的人均营业收入取代传统的个人销售额来衡量员工的生产率。通过以团队和部门的业绩取代个人业绩，企业鼓励员工在提高工作效率降低成本的同时，考虑到服务的质量和顾客的满意度。相反，如果公司过分重视降低成本，提高短期的生产效率，反而提高了公司的长期经营成本。很多公司在设置各种绩效考核指标体系的时候，过于鼓励员工积极开拓新的市场，反而对于老客户置之不理。对新顾客提供的优惠条件远远超过了老顾客。例如，有的房地产公司在销售房子时提供了很多承诺，比如成功推荐了一位朋友，可以减免部分物业费。然而一旦房子销售出去以后，物业公司为了降低成本不再兑现以前的承诺，这导致很多老顾客对公司的不满。虽然个人和部门的生产率提高了，却降低了公司的整体生产率。

二、测算员工忠诚对顾客忠诚和公司价值的影响

绝大多数管理者已经认识到了忠诚顾客对于公司的重要性，然而忠诚的顾客

为什么对公司非常重要,员工忠诚对公司的价值究竟有多大却未必认识得很清楚。我们需要对员工忠诚对公司价值的影响进行准确测算。

假设两家公司,一家的顾客保留率是95％,另外一家是90％。也就是前者的顾客流失率是每年5％,而后者的顾客流失率为10％。再假设两家公司每年的新顾客增长率为10％。这意味着什么呢?第一家公司顾客存量每年增加5％,而第二家公司是零增长。14年后第一家顾客规模翻番,而第二家不变。如今大多数企业都深感增长的困难,顾客存量14年翻番的业绩也还是不错的。一方面,企业面临老顾客的大量流失;另一方面,企业花费大量时间和成本去招揽新的顾客。首先,获得新顾客需要花费巨大的成本,例如广告成本、销售成本、管理费用、营销费用等。营销和广告费用的效果往往还不是非常明确。其次,公司的利润来自顾客购买的服务和产品。老顾客在公司中的时间较长,自然获得的利润更多。而且随着顾客的时间越长,购买其他商品和服务的可能性增加,也给公司增加了更多的利润。即使购房这样固定资产投资往往在短期内不会有重复购买,然而随着个人收入增加,再次购买时忠诚效应产生的价值也是非常巨大的。公司在老顾客中的口碑也直接影响了新顾客的购买行为。在提供服务的过程中,老客户更懂得公司的服务流程、是否需要预约、哪些产品更合适,这降低了公司服务的运营成本,提高了服务的效率。老顾客不需要公司的售后指导,更容易掌握产品的性能。老顾客更懂得不同产品的性能,愿意为高性能的产品和服务付出更高的价格。

忠诚的员工懂得哪些顾客是公司需要的顾客,是对公司最有价值的顾客。忠诚的员工更容易了解顾客的需求和偏好,提供高的服务质量。忠诚的员工更容易以更高效率的方式服务顾客。忠诚的员工更容易提出公司在改进流程上的建议。当公司降低了员工流动率的时候,顾客感受的服务质量才会提高,服务成本才会大幅度降低。如果我们经过认真计算,可以发现员工忠诚度对于降低顾客流失率,对于公司成本的降低具有极大的影响。

三、员工忠诚管理

如何准确测试员工忠诚度的投入多大程度上降低了公司的成本呢?如何有

效提高员工对组织的忠诚呢？我们提出几个建议。

1. 评价员工流失的影响

员工流失除了受到企业本身吸引力的影响以外，还受到外部市场机会和吸引力的影响。在某些行业中，市场机会很多，员工流动率自然就很高，例如餐饮行业、高科技行业。企业要将自身的员工流动率降得非常低，成本很高。在某些知识和产品更新速度较快的行业，如高科技行业，一定的员工流动率是必需的。新员工由于掌握了新的知识和技能，具有更好的学习能力，因而受到高科技企业的欢迎。老员工则具有较多的经验和隐性知识，对于改进产品有很大的帮助。因此说，企业需要保持合理的年轻员工和老员工的组合。然而，员工流动率过高，特别是核心员工流动率过高，会对企业产品和服务质量、招聘和培训成本、员工生产率等造成很大的影响。因此说，企业需要根据自己所在的行业确定一个相对于竞争对手较低的、合适的员工流动率目标。

2. 对跳槽者分类

员工跳槽的原因很多。有时候，我们很难准确判断一名将要跳槽的员工到底是迫不得已还是离心离德。很多专业性公司，例如咨询公司和高科技公司聘请工商管理硕士。他们在企业中待上几年，积累一些工作经验以后，便会跳槽。他们在离开单位以后，往往会给原来工作的公司带来很多业务和机会。在咨询行业，有的人在现单位工作后会聘请原来的雇主提供咨询服务。惠普公司会对离职员工创业的企业进行投资，原来的员工也趋向于与惠普公司合作。严格意义上来讲，这些人并不是跳槽。对于跳槽者进行分类，可以帮助企业确定不同类型员工的离职率目标，了解不同类型跳槽者的真正动因。

3. 赢得员工的忠诚

除了金钱以外，福利、工作氛围、工作地点等都可以成为吸引员工和留住员工的手段。公司唯一要做的是找到员工的潜在需求点。海底捞找到了农民工需要在城市深耕落地、改变自己命运的需求，建立了以"双手改变命运"为核心的人力资源管理制度。由于农民工的心理期望值较低，从而为公司提高员工满意度建立了良好的基础。软件行业的员工流失率一定比较高。在软件行业中，有一家特立独行的公司就是一直以来被称为"美国最佳雇主"的 SAS 公司。虽然软件行业的员工年流失率平均为 22%,而 SAS 只有 4% 左右。SAS 长久以来被称为鼓励员工保持工作/生活平衡的革新者。在 SAS 总部(北卡罗来纳州卡雷镇)工作的员工享有的福利包括卫生保健、给予补助的儿童保育、66000 平方英尺的免费休闲与健身中心以及旨在促进员工健康的各种计划。这带来的结果是 SAS 员工都异乎寻常地忠诚。这一低员工流失率有助于 SAS 与客户保持长期关系,保留知识资本,以及减少招聘人数和降低培训成本。2008 年的金融危机为企业带来了严峻挑战。SAS 首席执行官 Jim Goodnight 表示:"2009 年全球虽然有许多公司通过裁员和减少员工福利来降低成本,但 SAS 对此持相反立场,我们得到的回报是员工忠诚度的提高和业务上的整体成功。在经济衰退时期坚持这一立场能够让我们在预期的市场回暖到来时处于最有利的地位。"SAS 人力资源副总裁 Jenn Mann 说,"在艰难的经济形势下,SAS 坚持对员工和创新文化的承诺不动摇,并鼓励员工保持工作与生活的平衡。目前,SAS 的持续成功证明了我们的核心信念:只有快乐、健康的员工才能卓有成效地开展工作。"了解员工的潜在需求,持续不断向员工传递自己的理念和价值,抵制短期诱惑,建立雇主声誉及员工和管理层之间相互信任,是保持员工忠诚的唯一密码。

4. 降低员工流失的影响

即使企业通过各种方法努力选拔合适的员工、培养员工的能力、激励员工的发展,然而员工流动在当今还是再正常不过的一件事情。企业需要在关键岗位上做好员工流失的准备,降低员工流失对企业的影响。例如,企业可以通过工作细分和标准化,降低对于特定员工的依赖。可以通过工作日记、信息网络等方法建立知识管理系统,将员工的隐性知识转变为显性知识。通过建立岗位继任计划,建立重要岗位的接班人。

美国著名管理学者,斯坦福大学商学院组织行为学教授 Jeffrey Pfeffer 说,"为什么只有很少的公司通过人力资源管理建立了难以模仿的竞争优势。因为只有二分之一的公司认识到了人力资源管理的重要性,其中又只有二分之一的公司能够正确采取某些人力资源管理实践,在其中又只有二分之一的公司能够将不同人力资源实践匹配好,服务于共同的组织目标。最后,其中又只有二分之一的公司能够将自己的理念持续坚持下去。"著名的林肯电气公司案例首先发表于 1947 年的哈佛商学院案例库,其中就已经提出了有关收入分享、员工参与、不裁员、质量改进团队的思想,直到如今,这家公司依然如明星般闪耀,成为很多公司学习的典范。这验证了成功法则有时候是如此简单,只不过大部分人无法坚持而已。

第四节　弹性福利:选择越多越好吗?

企业给员工的报酬可以分为薪酬和福利两种。如果你去问企业愿意在哪个方面投入更多,我想大部分企业的答案可能是采取现金支付。为什么企业不愿意在福利方面投入更多呢? 答案无非是:福利缺乏灵活性和激励性。员工的需求多种多样,统一的福利计划无法满足所有员工的需要。企业无法根据员工的表现,进行差异化的激励。福利更多的体现是隐形的成本。企业花费了巨大的成本,而员工往往无法意识到。久而久之,员工常常将福利当作理所当然的收入。企业减少福利常常会带来员工的不满,而增加福利却无法激励员工努力工作。另一方面,我们也可以看到在人才竞争日益激烈的今天,很多企业在创造性地开发各种福利计划吸引和留住需要的人才。弹性福利计划(也称为菜单式福利计划)是近年来日益流行的一项人力资源管理方法。究竟企业为什么需要福利? 什么样的企业最需要开发福利计划? 弹性福利在提高员工满意度的同时,也意味着降低了组织通过福利筛选员工的可能性。我们应该让员工在福利的选择中具有何种程度的灵活性? 这些问题都是我们迫切需要回答的。

一、什么样的企业需要福利计划?

福利是企业整体报酬的一部分。在总成本一定的情况下,企业面临着工资还是福利的替代性决策。企业可以向员工支付现金,也可以支付福利。如果福利和现金对员工的价值相同,而福利对于企业的成本较低,那么理所当然企业应该选择支付福利。首先,企业由于在购买福利上存在规模经济效应,因而支付福利具有很大的成本优势。例如,员工单独购买医疗保险价格较高,企业采取团体投保的方法可以获得相对较低的价格;员工单独购买旅游服务价格较低,企业采取集体旅游的方法也可以增强谈判能力。其次,企业向员工提高福利还可以带来税收的优惠。从企业的角度出发,企业向员工提供福利,可以作为经营成本抵扣税款。从员工纳税的角度出发,如果福利以等值的现金发放,必须缴纳相应的个人所得税。如果综合企业缴纳的税收和个人缴纳的税收,福利给企业和员工带来的税收优惠还是相当可观的。这也就不难解释,为什么那么多的企业通过提高住房公积金缴纳基数进行转移支付,从而合理避税。最后,相对现金而言,福利具有员工难以比较的特点。如果两家公司都采取工资的形式支付报酬,求职者很容易在两家公司之间比较所获得的报酬。相反,如果一家公司采取了工资加福利的形式,求职者很难比较两家公司的报酬水平。公司将自己的福利项目设计跟自己的人才需求相配合,则很容易吸引到自己需要的员工,迫使自己不需要的员工自行离去。例如,海底捞的工资水平相对于其他餐饮行业来说并不是非常突出。然而吸引员工在于其所提供的一系列福利,如高标准的宿舍和员工餐、员工关爱、教育和培训项目、各种各样解除员工后顾之忧的后勤保障和福利。相对于海底捞要吸引的希望通过个人奋斗改变命运,独自在外打拼的农村员工而言,这些福利项目具有很高的价值。相反,对于出身于城市的应聘者和高校毕业生而言,价值则小得多。如果其他公司想要挖海底捞的员工,需要提供与海底捞相等价值的薪酬待遇。然而,海底捞的员工很难把这些福利项目的价值与其他公司提供的现金价值进行比较。这样其他公司想要挖它的员工就不那么容易了。

如果说福利具有规模经济、税收优惠和难以比较的优点,企业为什么不愿意用福利替代工资呢?其中一个重要的原因在于:福利对于不同人的价值差异很大。例如,年老的员工对于健康保健非常关注,而对于儿童教育不是十分在意。年轻的员工对于住房和儿童教育非常关注,而对于健康保健不是非常重视。中年员工重视工作时间的灵活性和家庭保健,而对于现金奖励的重视程度减弱。单身职工更在意个人福利,有家庭的员工更在意家庭福利。男性员工和女性员工在福利方面的关注点也大相径庭。如果企业对于所有员工提供同样的福利计划,实际上对不同的员工产生了不同的价值。在有些员工得到满足的同时,另一部分员工的利益则受到了侵害。

　　什么样的公司最适合采取福利替代工资的策略呢？我认为起码需要具备以下几个条件。首先，人才竞争激烈。相对于现金支付而言，福利的成本更高。如果通过工资支付的方式，员工容易在竞争对手之间进行比较。企业通过有自己特色的福利项目，更容易吸引和留住合适的员工。其次，公司的员工群体相对单一。企业更容易根据员工的需求，制订出相应的福利计划。如果公司中不同年龄、不同性别、不同学历、不同岗位的员工类别很多，公司要制订和管理一个合理的福利计划的难度很大。最后，有效的福利项目设计。企业可以通过福利项目，满足员工需求，实现规模经济和税收优惠。

二、弹性福利的选择越多越好吗？

　　为了对不同的员工都产生类似的价值和吸引力，企业可以采取的方式是增加福利计划的灵活性。如果企业能够在特定的成本下，开发出集中不同类型的福利组合，那么员工就可以根据自己的需求，选择适合自己的福利组合，从而实现价值的最大化，这也就是弹性福利计划的起源。例如，美国 SAS 计算机软件公司在每个发薪周期，给员工的账户中存入一定数量的福利存款。福利存款的数量取决于员工在企业的工作时间和岗位级别。员工可以自由地在福利商店购买他们喜欢的福利项目，例如日托、节假日、补充医疗保险等。所有的福利项目和菜单都具有相应的价格，这为管理者和员工的成本核算建立了基础。如果所有的福利项目都是基于现金核算的基础上进行的，那么企业为什么不直接提供现金让员工到外部市场上进行购买？其中的主要原因在于企业能够以更低的价格在市场上购买到相应的福利项目。

　　所有的福利计划表面上给所有员工提供的福利成本是一样的，但是实际上员工从福利计划中所得到的价值存在一定的差异。企业往往也正是在利用这种价值差异吸引和筛选所需要的员工。如果企业认为，有家庭的员工比没有家庭的员工具有更高的生产率和更高的忠诚度，会倾向于提供低于市场价格的儿童教育和保健项目。如果企业相信老员工比年轻员工具有更多的经验和技能，会倾向于提供更多的跟年龄和资历相关的福利。这样，年轻员工必然会自动离职，老员工自然会留下来。软件行业以产品的不断更新和高员工流动率而著称。微软公司希望吸引那些具有高技能和强烈冒险精神的员工,因此,在基本报酬以外,提供了大量的股票和期权。那些对稳定报酬不感兴趣的员工受到股票和期权的吸引加入微软公司工作。相反,美国 SAS 公司的盈利建立在软件的不断升级和良好的服务基础上。它希望吸引那些具有高度忠诚感和服务能力的员工。因此,SAS 通过提供弹性工作时间、家庭保险和福利、日托等福利项目,吸引那些对家庭和企业具有高度忠诚感的员工。在劳动力市场上,员工会根据企业提供的福利组合选择适合自己的企业。企业也会根据自己的竞争策略和产品特点,选择相应的福利组合。

如果说弹性福利计划可以增加员工的选择自由度,从而提高员工的满意度,是不是意味着公司可以无限制增加福利的组合呢?以笔者所在的单位为例,为了增加员工之间的合作关系,学院每年暑假都要举行一次集体旅游活动。然而不同员工之间的旅游偏好存在很大的差异,常常带来很多矛盾。后来,单位决定采取弹性福利计划,员工可以在不同的旅游地点进行选择。后来,发展到员工可以在旅游和现金报酬之间进行选择。这带来的结果是什么呢?有相当部分的员工选择了现金报酬。原来单位作为一次集体活动举办的旅游活动,变成了部分小团体之间的活动。旅游活动变成了一次现金奖励。企业希望通过福利实现的文化建设目标也无形之中减弱了。这说明,福利的选择项目并不是越多越好。企业需要在组织需要和个人需要之间实现平衡。一方面,组织需要让员工通过自由选择实现自身价值的最大化;另一方面,企业也需要根据自身的需要,建立适当的福利组合,筛选自己需要的员工。

三、如何建立自己的弹性福利计划

既然弹性福利项目要在员工的需求和组织的需求之间实现平衡,那么,企业应该如何建立自己的有特色的弹性福利计划呢?

1. 确定企业福利战略

不同战略和文化的公司需要不同的员工行为、技能。这些不同类型的员工具有不同的需求和特点。员工的需求和特点可以通过现金形式让员工自我满足,也可以通过福利的形式直接满足。公司的长期发展也会在人力资源市场上形成自己的雇主声誉。这种声誉影响了求职者对公司的选择。公司需要在员工需求和公司声誉之间找到一个平衡点,确定自己的整体福利战略,例如是以灵活工作时间,还是以家庭福利,或者是以股权激励吸引员工。

2. 确定弹性选择福利的组成项目

弹性福利并不是选择越多越好。弹性福利的核心就是既要满足员工个性化需要,又要便于组织管理和筛选合适的员工。在设计前,要进行福利需求调查。可以通过调查问卷和访谈,了解员工个性化的需求。在选择受访者时,应兼顾各年龄段、各部门和各层次人员,尽可能使被访者具有较高代表性。在福利项目的设计上既要满足大多数员工的典型需求,又要便于规模采购、降低成本。由于企业不能满足所有员工要求,故人力资源部门在设计福利项目时,应结合本企业的战略目标及经营特点,突出阶段性和层次性。福利项目的选择要让公司需要的员工实现最大价值,同时迫使不需要的员工自行离去。

3. 根据福利总成本确定福利项目类型和价格

福利定价的基本思路是把所有选择性福利项目进行货币化,实现对所有福利项目的明码标价。然后根据公司的福利总成本,确定公司提供的福利总额和种类。福利定价需根据其现实价格、折扣等因素,折算成相应实际点数。对于不能用货币衡量的福利,可以用它在这期间的工资额加上因不工作造成的损失,折算成现值进行定价。现金补贴类是企业需直接支出货币的项目,即企业货币支出加上所支付的相关税费。对于休假类而言,企业则可根据休假员工的日工资率计算出员工休假福利(国家法定假日除外)的货币成本。保险类的货币成本则是企业从专业保险公司为员工购买保险的货币支出。而对于服务类,企业则可自主提供,也可外购。若企业自主提供,则参照市场价格(或稍低)确定其货币成本;若企业外购,外购费用构成其货币成本。弹性工作时间、地点类福利仅改变员工工作时段和地点,并未减少员工实际工作量,因此,对于企业而言,增加管理成本就可以作为其货币成本。

4. 确定每个员工的福利购买力

任何企业都不会让员工毫无限制地挑选福利。企业根据员工职位、薪水、绩效考核等情况来确定员工应享有的福利购买力。不同企业可根据本企业具体情况,选择不同的考虑因素来确定员工弹性福利。

5. 员工自由选择福利组合

在享有的购买力限度内,员工自由选择企业提供的福利菜单中自己满意的福利组合。

参考文献

[1] Adams J S.Inequity in social exchange[J]. Advances in Experimental Social Psychology,1965,2(4).

[2] Adler P S,Kwon S W.Social capital:prospects for a new concept[J]. The Academy of Management Review,2002,27(1).

[3] Aguinis H,O'Boyle Jr E.Star performers in twenty-first century organizations[J].Personnel Psychology,2014,67(2).

[4] Amabile,Hulin,Wajman,et al..Slow release verapamil and treatment of mild to moderate hypertension[J].Journal of Hypertension,1986,4(5).

[5] Aoki M. Horizontal vs.vertical information structure of the firm[J]. Chapters,1986,76(5).

[6] Armstrong J S,Overton T S.Estimating non-response bias in mail surveys[J].Journal of Marketing Research,1977,14.

[7] Arthur J B.The link between business strategy and industrial relations systems in American steel minimills[J].ILR Review,1992,45(3).

[8] Arthur J B.Effects of human resource systems on manufacturing performance and turnover[J].The Academy of Management Journal,1994,37(3).

[9] Baker W E. Market networks and corporate behavior[J]. American Journal of Sociology,1990,96(3).

[10] Bamberger P A,Levi R. Team based reward allocation structures and the helping behaviors of outcome-interdependent teammembers[J]. Journal of

Managerial Psychology,2009,24(4).

[11] Barnard M E,Rodgers R A.How are internally oriented HRM policies related to high-performance work practices? Evidence from Singapore[J].International Journal of Human Resource Managemment,2000,11(6).

[12] Barney J. Firm resources and sustained competitive advantage[J]. Journal of Management,1991,17(1).

[13] Baron J N, Hannan M T,Burton M D.Building the iron cage: determinants of managerial intensity in the early years of organizations[J]. American Sociological Review,1999, 64(4).

[14] Baron J N, Kreps D M. Consistent human resource practices[J]. California Management Review,1999,41(3).

[15] Baron R M,Kenny D D. The moderator-mediator variable distinction in social psychological research: conceptual, strategic, and statistical considerations[J].Journal of Personality and Social Psychology,1986,51(6).

[16] Barrick M R,Stewart G L,Neubert M J,et al..Relating member ability and personality to work-team processes and team effectiveness.[J].Journal of Applied Psychology,1998, 83(3).

[17] Barry G, Sara L, Rynes I, et al.. Pay and performance: Individuals, groups,and executives[J].The Academy of Management Annals,2009,3(1).

[18] Bass B M.Leadership: Good, better, best[J]. Organizational Dynamics,1985, 13(3).

[19] Bateman T S, Organ D W. Job satisfaction and the good soldier: the relationship between affect and employee "citizenship"[J]. Academy of Management Journal,1983, 26(4).

[20] Batt R.Managing customer services: Human resource practices,quit rates,and sales growth[J].Academy Of Management Journal,2002,45(3).

[21] Bechky H B A. When collections of creatives become creative collectives: a field study of problem solving at work[J]. Organization Science, 2006,

17(4).

［22］Beck J W,Beatty A S,Sackett P R.On the distribution of job perform-ance：the role of measurement characteristics in observed departures from nor-mality[J].Personnel Psychology,2013,67(3).

［23］Becker B,Gerhart B.The impact of human resource management on organizational performance：progress and prospects[J].Academy of Management Journal,1996,39(4).

［24］Beersma B, Hollenbeck J R, Conlon D E, et al.. Cutthroat cooperation：the effects of team role decisions on adaptation to alternative reward structures[J]. Organizational Behavior and Human Decision Processes, 2009, 108(1).

［25］Bell B S, Kozlowski W J. Goal orientation and ability：interactive effects on self-efficacy, performance, and knowledge[J]. Journal of Applied Psychology, 2002, 87(3).

［26］Belliveau M, O'reilly Ⅲ, Charles A, et al.. Social capital at the top：effects of social similarity and status on CEO compensation[J]. Academy of Management Journal, 1996, 39(6).

［27］Berson Y, Nemanich L A,Waldman D A,et al..Leadership and organi-zational learning：a multiple levelsperspective[J].The Leadership Quarterly,2006(17).

［28］Bloom M.The performance effects of pay dispersion on Individuals and organizations[J]. The Academy of Management Journal, 1999, 42(1).

［29］Bolino M C, Turnley W H, Bloodgood J M. Citizenship behavior and the creation of social capital in organizations[J]. Academy of Management. The Academy of Management Review, Briarcliff Manor,2002, 27(4).

［30］Brett J M,Olekalns M,Friedman R,et al..Sticks and stones：language,face,and online disputeresolution[J].Academy of Management Journal,2012,50(1).

［31］Brief A P，Motowidlo S J. Prosocial organizational behaviors［J］.Academy of Management Review，1986，11(4).

［32］Burt R S.Structural Holes：The social structure of competition［M］. Cambridge：Harvard University Press,1992.

［33］Burt R S ,Knez M .Kinds of third-party effects on trust［J］.Rationality and Society，1995，7(3).

［34］Call M L,Nyberg A J,Thatcher S M B.Stargazing：an integrative conceptual review，theoretical reconciliation，and extension for star employee research［J］.Journal of Applied Psychology,2015,100(3).

［35］Campbell J R,McCloy R A，Oppler S H.A theory of performance［J］. Personnel Selection in Organizations,1993,39(4).

［36］Campion M A,Medsker G J,Higgs A C.Relations between work group characteristics and effectiveness：implications for designing effective workgroups ［J］.Personnel Psychology,1993, 46(4).

［37］Campion M A,Papper E M,Medsker G J.Relations between work group characteristics and effectiveness：A replication and extension［J］.Personnel Psychology,1996,49(2).

［38］Chen C，Chen Y,Xin. Guanxi practices and trust in management： a procedural justice perspective［J］.Organization Science,Linthicum,2004,15(2).

［39］Chen G,Tjosvold D.Shared rewards and goal interdependence for psychological safety among departments in China［J］.Asia Pacific Journal of Management,2012,29(2).

［40］Cheng B S,Chou L F,Wu T Y,et al..Paternalistic leadership and subordinate responses：establishing a leadership model in Chinese organizations［J］. Asian Journal of Social Psychology,2004,7(1).

［41］Chow C W,Johnny D F,Ho J L.The openness of knowledge sharing within organizations：a comparative study of the United States and the People's Republic of China［J］.Journal of Management Accounting Research,2011,12(1).

[42] Chua R Y J,Morris M W.From the head and the heart:locating cognition-and affect-based trust in manager's professional networks[J].Academy of Management Journal,2008,51(3).

[43] Chua R Y J, Morris M W, Ingram P. Guanxi vs networking: distinctive configurations of affect- and cognition-based trust in the networks of Chinese vs American managers[J].Journal of International Business Studies, 2009, 40(3).

[44] Clark M S, Mills J. Interpersonal attraction in exchange and communal relationships.[J]. Journal of Personality & Social Psychology, 1978, 37(1).

[45] Cohen S G, Bailey D E.What makes teams work:group effectiveness research from the shop floor to the executive suite[J].Journal of Management: Official Journal of the Southern Management Association,1997,23(3).

[46] Coleman J S. Social capital in the creation of human capital[J]. American Journal of Sociology,1988,94(1).

[47] Collins C J, Clark K.Strategic human resource practices,top management team social networks,and firm performance[J].Academy of Management Journal,2003,46.

[48] Collins C J,Smith K G.Knowledge exchange and combination:the role of human resource practices in the performance of high-technology firms [J].Academy of Management Journal,2006,49(3).

[49] Cunningham B W.The impact of reward structure on project team effectiveness[D].Virginia Polytechnic Institute and State University,2001.

[50] Daft R L, Weick K E. Toward a model of organizations as interpretation systems[J]. Academy of Management Review.1984,9(2).

[51] Daniel R I,John R H,Michael J,et al..Teams in organizations:from I-P-O models to IMOI model[J].Annual Review of Psychology,2005(56).

[52] Datta D K,Guthrie J P,Wright P M.Human resource management and

labor productivity:does industry matter? [J].Academy of Management Journal,
2005,48(3).

[53] David C, McClelland.Testing for competence rather than for Intelli-
gence[J].American Psychologist,1973,(28).

[54] Deci E L, Koestner R, Ryan R M. A meta-analytic review of
experiments examining the effects of extrinsic rewards on intrinsic motivation
[J].Psychological Bulletin,1999,125(6).

[55] De Dreu C K W,Carnevale P J. Motivational bases of information pro-
cessing and strategy in conflict and negotiation [J].Advances in Experimental
Social Psychology,2003,35(3).

[56] De Dreu C K W,Carsten K W. Cooperative outcome interdependence,
task reflexivity, and team effectiveness:A motivated information processing
perspective[J].Journal of Applied Psychology,2007,92(3).

[57] De Dreu C K W,Weingart L R.A contingency theory of task conflict
and performance in groups and organizational teams [J].International Handbook
of Organizational Teamwork and Cooperative Working,2003.

[58] Delery J E, Doty D H. Modes of theorizing in strategic human
resource management:Tests of universalistic, contingency, and configurational
performance predictions [J].The Academy of Management Journal, 1996,
39(4).

[59] De Matteo J S, Eby L T, Sundstrom E.Team-based rewards:current
empirical evidence and directions for futureresearch [J]. Research in
Organizational Behavior,1998,20(1).

[60] Dess G G,Beard D W.Dimensions of organizational task environments
[J].Administrative Science Quarterly,1984,29(1).

[61] Deutsch K W. Review:System and process in international politics
[J]. Political Research, Organization and Design:PROD (pre-1986), Princeton.
1958,1(4).

［62］Dirks K T, Ferrin D L. Trust in leadership：meta-analytic findings and implications for research and practice[J]. Journal of Applied Psychology, Washington, 2002, 87(4).

［63］Drazin R,Glynn M A,Kazanjian R K.Multilevel theorizing about creativity in organizations：a sense making perspective[J].Academy of Management Review,1999,24(2).

［64］Du J, Choi J N. Pay for performance in emerging markets：Insights from china[J].Journal of International Business Studies,2010,41(4).

［65］Dunlop J T,Weil D.Diffusion and performance of human resource innovations in U.S.apparel industry[J].Industrial Relations,1996,35(3).

［66］Dunn J R, Schweitzer M E. Feeling and believing：the influence of emotion on trust[J].Journal of Personality & Social Psychology,2005, 88(5).

［67］Dyne V L, LePine J A. Helping and voice extra-role behaviors：evidence of construct and predictive validity[J]. Academy of Management Journal, Briarcliff Manor,1998, 41(1).

［68］Eisenberg J.The effects of reward schemes,individualism-collectivism, and intrinsic motivation on teams' creative performance[D].Colorado State University,2001.

［69］Evans W R,Davis W D.High performance work systems and organizational performance：The mediating role of internal social structures[J].Journal of Management,2005, 31(5).

［70］Farmer S M,Kung-M K.Employee creativity in taiwan：an application of role identitytheory[J].Academy of Management Journal,2003,46(5).

［71］Farr J L, Ford C M. Individual innovation[M]. In M. A. West & J. L. Farr Eds., Innovation and Creativity at Work：Psychological and Organizational Strategies,1990.

［72］Ferris G R,Arthur M M,Berkson H M,et al..Toward a social context theory of the human resource management-organization effectiveness relationship[J].Human Resource Management Review,1998,8(3).

[73] Fine G A, Holyfield L. Secrecy, trust, and dangerous leisure:generating group cohesion in voluntary organizations[J]. Social Psychology Quarterly, 1996, 59(1).

[74] Fisher J G,Peffer S A, Sprinkle G B.Budget-based contracts,budget levels,and groupperformance[J].Journal of Management Accounting Research, 2003(15).

[75] Fiske A P.Structures of social life:the four elementary forms of social relationships[M].New York:Free Press,1991.

[76] Frey B, Oberholzer-Gee F,Review A E,et al..The cost of price incentives:an empirical analysis of motivation crowding-out[J]. American Economic Review, 1997, 87(4).

[77] Fukuyama F.Trust:The Social Virtues and the Creation of Prosperity [M].New York:Free Press, 1996.

[78] Galang M C.Stakeholders in high-performance worksystems[J].International Journal of Human Resource Management,1999,10(2).

[79] Galbraith J. Designing complex organizations[M]. Addison-Wesley, Reading,1973.

[80] Gant J,Ichniowski C, Shaw K.Social capital and organizational change in high involvement and traditional work organizations[J].Journal of Economics & Management Strategy,2002(11).

[81] Garbers Y,Konradt U.The effect of financial incentives on performance:a quantitative review of individual and team-based financial incentives[J]. The British Psychological Society,2014,87(1).

[82] Gerhart B, Milkovich G T.Employee compensation:research and practice [J]. In Handbook of Industrial and Organizational Psychology, 1992(3).

[83] Gerhart B,Rynes S L,Fullmer I S.Pay and performance:individuals, groups,and executives[J]. The Academy of Management Annals,2009,3(1).

[84] Gerhart B, Sara L R, Ingrid S F. Pay and performance: individuals, groups, and executives[J]. The Academy of Management Annals, 2009, 3(1).

[85] Ghoshal S, Bartlett C A. Linking organizational context and managerial action: the dimensions of quality of management[J]. Strategic Management Journal, 1994, 15(S2).

[86] Gibbons R. Incentives in organizations[J]. Journal of Economic Perspectives, 1998, 12(4).

[87] Gibson C B, Birkinshaw J. The antecedents, consequences, and mediating role of organizational ambidexterity[J]. Academy of Management Journal, 2004, 47(2).

[88] Gittell J H. Organizing work to support relational co-ordination[J]. International Journal of Human Resource Management, 2000, 11(3).

[89] Gittell J H. Supervisory span, relational coordination and flight departure performance: A reassessment of post-bureaucracy theory[J]. Organization Science, 2001, 12(4).

[90] Gittell J H. High performance healthcare: using the power of relationships to achieve quality, efficiency, and resilience [J]. Journal of Interprofessional Care, 2010, 24(24).

[91] Gittell J H, Seidner R, Wimbush J. A relational model of how high performance work systems work[J]. Organization science, 2010, 21(2).

[92] Granovetter M. The strength of weak ties[M]. Social networks. Academic Press, 1973.

[93] Granovetter M. Economic action and social structure: the problem of embeddedness. [J]. American Journal of Sociology, 1985, 91(3).

[94] Grant A M. Employees without a cause: the motivational effects of prosocial impact in public service[J]. International Public Management Journal, Stamford, 2008, 11(1).

[95] Grant A M, Dutton J E, Rosso B D. Giving commitment: Employee

support programs and the prosocial sensemaking process[J]. Academy of Management Journal, 2008, 51(5).

[96] Grant A M, Patil S V. Challenging the norm of self-interest: minority influence and transitions to helping norms in work units[J]. Academy of Management. The Academy of Management Review, Briarcliff Manor.2012,37(4).

[97] Grigorious K, Rothaermel F T.Structural microfoundations of innovation: the role of relational stars[J].Journal of Management,2014,40(2).

[98] Groysberg B, Lee L E, Nanda A.Can they take it with them? The portability of star knowledge workers performance[J].Management Science,2008, 54(7).

[99] Groysberg B, Lee L E. Hiring stars and their colleagues: exploration and exploitation in professional service firms[J]. Organization Science, 2009, 20(4).

[100] Guerrero S, Barraud D. High involvement practices and performance of French firms[J]. The International Journal of Human Resource Management, 2004, 15(8)3.

[101] Gulati R. Social structure and alliance formation patterns: a longitudinalanalysis[J].Administrative science quarterly, 1995.

[102] Gupta A K, Govindarajan V.Knowledge flows within multinational corporations[J].Strategic Management Journal,2000,21(4).

[103] Gupta A K, Smith K G, Shalley C E.The interplay between exploration and exploitation[J].Academy Of Management Journal,2006,49(4).

[104] Gurtman M B.Trust, distrust, and interpersonal problems: a circumplex analysis[J]. Journal of Personality and Social Psychology, Washington. 1992, 62(6).

[105] Guthrie J P. High-involvement work practices, turnover, and productivity: evidence from New Zealand[J].Academy of Management Journal,2001, 44(1).

[106] Guthrie J P, Hollensbe E C. Group incentives and performance: a study of spontaneous goal setting, goal choice and commitment[J]. Journal of Management, 2004, 30(2).

[107] Guthrie J P, Liu W C, Flood P, et al.. High performance work systems, workforce productivity, and innovation: a comparison of MNCs and indigenous firms[J]. Personal Management, 2008(1).

[108] Guymon R. The effect of task interdependence and type of incentive contract on group performance [J]. Journal of Management Accounting Research, 2008, 20(1).

[109] Hackman J R, Wageman R. Asking the right questions about leadership[J]. American Psychologist, 2007, 62(1).

[110] Hambrick D C, Cannella A A. Relative standing: a frame-work for understanding departures of acquiredexecutive [J]. Academy of Management Journal, 1993, 36(4).

[111] Hansen M T. The search transfer problem: the role of weak ties in sharing knowledge across organizational subunits [J]. Administrative Science Quarterly, 1999, 44 (1).

[112] Harrison J S, Hall Jr E H, Nargundkar R. Resource allocation as an outcropping of strategic consistency: performance implications[J]. Academy of Management Journal, 1993, 36.

[113] He Z L, Wong P K. Exploration vs. exploitation: an empirical test of the ambidexterity hypothesis[J]. Organization Science, 2004, 15(4).

[114] Hemingway H, Crook A M, Dawson J R, et al.. Rating the appropriateness of coronary angiography, coronary angioplasty and coronary artery bypass grafting: the ACRE study[J]. Journal of Public Health, 1999, 21(4).

[115] Heneman R L, Hippel C V. Balancing group and individual rewards rewarding individual contributions to the team[J]. Compensation & Benefits Review, 1995, 27(27).

[116] Hertel G, Konradt U, Orlikowski B. Managing distance by interdependence: goal setting, task interdependence, and team-based rewards in virtual teams[J]. European Journal of Work & Organizational Psychology, 2004, 13(1).

[117] Hildreth A J, Oswald. Rent-Sharing and wages: evidence from company and establishment panels [J]. Journal of Labor Economics, 1997, 15(2).

[118] Hofstede G H. Culture's consequences: international differences in work related values[M]. CA, Sage: Beverly Hills, 1980.

[119] Honeywell-Johnson J A, Dickinson A M, Poling A. Individual performance as a function of individual and group paycontingencies[J]. The Psychological Record, 2012, 47(2).

[120] Honeywell-Johnson J A, McGee H M, Culig K, et al.. Different effects of individual and small group monetary incentives on high performance[J]. The Behavior Analyst Today, 2002, 3(1).

[121] Horgan J, Muhlau P. Human resource systems and employee performance in Ireland and the Netherlands: A test of the complentary hypothesis [J]. International Journal of Human Resource Management, 2006, 17(3).

[122] Huang Q, Davison R M, Gu J. The impact of trust, guanxi orientation and face on the intention of chinese employees and managers to engage in peer-to-peer tacit and explicit knowledge sharing[J]. Information Systems Journal, 2011, 21(6).

[123] Huang Shu-min. Book reviews: The Chinese family and its ritual behavior[J]. The Journal of Asian Studies, 1987, 46(3).

[124] Huselid B M A. Special issue: Process and outcome: perspectives on the distribution of rewards in organizations || The Incentive Effects of Tournament Compensation Systems [J]. Administrative Science Quarterly, 1992, 37(2).

[125] Huselid M A. The impact of human resource management practices on turnover, productivity, and corporation financial performance[J]. Academy of

Management Journal,1995,38(3).

[126] Ichniowski C, Shaw K, Prennushi G. The effects of human resource management practices on productivity:a study of steel finishing lines[J]. American Economic Review, 1997, 87(3).

[127] Irlenbusch B,Ruchala G K.Relative rewards within team-basedcompensation[J].Labour Economics,2008,15(2).

[128] Jackson S E, Schuler R S. Understanding human resource management in the context of organizations and their environments[J].Annual Review of Psychology,1995,46(1).

[129] Jansen J P,Van D B,Voberda H W.Exploratory innovation and exploitative innovation and performance:effects of organizational antecedents and environment moderators[J].Management Science,2006 (52).

[130] Jansen O, Van D V E, West M. The bright and dark sides of individual and group innovation:a special issue introduction[J].Journal of Organizational Behavior,2004,25(2).

[131] Jehn K A. A multi-method examination of the benefits and detriments of intra groupconflict[J].Administrative Science Quarterly,1995,40 (2).

[132] John Howkins.The creative economy:how people make money from ideas[M].UK:Penguin Books,2002.

[133] Jorgen Sanberg. Understanding human competenceatwork: an interpretative approach [J].Academy of Man2agement Journal,2000,43 (1).

[134] Kalkhoff W. Collective validation in multi-actor task groups: the effects of status differentiation [J].Social Psychology Quarterly,2005,68(1).

[135] Kang S C,Morris S S,Snell S A. Relational archetypes,organizational learning,and value creation:extending the human resource architecture[J].Academy of Management Review,2007,32(1).

[136] Karen G.Stoneman A M, Dickinson PhD.Individual performance as a

function of group contingencies and group size[J].Journal of Organizational Behavior Management,1989,10(1).

[137] Katzenbach J R,Smith D K.The wisdom of teams:creating the high-performanceorganization[M].Cambridge:Harvard Business Review Press, 2015.

[138] Kipnis A B. Within and against peasantness: backwardness and filiality in rural China[J]. Comparative Studies in Society & History. 1995, 37(1).

[139] Kipnis A B. The language of gifts[J]. Modern China.1996, 22(3).

[140] Knott A M. Exploration and exploitation ascomplements[J]. The Strategic Management of Intellectual Capital and Organizational Knowledge, 2002.

[141] Kogut B,Zander U.Knowledge of the firm,combinative capabilities, and the replication oftechnology[J].Organization science,1992, 3(3).

[142] Koys D J . Integrating Religious principles and human resource management activities[J]. Teaching Business Ethics, 2001, 5(2).

[143] Kramer R M, Tyler T R. Trust in organizations: frontiers of theory and research[J]. Administrative Science Quarterly, 1998,8(2)

[144] Kuenzi M ,Schminke M. Assembling fragments into a lens:a review, critique, and proposed research agenda for the organizational work climate literature[J]. Journal of Management, 2009, 35(3).

[145] Lahteenmarki S, Toivonen J, Mattila M. Critical aspects of organizational learning research and proposals for its measurement [J]. British Journal of Management, 2001, 12(2).

[146] Lawler E E. The ultimate advantage: Creating the high-involvementorganization[M].Jossey-Bass,1992.

[147] Lawler III E E. Creating high performanceorganizations[J].Asia Pacific Journal of Human Resources,2005,43(1).

[148] Lawrence P R,Lorsch J W. Organization and environment:managing

differentiation and integration. Graduate School of Business Administration[M].
Cambridge:Harvard University Press,1968.

[149] Lazear E P,Rosen S. Rank-order tournaments as optimum laborcon-
tracts[J].Journal of Political Economy,1981,89.

[150] Leana C,Buren H J V.Organizational social capital and employment
practices[J]. Academy of Management Review,1999,24(3).

[151] Leenders R T A J,Engelen J M L V,Kratzer J.Virtuality,communi-
cation,and new product team creativity:a social networkperspective[J].Journal
of Engineering & Technology Management,2003,20.

[152] Lepak D P,Takeuchi R,Snell S A. Employment flexibility and firm
performance:examining the interaction effects of employment mode, environ-
mental dynamism,and technological intensity[J].Journal of Management,2003,
29(5).

[153] Dyne V, LePine J A. Predicting voice behavior in work groups[J].
Journal of Applied Psychology, 1998, 83(6).

[154] Lewicki R J, Tomlinson E C,Gillespie N.Models of interpersonal
trust development:the oretical approaches,empirical evidence, and futuredirec-
tions[J].Journal of Management,2006(12).

[155] Locke E A, Feren D B, Mccaleb V M, et al.. The relative effective-
ness of four methods of motivating employee performance[J].Changes in Work-
ing Life,1980, 363(1).

[156] Macduffie Jr, Thomas E. The search for indigo [J]. Science
Activities, 1995, 32(3).

[157] Macduffie P. Human resource bundles and manufacturing perform-
ance:organizational logic and flexible production systems in the world auto in-
dustry[J].Industrial and Labor Relations Review,1995,48(2).

[158] Mansfield R. What competence is really about [J]. Competency,
1999,6(4).

[159] March J G. Exploration and exploitation in organizational learning [J].Organization Science,1991,2 (1).

[160] Matsusik ,Hill. The utilization of contingent work,knowledge creation,and competitive advantage[J].Academy of Management Review,1998,23.

[161] Matt B, John G M.The relationships among organizational context, pay dispersion, and managerialturnover[J].The Academy of Management Journal,2002(2),45(1).

[162] Mayer R C,Davis J H, Schoorman F D. An integrative model of organizational trust[J]. Academy of Management Review,1995,20.

[163] McAllister D J. Affect and cognition-based trust as foundations for interpersonal cooperation inorganizations[J]. Academy of Management Journal, 1995,38(1).

[164] McGee H M,Dickinson A M,Huitema B E. The effects of individual and group monetary incentives on highperformance [J]. Performance Improvement Quarterly,2006,19(4).

[165] Merriman K K,Deckop J R. Loss aversion and variable pay：a motivationalperspective [J]. The International Journal of Human Resource Management,2007,8(6).

[166] Merton R K. Social theory and socialstructure[M].New York：Free Press,1968.

[167] Messersmith J G,Guthrie J P,Ji Y Y,et al.. Executive turnover：the influence of dispersion and other paycharacteristics[J].Journal of Applied Psychology,2011(96).

[168] Messersmith J G,Patel P C,Lepak D P,et al.. Unlocking the black box：exploring the link between high-performance work systems andperformance [J].Journal of Applied Psychology,2011,96.

[169] Milgrom P, Roberts J. Economics, organization and management[J]. Englewood Cliffs, 1992.

［170］ Mom T J M, Bosch F A J V D, Volberda H W. Investigating managers' exploration and exploitation activities: the influence of top-down, bottom-up, and horizontal knowledge inflows ［J］. Journal of Management Studies, 2007, 44(6).

［171］ Moran P, Ghoshal S. Value creation by firms, In J. B. Keys & L. N. Dosieer (Eds.) ［J］. Academy Of Management Best Paper Proceedings, 1996.

［172］ Mossholder K W, Richardson H A, Settoon R P. Human resource systems and helping in organizations: a relational perspective ［J］. Academy Of Management Review, 2011, 36(1).

［173］ Motowidlo S J, Borman W C, Schmitt M J. A theory of individual difference in task and contextualperformance ［J］. Human Performance, 1997 (10).

［174］ Murphy K J. Performance pay and top-managementincentives ［J］. Journal of Political Economy, 1990, 98(2).

［175］ Nahapiet J, Ghoshal S. Social capital, intellectual capital, and the organizational advantage ［J］. Academy of Management Review, 1998, 23(2).

［176］ Neal A, Griffin M A. Developing a model of individual performance for human resourcemanagement ［J］. Journal of Human Resources, 1999, 37(2).

［177］ Ng K Y, Chua R Y J. Do I contribute more when I trust more? Differential effects of cognition- and affect-based trust ［J］. Management & Organization Review, 2006, 2(1).

［178］ Oettl A. Reconceptualizing stars: scientist helpfulness and peer performance ［J］. Management Science, 2012, 58(6).

［179］ Oi, Walter Y. Handbook of labor economics ［J］. Volume 3 ‖ Chapter 33 Firm size and wages, 1999.

［180］ Oliver R L , Anderson E . Behavior and outcome-based sales control systems: evidence and consequences of pure-form and hybrid governance ［J］. Journal of Personal Selling & Sales Management, 1995, 15(4).

[181] Ouchi W G. Markets,bureaucracies,and clans[J].Administrative Science Quarterly,1980,25(1).

[182] Patel P C,Messersmith J G, Lepak D P. Walking the tightrope:an assessment of the relationship between high performance work system and organizational ambidexterity[J].Academy Of Management Journal,2013,56(5).

[183] Patten T H Jr.Pay: employee compensation and incentive plans[M]. New York: Free Press,1977.

[184] Pfeffer J. Competitive advantage through people[J]. California Management Review, 1994, 36(2).

[185] Pfeffer J. When it comes to 'best practices'— Why do smart organizations occasionally do dumb thing? [J].Organizational Dynamics,1996,25(1).

[186] Pfeffer J. The human equation:building profits by putting people first[M].Boston:Harvard Business School Press,1998,8(4).

[187] Pfeffer J,Villeneuve F.Competitive advantage through people:unleashing the power of the workforce [M]. Boston: Harvard Business School Press,1994.

[188] Pil F K,Macduffie J P.The adoption of high-involvement workpractices[J].Industrial Relations:A Journal of Economy and Society,1996,35(3).

[189] Putnam R D. The prosperous community:social capital and public life[J].American Prospect,1993,13.

[190] Redding S G.The spirit of Chinese capitalism [M].New York:Walter de Gruyter,1990.

[191] Reicheld F F.Loyalty-based management [J].Harverd Business Review,1993,71 (2).

[192] Reicheld F F,Sasser W E. Zero defection:quality comes to service[J]. Harverd Business Review,1990,68 (5).

[193] Reilly P,Phillipson J, Smith P.Team-based pay in the unitedkingdom [J].Compensation Benefits Review, 2005, 37(4).

［194］Ring P S. Van De Ven A H. Developmental processes of cooperative interorganizational relationships[J]. Academy of Management Review,1994,19 (1).

［195］Robert B,Woodruff.Customer value:the next source for competitive advantage [J].Journal of the Academy of Marketing Science,1997, 25 (2).

［196］Robinson G. Japanese life insurers hit by assets decline[J]. Financial Times,London, 1996, 37.

［197］Rousseau D M. Trust in organizations:frontiers of theory and research[J]. Administrative Science Quarterly, Thousand Oaks,1998, 43(1).

［198］Rousseau D M, Greller M M. Human resource practices: administrative contract makers[J].Human Resource Management, 1994, 33.

［199］Rousseau D M,Parks J M.The contract of individuals and organizations[J].Research in organizational behavior,1993(15).

［200］Salaimartin X, Artadi E V. Economic growth and investment in the Arab world[C]// Columbia University, Department of Economics, 2002.

［201］Sattler L, Sohoni V.Participative management:an empirical study of the semiconductor manufacturing industry [J]. IEEE Transactions on Engineering Management. 1999, 46(4).

［202］Scheineh. Organizational psychology [M]. NewJersey: Prentiee Hall,1980.

［203］Schultz T W.Investment in Human Capital[J].American Economic Review,1961,51(1).

［204］Senge P.The fifth discipline:the art and practice of the learning organization [M].New York:Doubleday Currency,1990.

［205］Shaw J D, Gupta.Pay system characteristics and quit patterns of good,average,and poor performers[J].Personnel Psychology,2007,60(4).

［206］Siegel P A, Hambrick D C.Pay disparities within top management groups:evidence of harmful effects on performance of high-technology firms[J].

Organization Science,2005,16 (3).

[207] Spencer L M,Spencer S M.Competence at work:models for superior performance[M].New York:John Wiley & Sons,1993.

[208] Stoneman K G, Dickinson A M.Individual performance as a function of group contingencies and group size [J]. Journal of Organizational Behavior Management, 1989, 10(1).

[209] Sundstrom E, De Meuse K P, Futrell D. Work teams:applications and effectiveness[J]. American Psychologist, 1990, 45(2).

[210] Sutton R I,Hargadon A. Brainstorming groups in context:effectiveness in a product designfirm[J].Administrative Science Quarterly,1996,41(4).

[211] Thompson J E,Stuart R,Lindsay P R. The competence of top team members:a framework for successful performance [J]. JournalofManagerial Psychology,1996,11 (3).

[212] Thurkow N M,Bailey J S,Stamper M R. The effects of group and individual monetary incentives on productivity of telephoneinterviewers [J]. Journal of Organizational Behavior Management, 2000, 20(2).

[213] Toegel G, Kilduff M, Anand N. Emotion Helping by Managers:an Emergent Understanding of Discrepant Role Expectations and Outcomes[J]. Academy of Management Journal, Briarcliff Manor,2013, 56(2).

[214] Tosi H L,Gomez-Mejia L R. The decoupling of ceo pay and performance:an agency theory perspective[J].Administrative Science Quarterly,1989, 34(2).

[215] Trevor C, O'Reilly G, Gerhart B. Reconsidering pay dispersions effect on the performance of interdependent work:reconciling sorting and pay inequality [J]. Academy of Management Journal, 2012, 55(3).

[216] Tsai W,Ghoshal S. Social capital and value creation:the role of intrafirm networks[J].Academy of Management Journal, 1998,41(4).

[217] Tsui A S,Pearce J L,Porter L W,et al.. Alternative approaches to

the employee-organization relationship：does investment in employees pay off? [J]Academy of Management Journal,1997,40(5).

[218] Tushman M L, O'Reilly C A. The ambidextrous organizations：managing evolutionary and revolutionary change [J]. California Management Review, 1996, 38(4).

[219] Tyler T R.Trust in organizations：frontiers of theory and research [M].CA, Sage：Beverly Hills,1996.

[220] Tyler T R, Degoey P. Collective restraint in social dilemmas：procedural justice and social identification effects on support for authorities.[J]. Journal of Personality & Social Psychology, 1995, 69(3).

[221] Tyler T R, Lind E A. A relational model of authority in groups.[J]. Advances in Experimental Social Psychology, 1992, 25(2).

[222] Upton D M.Flexibility as processmobility：the management of p lantcapabilities for quick response manufacturing [J].Journal of Operations Management 1995,13 (3).

[223] Uzzi B. Social structure and competition in interfirm networks：the paradox of embeddedness [J]. Administrative Science Quarterly, Thousand Oaks,1997, 42(1).

[224] Van Beest I,Van Dijk E,Wilke H. Resources and alternatives in coalition formation：the effects on payoff, self-serving behavior, and bargaininglength[J].European Journal of Social Psychology,2004,34(6).

[225] Van Beest I,Van Dijk E.Self-interest and fairness in coalition formation：a social utility approach to understanding partner selection and payoff allocations ingroups[J].European Review of Social Psychology,2007,18(1).

[226] Vera D,Crossan M.Strategic leadership and organizational learning [J].Academy of Management Review,2004,29(2).

[227] Wade J B,O'Reilly Ⅲ C A,Pollock T G. Overpaid CEOs and underpaid managers：fairness and executive compensation[J]. Organization Science,

2006,17(5).

[228] Wageman R. Interdependence and group effectiveness[J]. Administrative Science Quarterly,1995,40(1).

[229] Wageman R, Baker G. Incentives and cooperation:the joint effects of task and reward interdependence on group performance [J]. Journal of Organizational Behavior,1997, 18(2).

[230] Wang D. Employment relationship and firm performance: evidence from the People's Republic of China[M].HongKong: University of Science and Technology, 2001.

[231] Wang D, Tsui A S, Zhang Y, et al.. Employment relationships and firm performance:evidence from an emerging economy[J]. Journal of Organizational Behavior, 2003, 24(5).

[232] Whitley R D. The social construction of business systems in East Asia[J]. Organization Studies, Berlin,1991, 12(1).

[233] Williamson O E, Wachter M, Harris J. Understanding the employment relations:the analysis of idiosyncratic exchange[J].The Bell Journal of Economics,1975,6(1).

[234] Xiao-Ping Chen,Simon Lam,Stefanie Naumann,et al.. Group citizenship behavior:conceptualization and preliminary tests of its antecedents and consequences[J].Management & Organization Review,2005,1 (2).

[235] Xiao Z , Tsui A S . When brokers may not work: the cultural contingency of social capital in Chinese high-tech firms[J]. Administrative Science Quarterly, 2007, 52(1).

[236] Xin K R, Pearce J L. Guanxi: connections as substitutes for formal institutional support[J]. Academy of Management Journal, Briarcliff Manor. 1996, 39(6).

[237] Yammarino F J,Markham S E. On the application of within and between analysis: are absence and affect really group-based phenomena? [J]

Journal of Applied Psychology,1992,77(2).

[238] Youndt M A,Subramanian M,Snell S A. Intellectual capital profiles: an examination of investments and returns[J]. Journal of Management Studies, 2004,41(2).

[239] Yuan F,Woodman R W.Innovative behavior in the workplace:the role of performance and image outcome expectations[J].The Academy of Management Journal,2010,53(2).

[240] Zenger T R,Marshall C R. Determinants of incentive in group-based rewards[J].Academy of Management Journal,2000,43(2).

[241] Zucker L G,Darby M R,Brewer M B,et al..Collaboration structure and information dilemmas in biotechnology:organizational boundaries as trust production[R].National Bureau of Economic Research, 1995.

[242] 爱德华·拉齐尔.人事管理经济学[M].刘昕,译.北京:生活·读书·新知三联书店,北京大学出版社,2000.

[243] 白锋,程德俊.团队薪酬差距对个人和团队绩效的影响[J].经济科学,2006(6).

[244] 保罗·米尔格罗姆,约翰·罗伯茨,费方域主编.经济学、组织与管理[M].北京:经济科学出版社,2004.

[245] 陈国权.组织与环境的关系及组织学习[J].管理科学学报,2001(5).

[246] 陈建勋.组织学习的前因后果研究:基于二元视角[J].科研管理,2011(6).

[247] 陈阅,时勘,罗东霞.组织内信任的维持与修复[J].心理科学进展,2010,18(4).

[248] 程德俊.美日企业管理模式比较:知识和决策权的视角[J].经济管理,2004(4).

[249] 程德俊.信息结构、决策权结构和高参与型组织的变革[J].中国工业经济,2005(11).

[250] 程德俊,宋哲,王蓓蓓.认知信任还是情感信任:高参与工作系统对组织

创新绩效的影响[J].经济管理,2010(11).

[251] 程德俊,赵曙明.高参与工作系统与企业绩效:人力资本专用性和环境动态性的影响[J].管理世界,2006,3(86).

[252] 程德俊,赵曙明.高参与工作系统中的社会关系网络及其变革障碍[J].中国工业经济,2006(12).

[253] 程德俊,赵曙明,唐翌.企业信息结构,人力资本专用性与人力资源管理模式的选择[J].中国工业经济,2004,1(1).

[254] 初浩楠,廖建桥.正式控制对认知信任和情感信任影响的实证研究[J].科学学与科学技术管理,2008(4).

[255] 储小平,李怀祖.信任与家族企业的成长[J].管理世界,2003(6).

[256] 杜旌.绩效工资:一把双刃剑[J].南开管理评论,2009,12(3).

[257] 段锦云,凌斌.中国背景下员工建言行为结构及中庸思维对其的影响[J].心理学报,2011,43(10).

[258] 冯明.国有企业中层管理人员选拔、考核和培训体系研究[R].杭州:浙江大学博士后出站报告,2002.

[259] 高昂,曲庆,杨百寅,等.家长式领导对团队工作绩效的影响研究——领导才能的潜在调节作用[J].科学学与科学技术管理,2014,35(1).

[260] 葛晓永,程德俊,赵曙明.高绩效工作系统对学习战略的影响:组织信任的调节作用[J].南京社会科学,2015(11).

[261] 黄哲鹏,杨宗艳.基于灰关联分析的知识员工胜任特征模型指标研究[J].科技和产业,2005,5(2).

[262] 金光.大力培育创意人才发展CG文化产业[J].投资北京,2003(2).

[263] 金元浦.创意产业的全球勃兴[J].社会科学文摘,2005(2).

[264] 鞠芳辉,谢子远,宝贡敏.西方与本土:变革型、家长型领导行为对民营企业绩效影响的比较研究[J].管理世界,2008(5).

[265] 李明斐,卢小君.胜任力与胜任力模型构建方法研究[J].大连理工大学学报(社会科学版),2004,25(1).

[266] 李宁,严进.组织信任氛围对任务绩效的作用途径[J].心理学报,2007(6).

[267] 李燕萍.人力资源开发的社会资本功能研究[J].中南财经政法大学学

报，2002(3).

[268] 李一凡. 北京文化创意产业发展与人才培养模式研究[J]. 北京印刷学院学报，2006,14(4).

[269] 梁靓，吴航，陈劲. 基于二元性视角的创新型企业组织架构研究——以海尔创新模式为例[J]. 西安电子科技大学学报(社会科学版),2013(3).

[270] 廖建桥，蔡婷，文鹏. 激励系数:一个衡量薪酬激励性的新概念[J]. 华中科技大学学报(社会科学版)，2009，23(5).

[271] 林浚清，黄祖辉，孙永祥. 高管团队内薪酬差距、公司绩效和治理结构[J]. 经济研究，2003(4).

[272] 林丽，张建新.人际信任研究及其在组织管理中的应用[J].心理科学进展,2002(3).

[273] 刘海玲. 基于胜任力模型的人才选拔与培养[D]. 北京:北京邮电大学，2006.

[274] 刘善仕，周巧笑. 高绩效工作系统与绩效关系研究[J]. 外国经济与管理，2004，26(7).

[275] 刘善仕，周巧笑，晁罡. 高绩效工作系统与组织绩效:中国连锁行业的实证研究[J]. 中国管理科学，2005，13(1).

[276] 刘善仕,周巧笑,黄同圳,等.企业战略、人力资源管理系统与企业绩效的关系研究[J].中国管理科学,2008(3).

[277] 刘洋,魏江,应瑛. 组织二元性:管理研究的一种新范式[J]. 浙江大学学报:人文社会科学版，2011，41(6).

[278] 刘颖,张正堂，段光. 团队薪酬激励效应的影响因素、作用机制与研究框架[J]. 管理评论，2015，27(12).

[279] 刘颖,张正堂，王亚蓓. 团队薪酬分配过程、任务互依性对成员合作影响的实验研究[J]. 经济科学，2012，34(5).

[280] 鲁海帆. 高管团队内薪酬差距、合作需求与多元化战略[J]. 管理科学，2007，20(4).

[281] 鲁海帆. 内生性视角下高管层薪酬差距与公司业绩研究[J]. 软科学，2009，23(12).

[282] 罗瑾琏，赵佳. 真实型领导对员工建言行为的影响机理研究[J]. 软科学，2013，27(12).

[283] 马惠龙. 论广告创意人才的知识结构[J]. 云南师范大学学报(对外汉语教学与研究版)，2000，1(6).

[284] 马可一，王重鸣. 中国创业背景中的信任[J]. 南开管理评论，2004，7(3).

[285] 纳尔逊，胡世凯. 经济变迁的演化理论[M]. 北京：商务印书馆，1997.

[286] 潘欣，李绍龙，贺伟. 高管团队薪酬差异与企业绩效关系的研究进展[J]. 中国人力资源开发，2014(3).

[287] 彭泗清.信任的建立机制:关系运作与法制手段[J].社会学研究,1999(2).

[288] 邱静,张志学.员工助人行为与工作负荷感[J].经济管理,2008(11).

[289] 芮明杰，吕毓芳.论领导行为,组织学习、创新与绩效间影响的实证研究[J]. 上海管理科学，2005，27(2).

[290] 沙开庆，杨忠. 组织中的明星研究回顾与展望[J]. 外国经济与管理，2016(7).

[291] 时勘. 人力资源开发的心理学研究概况[J]. 管理科学学报，2001，4(3).

[292] 苏中兴. 转型期中国企业的高绩效人力资源管理系统:一个本土化的实证研究[J]. 南开管理评论，2010，13(4).

[293] 孙健敏，张明睿. 所有制对高绩效工作系统与员工满意度关系的调节作用[J]. 经济理论与经济管理，2009(10).

[294] 滕小芳，葛玉辉. 我国高管团队薪酬差距与企业绩效关系的 Meta 分析[J]. 中国人力资源开发，2014(17).

[295] 涂乙冬.领导-部属交换与员工帮助行为:一项三维交互研究[J].管理科学,2013,26(5).

[296] 万涛. 团队类型研究及其构建方案与任务[J]. 管理现代化，2013(6).

[297] 王重鸣，陈民科. 管理胜任力特征分析:结构方程模型检验[J]. 心理科学，2002，25(5).

[298] 王雪野. 文化传媒黄金团队的科学构建与管理[J]. 中国传媒科技，2013(9).

[299] 王燕,龙立荣,周浩,等. 分配不公正下的退缩行为:程序公正和互动公正的影响[J]. 心理学报,2007,39(2).

[300] 王永乐,吴继忠. 中华文化背景下薪酬差距对我国企业绩效的影响——兼对锦标赛理论和行为理论适用对象的确认[J]. 当代财经,2010(9).

[301] 韦慧民,龙立荣. 基于知识工作团队的领导信任与团队有效性研究[J]. 研究与发展管理,2009,21(2).

[302] 魏江茹. 高科技企业知识型员工离职意愿的实证分析[J]. 科技进步与对策,2009,26(19).

[303] 吴晓波,胡松翠,章威. 创新分类研究综述[J]. 重庆大学学报(社会科学版),2007,13(5).

[304] 颉茂华,王丹,郝正阳. 社会价值取向与预算水平对团队绩效的影响[J]. 系统工程学报,2016,31(3).

[305] 熊婷,程博. 高管团队薪酬差距与企业过度投资[J]. 软科学,2017(1).

[306] 许庆瑞,钟俊元,陈劲. 基于组织学习的人力资本向组织资本的转化[J]. 经济管理,2002(6).

[307] 颜爱民,徐婷,吕志科. 高绩效工作系统、知识共享与企业绩效的关系研究[J]. 软科学,2015(1).

[308] 颜士梅,王重鸣. 知识型企业如何获取竞争优势——一个基于 SHRM 观的分析[J]. 科研管理,2002,23(6).

[309] 杨东涛,刘杰. 最佳人力资源管理实践的研究[J]. 江苏社会科学,2005(6).

[310] 杨生斌,孟宪芳,王立行. 高绩效工作系统、组织公民行为对技术创新战略执行的影响——基于航空研究所的实证研究[J]. 情报杂志,2009,28(12).

[311] 杨志蓉. 团队快速信任、互动行为与团队创造力研究[D]. 杭州:浙江大学,2006.

[312] 姚凯,韩英. 胜任力与薪酬管理[J]. 新资本,2006(4).

[313] 姚小涛,万涛. 中小企业成长的社会网络解释与分析[J]. 西安电子科技大学学报(社会科学版),2003,13(4).

[314] 于海波,方俐洛,凌文辁. 组织学习整合理论模型 [J]. 心理科学进

展，2004，12(2).

[315] 于海波，方俐洛，凌文辁. 组织信任对员工态度和离职意向、组织财务绩效的影响[J]. 心理学报，2007，39(2).

[316] 于海波，郑晓明，方俐洛. 如何领导组织学习：家长式领导与组织学习的关系[J]. 科研管理，2008，29(5).

[317] 余红梅，罗艳虹，萨建. 组内相关系数及其软件实现[J]. 中国卫生统计，2011，28(5).

[318] 于尚艳，杨越，曾静. 变革型领导对员工工作绩效的影响：以任务冲突为中介变量[J]. 华南师范大学学报(社会科学版)，2012(5).

[319] 张昊，孙新波，王承璐. 消费者的时尚生活方式对于顾客忠诚度的影响[J]. 东北大学学报(自然科学版)，2013，34(3).

[320] 张徽燕，李端凤，姚秦. 中国情境下高绩效工作系统与企业绩效关系的元分析[J]. 南开管理评论，2012，15(3).

[321] 张如凯，程德俊，任桐. 团队薪酬差距和激励强度：测量、影响因素及作用机制[J]. 中国人力资源开发，2017(12).

[322] 张如凯，赵曙明，肖剑科. 企业劳动契约的激励模型分析——一种发生在道德风险之前的逆向选择问题[J]. 管理科学，2005(1).

[323] 张亚维，魏清，张莉. 公平、公开、激励与利他行为——基于独裁者实验的分析[J]. 产业经济研究，2012(3).

[324] 张一弛，黄涛，李琦. 高绩效工作体系人力资源管理措施的结构整合与内涵回归[J]. 经济科学，2004，26(3).

[325] 张勇，龙立荣. 绩效薪酬对团队成员探索行为和利用行为的影响[J]. 管理科学，2013(3).

[326] 张勇，龙立荣. 绩效薪酬与团队成员创新行为关系实证研究[J]. 管理学报，2013，10(8).

[327] 张正堂. 高层管理团队协作需要、薪酬差距和企业绩效：竞赛理论的视角[J]. 南开管理评论，2007，10(2).

[328] 张正堂. 团队薪酬计划的激励效应研究[J]. 科学学与科学技术管理，2010，31(11).

[329] 张正堂，刘颖，王亚蓓.团队薪酬、任务互依性对团队绩效的影响研究[J].南开管理评论，2014，17(3).

[330] 张正堂，张伶，刘宁.HRM 系统、竞争战略与企业绩效关系的实证研究[J].管理科学学报，2008，11(2).

[331] 赵海霞.团队薪酬分配规则与分配公平感[J].科技管理研究，2011，31(14).

[332] 赵海霞，龙立荣.团队薪酬激励效果影响因素研究现状剖析与未来展望[J].外国经济与管理，2010(4).

[333] 赵海霞，龙立荣.团队薪酬对团队绩效的作用机制研究[J].管理学报，2012，9(6).

[334] 赵海霞，郑晓明，龙立荣.团队薪酬分配对团队公民行为的影响机制研究[J].科学学与科学技术管理，2013(12).

[335] 赵曙明.人力资源管理研究[M].北京：中国人民大学出版社，2001.

[336] 郑伯埙.华人文化与组织领导：由现象描述到理论验证[J].本土心理学研究，2004(22).

[337] 郑伯埙，谢佩鸳，周丽芳.校长领导作风、上下关系品质及教师角色外行为：转型式与家长式领导的效果[J].本土心理学研究，2002(17).

[338] 郑伯埙，周丽芳，樊景立.家长式领导：三元模式的构建与测量[J].本土心理学研究，2000(14).

[339] 郑晓涛,石金涛,郑兴山.员工组织内信任对其工作态度的影响[J].管理评论,2008(11).

[340] 钟竞.知识资产特性与高技术企业学习战略研究[J].科学学研究，2006，24(a02).

[341] 周浩，龙立荣.工作不安全感、创造力自我效能对员工创造力的影响[J].心理学报，2011，43(8).

[342] 周宏，刘玉红，张巍.激励强度、公司治理与经营绩效——基于中国上市公司的检验[J].管理世界，2010(4).

[343] 周文娟,段锦云,朱月龙.组织中的助人行为:概念界定、影响因素与结果[J].心理研究,2013,6(1).